中传学者文库编委会

主　任： 廖祥忠　张树庭
副主任： 蔺海波　李　众　刘守训　李新军　王　晖
　　　　　杨　懿　柴剑平

成　员（按姓氏笔画排序）：
　　　　王廷信　王栋晗　王晓红　王　雷　文春英
　　　　龙小农　付　龙　叶　龙　刘东建　刘剑波
　　　　任孟山　李怀亮　李　舒　张绍华　张　晶
　　　　张根兴　张毓强　林卫国　郑　月　金　炜
　　　　金雪涛　周建新　庞　亮　赵新利　徐红梅
　　　　贾秀清　高晓虹　隋　岩　喻　梅　熊澄宇

中传学者文库

1954-2024

主编／柴剑平
执行主编／龙小农
副主编／张毓强　周建新

媒介、社会与传媒高等教育

廖祥忠自选集

廖祥忠　著

中国传媒大学出版社
·北京·

图书在版编目（CIP）数据

媒介、社会与传媒高等教育：廖祥忠自选集 / 廖祥忠著. -- 北京：中国传媒大学出版社，2024.8.

（中传学者文库 / 柴剑平主编）.

ISBN 978-7-5657-3710-7

Ⅰ. G206.2-53

中国国家版本馆 CIP 数据核字第 20248JD572 号

媒介、社会与传媒高等教育：廖祥忠自选集
MEIJIE、SHEHUI YU CHUANMEI GAODENG JIAOYU：LIAO XIANGZHONG ZIXUANJI

著　　者	廖祥忠
责任编辑	于水莲
封面设计	锋尚设计
责任印制	李志鹏

出版发行	中国传媒大学出版社			
社　　址	北京市朝阳区定福庄东街 1 号	邮　　编	100024	
电　　话	86-10-65450528　65450532	传　　真	65779405	
网　　址	http://cucp.cuc.edu.cn			
经　　销	全国新华书店			
印　　刷	北京中科印刷有限公司			
开　　本	710mm×1000mm　1/16			
印　　张	18.5			
字　　数	283 千字			
版　　次	2024 年 8 月第 1 版			
印　　次	2024 年 8 月第 1 次印刷			
书　　号	ISBN 978-7-5657-3710-7/G·3710	定　　价	94.00 元	

本社法律顾问：北京嘉润律师事务所　郭建平

总　序

媒介是人类社会交流和传播的基本工具。从口语时代到印刷时代，再经电子时代至今天的数智时代，媒介形态加速演变、融合程度深入发展，媒介已然成为现代社会运行的基础设施和操作系统。今天，人类已经迈入媒介社会，万物皆媒、人人皆媒，无媒介不社会、无传播不治理。今天，无论我们怎么用力于信息传播的研究、怎么重视信息传播人才的培养都不为过。

中国传媒大学（其前身为北京广播学院）作为新中国第一所信息传播类院校，自1954年创建伊始，即与媒介形态演变合律同拍、与国家发展同频共振，努力探索中国特色信息传播人才培养模式、构建中国信息传播类学科自主知识体系，执信息传播人才培养之牛耳、发信息传播研究之先声，被誉为"中国广播电视及传媒人才摇篮""信息传播领域知名学府"。

追溯中传肇始发轫之起源、瞩望中传砥砺跨越之未来，可谓创业维艰而其命维新。昔日中传因广播而起，因电视而兴，因网络而盛，今天和未来必乘风破浪、蓄势而上，因人工智能而强。在这期间，每一种媒介兴起，中传均吸引一批志于学、问于道、勤于术的

学者汇聚于此,切磋学术、传道授业,立时代之潮头,回应社会需求,成为学界翘楚、行业中坚,遂有今日中传学术研究之森然气象,已历七秩而弦歌不断,将传百世亦风华正茂。

自新时代以来,中传坚守为党育人、为国育才初心,励精图治、勠力前行,秉承"系统治理、创新图强、交叉融合、特色发展"的办学理念,牢牢把握高等教育发展大势、传媒业态发展趋势,瞄准"智能传媒"和"国际一流"两大主攻方向,以世界为坐标、以未来为向度,完成了全面布局和系统升级,正在蹄疾步稳、高质量推动学校从传统高等教育向未来高等教育跨越、从传统传媒教育向智能传媒教育跨越、从国内一流向世界一流跨越,全力建设中国特色、世界一流传媒大学。

中国特色、世界一流,在于有大先生扎根中国大地,汇聚古今、融通中外;在于有大先生执教黉门,学高为师、身正为范;在于有大先生躬耕杏坛,敦品积学、启智润心。习近平总书记更强调,高校教师要立志成为大先生,在教书育人和科研创新上不断创造新业绩。中传广大教师素来以做大先生为毕生职志,努力成为新时代"经师"与"人师"的统一者,做真学问、立高品行,践履"立德树人"使命。

2024岁在甲辰,欣逢中传建校70华诞,学校特邀约部分学者钩玄勒要、增删批阅,遴选已公开刊发的论文汇编成集,出版"中传学者文库",意在呈现学校在学科建设、科学研究、服务行业实践等方面的最新成果,赓续中传文脉,谱写时代新声。

文库汇聚老中青三代学者,资深学者渊渟岳峙、阐幽抉微;中年学者沉潜蓄势、厚积薄发;青年学者踌躇满志、未来可期。文库与五十周年校庆所出版的"北广学者文库"相承接,大致可勾勒中传知识生产薪火相传、三代辉映之概貌，反映中传在构建中国特色新闻传播类、传媒艺术类、传媒技术类学科体系、学术体系和话语体系方面的耕耘与收获，窥见中国特色信息传播类学科知识体系构建的发展脉络与轨迹。

这一构建过程，虽筚路蓝缕，却步履铿锵；虽垦荒拓野，亦四方辐辏。一批肇始于中传，交叉融合、具有中国特色的学科，如播音主持艺术学、广播电视艺术学、传媒艺术学、数字媒体艺术学、政治传播学等，从涓涓细流汇入滔滔江河，从中传走向全国，展现了中传学者构建中国自主知识体系的学术想象力和创新力。文库展示的虽然是历史，实则是呈现今天；看似是总结过去，实则是召唤未来。与其说这套文库的出版，是对既有学术成果的展示，毋宁说是对未来学术创新的邀约。

回首过往，七秩芳华。我们深知，唯有将马克思主义基本原理与中华优秀传统文化相结合，才能推动中华学术创造性转化和创新性发展，推动中国自主知识体系的构建。我们深知，唯有准确把握媒介形态演变的脉动、深刻认知媒介形态变革所产生的影响，才能推动中国信息传播类学科自主知识体系的构建与时俱进。

展望未来，星辰大海。我们深知，以人工智能为代表的产业和科技革命正迅疾而来，媒介生态正在加速重构，教育形态正在全面重塑，大学之使命与价值正在被重新定义；我们深知，唯有"胸怀国之大者"、面向世界科技前沿、面向经济主战场、面向国家重大需求，才能确保中传始终屹立于中国乃至世界传媒教育发展之潮头。

如何应对人工智能带来的深刻变革，对中传而言是一场要么"冲顶"、要么"灭顶"的"兴亡之战"。我们坚信，不管前方是雄关漫道，还是荆棘满途，唯有勇敢直面"教育强国，中传何为？"这一核

心命题，奋力书写"智能传媒教育，中传师生有为！"的精彩答卷，才能化危为机，奋力开创人工智能时代中传智能传媒教育新纪元。

功不唐捐，芳华七秩；风帆正举，赓续创新。

是为序。

第十四届全国政协委员，中国传媒大学党委书记、教授、博士生导师

序　言

　　本文集成书时，正值生成式人工智能（AIGC）崛起，文生视频模型（Sora）以令人震惊的颠覆式姿态涌入了我们的认知领域。也许，人类社会已经被裹挟进了新一轮工业革命的伟大浪潮之中，知识生产方式将因"机器学习"而发生重大变革，传播媒介将进一步向视觉化演进，视频语言成为主导，"视频天下"已经到来。在地理大发现6个世纪后的今天，人类进入了又一轮大航海时代——数字大航海，巨大的历史性机遇将被留给搏击风浪者、勇于探索者。传媒高等教育、数字媒体艺术等领域将首当其冲，直面数字大航海时代的不确定性，机遇与挑战从未如此强烈。

　　对于中国传媒大学来讲，2024年注定是被载入史册的一年。这一年，中国传媒大学启动"应对人工智能行动计划"，主动学习、研究和拥抱人工智能，推动学校从传统高等教育向未来高等教育跨越，从传统传媒教育向智能传媒教育跨越。这一年，更是回望来路、坚定前行脚步的一年，中国传媒大学迎来了70周年校庆。70年的思想积淀，将滋养和激励着我们，加快追赶的脚步。

　　1986年8月的一个傍晚，在江西大山农田里劳作的我，收到了邮局送来的挂号信——北京广播学院的录取通知书。彼时的我，挥舞着通知书，在田间大地放声高歌。那是中国人的信息交流要靠"写信"的年代。短短几十年间，传播媒介的演进天翻地覆，迭代周期越来越短，令人目不暇接，甚至出现了"机器取代人类思考"的言论。但我想，经过铅与火试炼的文字将仍然是人类最为宝贵的精神财富。

本文集入选的35篇文章，是我在传媒高等教育改革、数字媒体艺术学科发展、新文科建设及国际传播等方面的一些思考。35篇文章的时间跨度逾20年，正与传播媒介极速演进的周期相吻合，最早的一篇文章可追溯至2002年，那年互联网刚刚走进中国人的生活。文集中所体现的媒介变迁，正是这20多年来传播媒介演进的缩影。以飨各位读者。

本文集能够结集成书，感谢中国传媒大学出版社"中传学者文库"出版工作小组的各位同事。同时，感谢中宣部文化名家暨"四个一批"人才资助项目的大力支持。

值得玩味的是，在本文集成书且以数据形态进入互联网空间之时，也与其他众多文字一起，成为人工智能（AI）机器学习的对象。

廖祥忠

目 录

典礼育人

孩子们，该远行了！ ······ 003
弘道崇德，求真致用，不负芳华 ······ 008
行稳致远，做一个幸福奋斗的传媒人！ ······ 015
你必须知道自己到底有多优秀！ ······ 021
同学们，一定要相信未来！ ······ 028
好好做个读书人！ ······ 034
同学们：人类社会正进入巨变期，你准备好了吗？ ······ 042
大学是什么？ ······ 049
莫听穿林打叶声，何妨吟啸且徐行 ······ 057
视频天下时代的你：为未来而来！ ······ 062

高等教育

对新文科人才培养的几点思考 ······ 071
努力做教书育人的大先生 ······ 076
以"三个跨越"开启传媒高等教育新发展阶段 ······ 079

探索"文理工艺"交叉融合的新文科建设范式 …………………… 083
未来传媒：我们的思考与教育的责任 ……………………………… 088
创新新时代传媒人才培养　打造新时代一流本科教育 ………… 105
网络媒体时代世界教育霸权对中国教育发展的警示 …………… 112
设计思维：跨学科的学生团队合作创新 ………………………… 124

国际传播

走出了一条中国特色治网之道 …………………………………… 135
答好国际传播的时代之题 ………………………………………… 137
视频天下：语言革命与国际传播秩序再造 ……………………… 141
总体国家安全观视阈下网络文化安全的内涵特征、治理现状与建设思考 …… 155
媒介与社会同构时代国际传播人才培养必须着力解决的三大问题 …… 171
从媒体融合到融合媒体：电视人的抉择与进路 ………………… 185
论"电子大字报"的传播特点、社会危害及应对之策 …………… 202

数字媒体艺术

激发古典诗词的时代魅力 ………………………………………… 215
风，起于青萍之末
　——写在中国数字媒体艺术教育 20 年 ……………………… 217
动漫产业须政府扶持 ……………………………………………… 220
数字媒体时代动漫的发展趋势 …………………………………… 226
何为新媒体？……………………………………………………… 229
数字媒介与艺术创新 ……………………………………………… 241

"超越逻辑"：数字人文的时代特征 ·········· 249
走向未来的网络文学 ···················· 257
网络游戏
　——带刺的玫瑰 ···················· 268
信息社会与数字艺术 ···················· 276

典礼育人

孩子们，该远行了！*

即将展翅高飞的同学们、始终传道授业的老师们、一直在为孩子操劳的家长们：

大家上午好！

今天是中国传媒大学的庄严时刻，我们齐聚学生活动中心，用最隆重的形式举行毕业典礼暨学位授予仪式。在此，我首先代表学校，向全体毕业生致以最热烈的祝贺！向含辛茹苦抚育你们成长的父母、向辛勤培育你们成才的老师，致以衷心的感谢和崇高的敬意！

这是一个我们彼此都深感荣耀的时刻，巧合的是，28年前的6月27号，也就是今天这个日子，我跟你们一样迎来了属于自己的毕业典礼，那一美好时刻牢牢地印刻在我的心间。此时，我的心情和你们一样充满激动，充满自豪，也充满不舍。

同学们，当你们离开母校，即将展翅高飞之时，展现在你们面前的，是传媒正在进入急剧裂变时期，媒体的智能化进程正在全面提速。大融合、大传播、大变革的大传媒时代正在到来。对多数人而言，这将是一个面临着巨大挑战的时代。但是对我中传学子来说，我认为更是机遇，或者说，机遇远大于挑战。

之所以这么说，是因为我相信，你们完全有能力把握这个时代，这是由咱们中传文化基因所决定的。什么是中传文化基因？在我看来，可以概括为"忠诚、自信、包容、竞先"八个字，这源于从广院到中传六十余年办学历程

---

* 本文为作者在中国传媒大学2018届毕业典礼上的讲话。

的深厚积淀，践行于一代又一代中传人的事业追求，铭刻于每一位中传学子的内心深处。

忠诚是中传学子受人尊重的品格底色。从建校时起，学校就把忠诚作为自己最鲜亮的底色，始终坚持正确的政治方向。中传学子对党和国家忠诚，始终维护国家利益，坚守国家立场，做党的政策主张的传播者、时代风云的记录者、社会进步的推动者、公平正义的守望者；中传学子对事业忠诚，为祖国的传媒事业奉献自己的光和热；中传学子对人民忠诚，热情奔放，表里如一。

同学们，无论你走多远，希望你们永远坚守忠诚的品格底色，这是你们安身立命之本！

自信是中传学子引以为豪的心灵图谱。自信来源于学校骄人的办学实力。过去我们是"中国广播电视人才的摇篮"，现在我们是"中国传媒人才的摇篮"；过去我们是广电系统最高学府，现在我们是教育部"双一流"学科建设高校。无论在台前还是幕后，前线还是后方，中传学子都凭借过硬的镜头、笔头和口头，描绘多彩的世界、抒写壮丽的诗篇；凭借娴熟的媒体技术和产业思维，助力传媒业的变革。我们的自信，不但写在脸上，而且同步于心；我们的自信，激荡着飞扬的青春、高远的志向。自信，使得我们虽然坐在梆子井，却从不当井底之蛙，虽然身处定福庄，却始终胸怀天下。

同学们，希望你们自信人生二百年，会当水击三千里！

包容是中传学子薪火相传的特有品质。学校东临古运河的源头，通惠河的滋润沾溉，厚实了学校的文化积淀，成就了学校的包容气度。中传学子从不固执己见，也不故步自封。中传学子能够突破思维的局限，以开放的心态笑迎新生事物；善于适应变革，拥抱未来。我们可以自豪地说，中传的校园，就是一座包容的校园；中传的文化，就是一种包容的文化。中传学子从古运河的源头出发，怀揣梦想，拥抱世界。

同学们，在未来的人生路上，希望你们海纳百川，因为你们已经拥有一颗包容的心。

竞先是中传学子得天独厚的先天优势。作为校训的重要内涵，竞先精神已经深深地烙印在中传学子心中。何以创新？唯有竞先。中国传媒大学能够成为传媒高等教育的航母，就在于我们秉持以改革创新为核心的时代精神，开拓进取，敢为人先。在传统媒体时代，我们引领了广播电视的发展；在数字媒体时代，我们正日益成为新媒体行业的领军者。我们的毕业生在传统媒体时代，是行业的旗手。我完全相信，在智能媒体时代，你们也一定能成为行业的翘楚。

同学们，学校给了你们满满的自信和忠诚包容之心去面对未来，给了你们敢于竞先的精神去迎接挑战，不管时代要素发生多么剧烈的变化，我都相信你们一定能够传承学校的文化基因，并将其融入大传媒事业，上下求索，取得成功。

但是，同学们，请你们记住，一时的成功不是真正的成功，互联网时代尤其如此。真正的成功绝对不能靠投机取巧，不能浅尝辄止，更不能鼠目寸光。那么，真正的成功靠什么呢？

一靠立德。《左传》上说："太上有立德，其次有立功，其次有立言。"立德是人生"三不朽"的最高境界。所谓立德，就是要做到习近平总书记要求的，明大德、守公德、严私德，做正大之人，行端庄之事。"立德树人"是高校的立身之本，因此我校的校训把"立德"放在了首位。我们深知，欲成才，先成人，影响一个人发展的决定因素，不是才，而是德。

同学们，你们务必要牢记，互联网时代，立德者方能行之高远。

二靠立信。立信是走向成功的保障。君子重然诺，人无信不立。在互联网时代，个人几乎成为"透明人"，如果你被贴上不守信的标签，地球人瞬间就会知道。"立信"就是要做到内诚于心、外信于人，做一个大写的人，不做小写的人，不做缩写的人。大写的人，人格是闪亮的，脊梁是挺直的，生命是精彩的。

同学们，你们务必要清楚，互联网时代，立信者可立天下。

三靠坚守。坚守是通向成功的天梯。身处信息高度发达的互联网时代，我们面对的诱惑实在太多，人生路上布满了美丽的陷阱，很多人因此而变得躁动不安。面对诱惑，能否守得住底线？能否守得住理想的"初心"？这些

 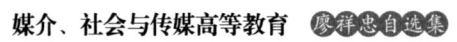

对你们来说都是必须面对的考验。坚守，就是要守住时间，守住底线，守住理想。人生的路很长，需要用时间去慢慢丈量，希望你们守住自己想做的，守住自己该做的，要禁得住诱惑，要懂得取舍。

同学们，你们务必要知道，互联网时代，坚守者事竟成！

四靠家国情怀。情怀是通向成功的文化心理密码。互联网时代，世界秩序正在进入重构的重大历史时期，一个人如果没有深厚的家国情怀，是难以成就大事的。我们所说的家国情怀，就是习近平总书记指出的，"成为社会主义建设者和接班人，不辱时代使命，不负人民期望"。历史步入了新时代，我们的国家需要有理想、有担当、有作为的时代新人，你们怎么样，国家便会怎么样。你们是与新时代共同前进的一代，肩负着实现中华民族伟大复兴的光荣使命。只有将个人发展与国家命运结合起来，将自己的"个人梦想"融入"中国梦"，才能飞得更高更远更稳。

同学们，你们务必要明白，互联网时代，真正的大成者属于那些具有家国情怀的大写之人。

我还要说，成功有很多种，在职业更迭加速的未来社会更是如此。在母校眼里，不管是哪一种成功，都不能突破基本的伦理底线和法治底线。母校希望你们要永远守住底线，行端庄之事，做大写之人。

在母校眼里，只要对社会有益，就都是成功的学生；在母校眼里，只有自己的学生，没有贫富贵贱。人生不是一场只有输赢的比赛，而是一路心随己愿的行走。人生路漫漫，风吹雨打在所难免，同学们要坚信，没有比脚更长的路，没有比人更高的山，也没有比心更大的世界。希望你们勇敢地去创造自己的人生辉煌。母校坚信：你们，能行！

同学们，你们都是母校的孩子。母校希望你飞得高、飞得远、飞得稳。但母校更为关切的是，你是否飞得累？同学们是迎风起航的帆船，母校是你们温馨的港湾；同学们是搏击长空的雄鹰，母校是你们疲累时落脚的大地；同学们是参天的大树，母校是为你们提供养分的沃土；同学们是冲锋的战士，母校永远是你们最坚强的后盾！

同学们，中国传媒大学是我们共同的母校。我对母校满怀感恩之心和感激之情,从上学到现在,32年岁月中,我从未离开过母校。借此机会,我谨代表母校,欢迎同学们常回家。开心的时候回来聚聚,不开心的时候回来走走。你回不回来,母校都在这里等你!

同学们,在未来的日子里,无论你成功或失败、健康或疾病、富有或贫穷,无论你年轻还是老去,无论你功成名就还是默默无闻,母校都始终愿意与你,一生一世,不离不弃!母校的目光不会离开你们!

同学们,既然选择了传媒,便只顾披星戴月,风雨兼程;既然是中传的学子,你们的目标便永远是地平线!

同学们,人生一幕又一幕,此幕已经落下,新的大幕正在开启。孩子们,你们已经长大,该远行了!祝福你们!

弘道崇德，求真致用，不负芳华[*]

亲爱的各位新同学，老师们、家长们、亲朋们：

大家上午好！

金秋时节，我们在这里隆重举行 2018 级新生开学典礼，欢迎来自 79 个国家和地区的 4903 名新同学成为新一届中传学子。在此，我谨代表陈文申书记及全体教职员工，向即将在中传开启人生新征程的各位新同学表示热烈的祝贺！向精心培育你们成长的老师和家长们致以诚挚的敬意！

同学们，从现在开始，你们已经成为中传人了。我曾经说过，中传是一个现实和梦想交相辉映、能让你梦想升起的地方；是一个可以放飞心灵、任你自由翱翔的家园；还是一片经常让你莫名其妙地开心、随时点亮你心灯的神奇土地！咱们的历届校友，无不以自己毕业于广院或中传而感到无比骄傲和自豪！

中传的前身叫广院，也就是北京广播学院。经过几代人的砥砺奋进，已发展成为国家"211 工程"重点建设高校、"985 工程优势学科创新平台"重点建设高校，为党和国家的传媒事业作出了杰出贡献，成为令人神往的"中国传媒人才的摇篮"。

在六十余年的办学历程中，学校致力于培养信息传播领域高层次人才，形成了自己鲜明的办学特色和独特的中传文化。在今年的毕业典礼上，我把中传文化基因阐释为"忠诚、自信、包容、竞先"八个字，得到了广大师生

---

[*] 本文为作者在中国传媒大学 2018 级新生开学典礼上的讲话。

和校友们的高度认同，也广受社会赞誉。希望同学们将"忠诚"二字铭刻于心，对党和国家忠诚、对人民忠诚、对事业忠诚；希望你们满怀自信，勇于面对学习和生活中的一切艰难困苦；希望你们以包容的气度面向未来，兼收并蓄、博采众长；希望你们勇于创新，敢于竞先。希望你们在传承中传文化基因的同时，不断将其发扬光大，这是每一位中传人义不容辞的责任！

随着中国特色社会主义进入新时代，我国高等教育也进入了一个崭新的历史时期，传媒大学更是迎来了重大的黄金发展机遇。2017年，我校入选首批"世界一流学科建设高校"。在第四轮学科评估中，新闻传播学、戏剧与影视学双双拔得头筹；艺术学理论位列全国第三；设计学、音乐与舞蹈学、美术学、中国语言文学、外国语言文学、信息与通信工程、计算机科学与技术、电子科学与技术等学科也都有着不俗的表现。在各类评估中，我校十余个本科专业被评为顶级专业，成为全国专业建设的标杆。中传，已经成为广大莘莘学子心中的诗和远方。

当前，全校师生在校党委的带领下，正信心满满、齐心协力地书写中传奋进之笔。作为世界一流学科建设高校，我们的人才培养目标必须与"双一流"大学应当承载的历史使命高度契合。面向未来，我们以培养"弘道崇德、经世致用"的传媒人为己任。中传的使命，就是致力于培养党和国家所需要的德才兼备的传媒精英人才。

我们要培养能够应对未来媒体挑战、驰骋于国际舞台的新闻传播人才。习近平总书记指出，"要加强国际传播能力建设，增强国际话语权"。中传必须勇挑重担，以高度的历史责任感和使命感，培养新时代所需要的新闻传播人才。

我们要培养能够讲好中国故事、具有高尚道德情操的媒体艺术创作者。我们必须主动应对互联网时代艺术的生产、传播和消费所发生的巨大变革，培养具有家国情怀和国际视野的声音和影像艺术生产者，不断增强民族自豪感，提升中华文化影响力。

我们要培养未来社会所需要的、具有全球视野的数字创意人才。数字创意已被列为国家战略性新兴产业，已成为构成国家软实力的核心元素。我校

 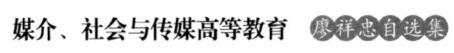

的数字创意类专业已形成鲜明的特色和优势,我们必须乘势而上,培养能够游走于世界舞台的数字创意人才。

我们要培养符合大数据时代要求的、具有创新精神的新型经管人才。大数据时代,文化产业、媒体运营正日益凸显其复杂性,我们将在已有成绩的基础上,积极应对挑战,为国家做强未来媒体和文化产业培养更多的经管人才。

我们要培养智能媒体时代所需要的、具有融合跨界能力的高端媒体技术人才。技术是影响现代传媒走向的决定性因素,不懂得媒体技术,就不可能把握未来媒体走向。我校之所以一直保持着良好的发展势头,在相当程度上得益于我们文工艺管的"小综合"学科布局。信息科学技术对传媒影响的进程正在全面提速,培养高端传媒工程技术人才永远是中传的根本。

我们还要培养密切跟踪传媒业大发展,能够进行理论创新的研究者。随着大传媒时代的到来,传媒学术研究和业界之间的距离在不断拉大。新业态、新现象不断涌现,新困惑也层出不穷。时代呼唤传媒新论,天降大任,中传责无旁贷。

希望你们从现在开始,确立目标,明晰任务,不辱使命。

同学们,当你们接到中传的录取通知书时,你们的半只脚已经踏入了传媒界。传媒在极速改变世界的同时,自身也在发生着脱胎换骨的变化。走向超级高清、走向虚拟现实、走向人工智能是传媒发展的必然趋势。当下的媒体正处于融合时期,各类媒体的边界逐渐模糊。随着移动高速互联网时代的到来,传媒与万物的边界也将逐渐模糊,人类社会将进入人机合一、万物互联、人人相通的大传媒时代。传媒是现实环境,也是虚拟环境。它将如同空气,弥漫于周遭,我们几乎感知不到,却又须臾不可离开。正如老子所言,处于一种"和其光,同其尘"的状态。

传媒也将不再是简单的信息生产与分发、关系的建构与整合的平台,而是整个社会结构的操作系统,是形塑社会形态变迁的结构因素。传媒的力量如此之大,意味着传媒高等教育的责任也将同步增强。作为中国传媒高等教育的引领者,中传将面临着巨大的责任、担当和挑战,我们需要付出更多的才智和努力。同学们，这也意味着你们同样需要付出更多的艰辛和汗水，才能适应时代的需求。凡事预则立，不预则废，希望你们早做准备。那么，该如何准备呢？我希望同学们要以不变应万变，从以下三个方面来提升自己。

一要塑品格。无论时代如何变迁、高等教育如何变化，同学们首先要做到的就是认识你自己、做好你自己，其中，塑造优秀的品格永远是大学期间的核心任务。网络时代，靠品格立世已成为大众的共识。大学阶段是独立人格和自我意识形成的特殊时期，同学们要不断地锤炼自己的意志，不断磨砺自己的心胸，做一个人格过硬的人。

我曾经说过，立德、立信、坚守、家国情怀，是成功的先决条件。塑造怎样的品格，以怎样的形象面向社会，这是同学们在大学期间必须理性思考并努力践行的首要任务。

同学们，大传媒时代，人际交往正在发生重大变化，优秀的品格永远是你们信步天下的通行证。

二要补短板。所谓短板，就是人的薄弱环节。每个人都有自己的短板，有性格上的短板，有行为方式上的短板，也有能力上的短板。同学们可能听说过短板理论，一个木桶能装多少水，取决于最短的那块木板。短板决定着一个人的格局、决定着一个人的厚度，决定着人生之旅行走的长度。

大学期间是弥补短板的黄金时期。希望你们从现在开始，全面梳理自己身上的短板，分析自己在思维、行为、习惯、性格等方面存在的不足，把这些都记在小本上，痛下决心，跟自己来场比赛，一个一个地攻克它。

同学们，希望你们在人生的"定型"阶段，全面找平自己的短板。不要让本可以补齐的短板成为你前进路上的绊脚石，成为你无法突破的天花板，成为你未来人生中永远的遗憾！

三要立长板。所谓长板，就是人之所长，是一个人的核心竞争力。互联网时代，它将直接决定人生的广度和高度。每位同学都有自己的潜能，只要细心挖掘和培养，就会形成自己的长板，但要发现它并非易事。只有不断地学习和实践，反复思考和挖掘，个人的长板才会逐渐凸显出来。大学教育也许给不出直接答案，但会给你们提供发现长板的机会。一个有意义的人生就

 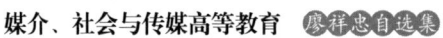

是不断超越自我的人生，超越自我的前提是认知自我。挖掘自己的潜能、培养自己的潜能，将潜能变为优势，进而形成长板，是大学期间永恒的主题。

同学们，你们一定要坚信，每个人都有自己的长板，有的长板是别人无法具备的，而发现并加长加固自己的长板，是每个人对自己应负的责任。

当今社会，只要你是金子，一定会闪光发亮；只要你有长板，一定会有回报社会的机会。希望你们在上学期间，首先要立专业能力的长板，在专业领域中找寻自己的擅长点，不断夯实加固；同时要立胸怀、眼光、格局的长板，不甘平庸，坚持下去，将会受益终生。

同学们，希望你们在校之时，修得长板；祝愿你们毕业之际，脚踩长板，直挂云帆，乘风踏浪。

此时此刻，看到同学们一双双渴求知识、期待未来的眼睛，作为你们的师长，我深感欣慰。大学生活是一生中最美好的时光，希望你们在中传的日子里，过好每一天。希望你们通过自己的奋斗，让青春更为精彩，让人生少留遗憾。

记得我们的校友白岩松说，他真想把在广院四年的大学生活再过一次，这句话时常萦绕在我耳边。回顾我的大学生活，留有许多遗憾，有的遗憾至今挥之不去。我常想，如果大学可以重来，除了完成学业之外，我会怎么做呢？

第一，我会努力夯实自己的人文功底，尤其是国学素养。年轻的时候我以为，国学只是炫耀的资本罢了。随着年龄的增长，我越来越发现，国学修养不仅是传承中华文明、积淀厚重思想的基础，也是创新思维的源泉。我从小爱好国学，但一直是碎片化吸收，没有经过系统化的学习。而一旦错过了大学时光，再想系统学习，只能是一个良好的愿望了。

第二，我会培养一两项自己酷爱的运动，坚持锻炼身体。时至今日，我一直不太喜欢运动。谁都知道没有健康的身体，一切都是空谈；谁都知道人生的后半段，比的是身体；谁都知道锻炼对于身体的重要性。那为什么我不爱锻炼身体呢？原因很简单，因为我没有自己喜爱的运动项目，因此，从未发现运动给我带来的乐趣。一位运动爱好者告诉我，如果你在上大学期间，咬紧牙关培养一两项你喜爱的运动项目，运动就会成为你的自觉，我非常认同这个观点。

同学们，从本学期开始，学校正式启用设施一流的游泳馆，校党委正在研究将游泳课作为必修课的实施方案。希望每位同学在校期间学会游泳，能以坚强的体魄在人生的长河中击水畅游。

第三，我会更加珍惜同学之间的情谊，珍惜大家相处时的美好时光。大学同学之间的友谊是最珍贵、最美好的，而且这种珍贵和美好会持续到永远。即便数十年未曾谋面，相见时依然如兄弟姐妹般亲切如初，心灵之间永远没有隔阂。早知如此，当初何必经常为一些鸡毛蒜皮的小事斗嘴而互不忍让呢？少时不知，后悔晚矣。

第四，我会有意识地坚持不懈，培养更多的好习惯。一件事情，当你坚持十年甚至数十年养成习惯之后，不成功几乎是不可能的。我从上大学时起，养成了两个好习惯。一是随身携带一个小本子，随时记录我的所思所感所想，晚上再随手写几句，日积月累，几十个小本子养成了我勤于思考、捕捉灵感的习惯，是我人生中极为宝贵的财富。二是每天早上醒来，我会把当天要做的事情静静地思考并规划一遍。这个习惯养成之后，不管每天多忙，我都能做到紧张有序、忙而不乱。遗憾的是，我养成的好习惯太少了。我常想，如果能多养成几个好习惯，那该多好！

同学们，好习惯的养成，不妨从梳理每天要做的几件事情做起。

比如说，我们生长在尘世间，要经常洗澡以除去污垢；而心灵同样需要洗澡，以除去心灵上的污垢。让我们每天花点时间，和自己的心灵对对话，洗洗澡如何？

比如说，让自己每天少一句抱怨，多一丝微笑。一年下来，你会发现，自己比以前豁达多了。

比如说，每天坚持阅读一篇经典文章，几年下来，就有上千篇文章的知识积累，你的独立思想正在形成。

还有很多很多，只要坚持下去，岁月会把它变成你的行为习惯。收获好习惯的同时，你会惊喜地发现自己的意志力也与日俱增，你将变得无比充实和快乐。

同学们，以上这些话是我自己经过暑期的思考，于本月初出访韩国期间写成的。既是我的个人感悟，也是我的肺腑之言，希望对你们能有所启发。也希望你们能坚持每年重温一遍，相信会有不同的感悟和收获。

能考上中传不容易，同学们都是同龄人中的佼佼者，感谢你们选择或再次选择了中传！我相信总有一天，母校将以你为荣。

亚里士多德说过，"只有深埋在土地里的橡树种子长成橡树时，我们才能发现它的本质"。作为你们的师长，我希望你们摒弃世俗，好好学习做人，早成大树，扎根大地，守望未来。

顾炎武曾说，"凡文之不关于六经之旨、当世之务者，一切不为"。读书、做学问的目的在于经世致用。作为你们的校长，我希望你们潜心努力，好好学习做学问，心无旁骛，以期达到知行合一。

同学们，大传媒时代是一个英雄辈出的时代，也是一个自古英雄出少年的时代。我们要感谢这个伟大的时代，因为它给造梦者提供了辽阔的空间。

希望你们从现在开始编织自己未来的梦想，让中传成为你们梦想升起的地方。

希望你们心中有梦，眼中有光，脚下有路；希望你们弘道崇德，以梦为马，不负芳华！

祝福你们，谢谢大家！

行稳致远，做一个幸福奋斗的传媒人！*

亲爱的同学们、敬爱的老师们、尊敬的家长们：

大家上午好！

时间之河，川流不息。在即将迎来新中国成立70周年庆典和我校建校65周年校庆之际，我们在此欢聚一堂，隆重举行2019届毕业典礼暨学位授予仪式，欢送4090名同学开启人生新的征程。在此，我谨代表学校和文申书记，向圆满完成学业、意气风发的同学们表示最热烈的祝贺！向始终心系孩子成长、关心学校发展的家长们致以衷心的感谢！向潜心育人、传道授业的老师们致以崇高的敬意！

同学们，今天这场毕业典礼是你们人生的重要分界点。再回首，中传就将从学校变成母校，你们也将从学生变为校友。作为一所大学，每年都有这样的喜悦与难舍：欢迎新同学，欢送毕业生。正因为一茬茬、一拨拨有志青年从这里起步，走向世界，蜕变为传媒新锐，才成就了中传"中国广播电视及传媒人才摇篮"的美誉。

同学们，昨天，你们在母校的知识殿堂里，度过了美好的青春时光。今天，你们就将远行，迈向人生的新征程。就国际政治而言，等待你们的将是风起云涌，千年未有之大变局。就传媒而言，你们将面临媒介大融合带来的知识和能力的大挑战。《易经》中说："观乎天文，以察时变；观乎人文，以化成天下。"只有把握好时代脉搏，洞悉时代变迁、顺天应时，才能明确职志方向。

---

* 本文为作者在中国传媒大学2019届毕业典礼上的讲话。

作为校长，惜别之际，我想首先对你们强调"四个务必"：

一、请你们务必深刻理解传媒正在发生的裂变。媒体技术和传媒业态已经临近奇点，高速移动互联网和智能技术正在彻底革新媒介形态、重构传媒业态，传媒正在模糊行业边界。世界正在进入人人皆媒、万物亦媒、人机合一、共同进化的智媒时代，媒介与社会一体同构的媒介化社会正在到来，传媒作为一个相对独立的行业将不复存在。

换句话说，媒介不再仅仅是社会运行中的应用程序，而是操作系统；互联网不再仅仅是虚无缥缈的虚拟世界，而是人类赖以生存的现实环境；传媒不再仅仅是资讯内容提供者，而是关联信息服务者；媒介不仅仅即讯息，媒介即社会，社会即媒介。

同学们，作为传媒人，此时的你，首先需要认真思考的是，当人类社会全面迈入"媒介化生存"之时，自己的定位在哪里？

二、请你们务必深刻理解传媒给当今社会带来的巨变。随着裂变的加速，传媒正在成为塑造社会结构的决定性因素，正在深刻改变当今社会的生产力和生产关系。在高度媒介化的社会中，媒介成为生产关系的连接者，数据成为新的生产资料，智能成为新的生产力。

正在到来的"媒介化生存"社会，不是简单的技术叠加和变革，而是生产力、生产关系和生产资料的重大调整，整个社会的结构都将为之一新。由此，世界将呈现出与农业社会、工业社会和信息社会前期完全不同的运行法则、动力机制和行为规范，从而给上层建筑、大国关系、全球格局和人类命运带来极其深远的影响。

同学们，千年变局的浩浩大势正奔腾而来，一切你以为的颠覆性改变只是刚刚开始。只有那些能够把握住变与不变、具有强烈创新精神的有识之士，才能擘画出人生最美妙的风景。这是你们必须认真思考的第二个问题。

三、请你们务必深刻理解传媒人的使命正在发生的重大变化。随着传媒的深刻变革，传媒人的社会角色也必然发生变化，由此，传媒人的历史使命也将随之改变。天降大任于传媒，传媒降大任于传媒人。

新时代的传媒人首先应该是时代的记录者和传播者，要讲述时代好故事、传播时代好声音；新时代的传媒人还应该是时代的创作者，要创作最美好的作品讴歌这个伟大的时代。同时，新时代的传媒人又不仅仅是记录者、传播者，也不仅仅是创作者和工程技术人员，而是要成为人类社会主导价值的建构者和时代的引领者。

传媒人正站在现在与未来的交汇点，时代气象云蒸霞蔚。传媒人必须以枕戈待旦的紧迫感、勇挑重担的责任感、舍我其谁的使命感，谱写壮美的青春诗篇。

同学们，正在到来的未来，得传媒者得天下，传媒人的时代已经到来。你们准备好了吗？

四、请你们务必牢牢记住新时代中传人的责任与担当。传媒在变，世界在变，传媒人的使命也在变。中国传媒大学必须担负起作为国家"双一流"学科建设高校应有的责任。面对大时代，中传人责无旁贷，必须勇敢地肩负起党和人民所赋予的担当。

中传人需要引领传媒发挥知识力，致力于消除知识鸿沟；中传人需要引领传媒发挥建构力，建构人类对自我和世界的无边界认知；中传人需要引领传媒发挥塑造力，塑造工具理性与人文关怀兼具的社会生态。

中传人必须是行业的领头雁，要以超越科技进步的速度，用传媒的力量守护人的价值，用人的价值导向驾驭"算法"，用正能量守护一方净土。这是传媒高等教育必须坚守的伦理底线，更是中传人的神圣责任和光荣使命。

中传人一定要有大格局、大视野、大情怀，勇做时代的弄潮儿。中传人一定要有"会当凌绝顶，一览众山小"的气魄，勇往直前、不辱使命。中传人一定要对党、对祖国和人民、对传媒事业饱含深情，守望公平和正义。

同学们，天降大任，中传人任重道远。希望你们"筑梦梆子井，放眼大世界；走出定福庄，建功新时代"，成为"弘道崇德、经世致用"的传媒人！

面对风云时代，母校深感责任重大、使命光荣。在以文申书记为班长的班子的带领下，全校上下一心，奋发图强、励精图治。我和同事们不舍昼夜、全力奔跑，唯恐有负重托，母校真的很拼。

正因如此，在你们上学的日子里，中传变了：

媒介、社会与传媒高等教育　廖祥忠自选集

咱们的实力更强了。学校成功入选首批"世界一流学科建设高校",荣获了"国家级教学成果一等奖"等多种荣誉。教育质量、科研实力、社会服务能力以及国际知名度全方位稳步提升。

咱们的美誉度爆棚了。今年我校的研究生报考录取比位列全国之冠,中传已成为广大莘莘学子心驰神往的殿堂,家长们无不以孩子考上中传为骄傲。今年我校在全国率先启动艺术类招生改革,拉开了艺术类专业高等教育改革的大幕,广受社会关注和赞誉。

咱们的校园更美了。无论是春天教室窗外清雅高洁的玉兰花,还是金秋时节大路两旁满目金黄的银杏叶;无论是夏天博学楼前触手可及的绿荫,还是冬天钢琴湖晶莹剔透的镜面。美如诗画的无车校园,处处展示着四季不同的景致与美好。

钢琴湖畔、明德楼前,书声琅琅;核桃林里、银杏树下,俊采飞扬。书卷气和着青春的气息在美丽的校园里交融升华。此情此景,令多少人羡慕和向往!中传人变得更加自信、更加挺拔!

今天的中传如此美丽,是用奋斗书写的传奇,与在座的每一个你都有关系!

同学们,母校当前正焕发出勃勃生机,我可以自豪地说,传媒还年轻,中传正当年。母校还将继续奋斗,不负时代。

曾经有人问我,你的理想是什么?我想告诉同学们,我的理想就是希望通过大家的齐心协力,让广大师生员工和校友跨入校门感到轻松温暖,走出校门感到无比自豪!

同学们,请你们相信,中传一定是个有理想、有情怀的母校!母校,一定不会让你们失望!

母校很拼,我希望你们离开母校的怀抱后,也一样地拼。在拼的同时,我更希望你们努力创造美好的生活,实现自己的幸福人生。

同学们,何为幸福?幸福不仅是一种内心的满足,更是一种对美好事物的追求。取得成功、实现价值是幸福,奋斗在崭新的时代是幸福,共同书写民族复兴的史诗更是幸福!幸福的人洞明世事又不忘初心,幸福的人风雨兼程又步履坚定，幸福的人肩负重任又永葆青春。

如何幸福？习近平总书记说，"幸福都是奋斗出来的""奋斗本身就是幸福"。奋斗成就幸福、幸福源自奋斗。对社会而言，奋斗是促进时代前进的动力；对个人来说，奋斗是实现个人成长的阶梯。美好的梦想，要靠奋斗才能实现；伟大的事业，要通过奋斗来成就。"历史车轮滚滚向前，时代潮流浩浩荡荡。历史只会眷顾坚定者、奋进者、搏击者，而不会等待犹豫者、懈怠者、畏难者。"请你们牢记总书记的话，历史永远为奋斗者点赞。

奋斗不一定能成功，但奋斗的人生一定是精彩的人生、幸福的人生。正如文申书记曾经说过的，"但凡经过，总有收获"。

同学们，新时代是值得幸福奋斗的时代。你们在参与创造伟大时代的同时，也将创造属于自己的幸福人生。与时代同频共振奋斗、与国家同心同向奋斗，才是最大的幸福。

中华民族历经磨难与沧桑，奋斗铸就了民族的脊梁。我们不会忘记，179年前，西方列强用坚船利炮打开了闭关锁国的清政府大门，迫使中国沦为半殖民半封建社会。此后，无数仁人志士奋起抗争，寻求救国救民的真理，最终在中国共产党的领导下，建立了新中国。70年的壮丽奋斗，中国人民实现了从站起来、富起来到开始强起来的伟大飞跃，中国的国门越来越开放。然而，此时西方的某些国家，竟然置国际法则于不顾，妄图强行封闭中国的大门。国门从被强行踹开到被企图关闭，这是何等的讽刺与反差！

同学们，祖国需要你们！陈宝生部长在今年全国教育工作会议上指出："教育为国效力、为党分忧从来没有像今天这么紧迫。"

作为中传学子，我希望你们到国际舞台上去，到祖国最需要的地方去！用你们的情怀、你们的智慧和你们的传媒专长，向世界讲述中国人民爱好和平、勤劳友善、家国天下的情怀，讲述中国人民矢志不渝、努力构建人类命运共同体的故事！

同学们，新时代是奋斗者的时代。为实现中华民族伟大复兴而奋斗，是新时代最响亮的音符，也是新时代传媒人的梦想和使命。

我期待，你们能以实干为压舱石、以梦想为风帆、以创新为长风，响应

 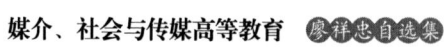

新时代的呼唤，报效祖国。

我期待，你们能秉承"忠诚、自信、包容、竞先"的中传文化基因，把忠诚放在心窝里，把自信写在脸庞上，把包容刻在骨子里，把竞先放在脚步上！弄潮智媒新时代，开启传播新纪元，引领母校的目光。

同学们，我坚信，你们一定不会让母校失望！

今天这场毕业典礼是你们新征程的出发点。无论你们走向何方、走到哪里，母校永远是你们的大后方！同时，希望你们倍加珍惜同学之间的情谊，不管你们之间是否打闹过、纠结过，爱过还是恨过，都不重要。同学之间的友谊是一切友谊都无法取代的，是你们此生极为宝贵的财富。许多同学，此去经年，再见已是沧海桑田。

同学们，人生路漫漫，你们才刚刚开始。在未来的日子里，无论身处何时何地、无论是在顺境逆境，你们都要永远记住：做人先于做事。

不管经历多少挫折和磨难，永远不要放弃心中的良善与正直。

不论外界有多少诱惑与不堪，永远不要忘记信守承诺、不要背叛自己的忠诚。

不管前方有多少坎坷和风雨，你都要保持足够的自信与豁达，让一缕阳光一直照耀你的内心。

不论世事风云如何变幻，永远让自己保持一颗包容之心，坚持独立思考，不随波逐流、不人云亦云。

不管未来是鲜花遍地还是荆棘丛生，你都需要有平和的内心和坚忍的性格，要敢于竞先。

不论未来你有多么辉煌，都要永远记住自己是个读书人，要保持读书人的本色，做正大之人，行端庄之事。

"千里青山劳望眼，行人更比青山远。"孩子们，去更大的世界书写属于你们的故事吧。祝愿你们行稳致远，做一个幸福奋斗的传媒人！

你必须知道自己到底有多优秀！*

尊敬的家长们、老师们，亲爱的同学们：

大家上午好！

春华秋实，岁月如流。在中华人民共和国即将迎来70周年华诞之际，在中国传媒大学建校65周年之时，我们在美丽的中传隆重举行2019级新生开学典礼，热烈欢迎充满朝气的5095名同学成为中传学子的新生力量。在此，我谨代表陈文申书记及全体教职员工、代表遍布全球的十余万校友，向成功考入中传的各位新同学表示最热烈的祝贺！向精心培育你们成长、支持你们选择中传的老师和家长们致以诚挚的敬意！

同学们，感谢你们选择了中传，这是一个需要实力的选择！考入中传不容易，今年尤其如此。我们在全国率先启动了艺术类考试改革，在极大地提升考试科学性的同时，也增加了考试的难度。在座的788名艺术类本科生，是从近5万名考生中，通过严格的考核程序，层层选拔、脱颖而出的；在座的普通类本科生，也都是各地中学的佼佼者；我们今年的硕士研究生报考录取比高达11.7∶1，位列全国第一。此时此刻，我们的心情无比愉悦。得天下英才而育之，人生之乐也。作为你们的校长，我深感骄傲和自豪！

同学们，随着科技的飞速发展，人类文明正从工业文明向信息文明迈进，人类的生存方式也正从尼葛洛庞帝所描绘的数字化生存向智能化生存迈进。高速移动互联网和人工智能将赋能所有行业，给人类社会带来结构性重

---

* 本文为作者在中国传媒大学2019级新生开学典礼上的讲话。

构。万物智联正在推动人类社会加速前行,"无界"社会的时代特征已经开始呈现。

这是一个人机共生的时代。人类社会当前正处于发展的分水岭,在此之前,我们所面对的是"人与社会"的关系,而现在,则正在变为"人和智能终端与社会"的关系,人机共生的景观已经呈现。人与机器融合产生的"人机智慧"正在改变人类的命运。未来,如何有效地处理好人与智能终端的关系,进而实现人与机器的和谐共生,是同学们所要面对、思考并解决的重要问题。

这是一个迭代更新的时代。当今世界正在经历百年未有之大变局,在这个大浪淘沙的时代,那些勤奋而敢于冲浪的智者,将脱颖而出!那些懒惰而随波逐流者,将迅速走向平庸。可以说,这是一个真正的"圣益圣,愚益愚"的时代,一批又一批精英将不断横空出世,引领时代的发展,传媒迭代更新尤其迅速。未来,如何树雄心、立壮志,矢志不渝地实现时代赋予你们的人生价值,是同学们的初心和使命。

这是一个真正的教学相长的时代。知识形态正向媒介化和智能化大迁移,大学校园正从传授知识的殿堂演变为以文化人的圣殿,教师由知识的输出者转变为学习的引导者,学生由被动的接受者转变为主动的学习者,教与学的关系正由单向传授演变为双向互动。未来,如何实现这种角色转变,是同学们必须尽快跨越的关键问题。

同学们,科技正在深深地改变着高等教育的结构和形态,大学与社会的边界正在消弭。如何适应高等教育的风云变幻给我们带来的新挑战?我认为以下四种能力是基础,不可或缺。

一是自主学习的能力。信息时代,知识的世界是平的,各种学习资源应有尽有,知识获取的主导权已由教师变为学生。教师的主要任务是引导学生应该获取哪些知识,重点解决如何提升学生分析问题、解决问题的能力,如何提升学生的文化素养。至于具体如何获取知识,将逐渐变为学生自己的任务。因此,自主学习的能力至关重要。卓越的自主学习能力,将成为你们走向未来的制胜法宝。希望同学们从现在开始,搭建一个专属于自己的数字学习小超市，自己进货、自己消费，日积月累，把自主变为自觉。

二是系统集成的能力。我们不能不看到，碎片化阅读已经成为时代特征。当知识唾手可得的时候，如何将碎片化的知识进行系统化集成，内化为自己的能力，就显得至关重要。系统集成后的知识才能成为自己的知识，才能转变成自己的能力。而未经整合的碎片化知识，久而久之只能成为库存。如何提升系统集成能力？我认为碎片化的积累与经典阅读同步推进、边阅读边思考是最佳途径。

三是明辨是非的能力。信息时代获取信息的最大障碍，就是我们所面对的海量信息。身处瞬息万变的互联网时代，面对众声喧哗、众说纷纭，很容易迷失自我。网络世界遍地是知识、处处是信息，充满了梦幻，但也充斥着谣言、暴力和精神鸦片。因此，保持清醒头脑，能够明辨是非，是立大事者不可或缺的功底。那些人云亦云、缺乏足够判断力的人将永远是时代的陪衬者。

四是文字表达的能力。时代在飞速发展，从文字时代走向读图时代，又从读图时代迅速来到视频时代。有人认为，在这个时代，文字功底已经显得没那么重要。我认为，这个观点是极度错误的！视听语言永远取代不了文字表达，文字功底永远是基础。文字表达能力是你们在大学期间必须掌握的核心技能，文章在很大程度上代表着一个人的气度，体现一个人的核心竞争力。学校当前对文史哲越来越重视，对毕业论文质量的要求也越来越高。希望你们不要输在文字表达上，要有意识地提升对文字和语言的驾驭能力，以大量的经典阅读为积淀，以良好的思考习惯为支撑，不断作文实践。中传学子，不论学什么专业，都要写得一手好文章！

同学们，面对高等教育正在进行的这场革命，面对传媒业态正在发生的天翻地覆的变化，学校一直在深入思考，积极应对。教育部宝生部长曾经指出，要"加快布局未来战略必争领域的人才培养，推动并引领新一轮产业变革"。在文申书记的领导下，学校紧紧围绕全面落实"立德树人"这一根本任务，以变应变、变中求稳，擘画了"六位一体"的系统办学理念及举措，全面布局新时代学校的大发展。

确立一个培养目标：培养党和国家所需要的，能够应对未来媒体挑战、驰骋于国际舞台，"弘道崇德、经世致用"的传媒人才。

明确两大主攻方向：瞄准"智能传媒和国际一流"，全面布局智能融媒体教育，推动新工科、新文科建设，朝着世界知名高水平传媒大学的奋斗目标迈进。

打造"三质量"建设工程：以提升"管理质量、教育质量、工程质量"为统领，着力打造"中传质量"品牌，提升整体办学水平。

开展"四个一批"专业建设：通过"关停并转一批、升级改造一批、重点建设一批、规划设计一批"，全面优化一流本科专业布局和研究生专业建设。

实施"五个一流"教育质量提升工程：通过实施"一流生源、一流师资、一流课程、一流教材、一流毕业生"建设工程，系统实施一流本科教育。

践行"六个维度"育人模式：通过"用马克思主义铸魂、用爱国情怀强基、用人文素养修身、用国际视野拓界、用特色项目托举、用未来媒体创新"，培养德才兼备的卓越传媒人才。

同学们，"弘道崇德、经世致用"是中传鲜明的育人特色。中传要培养的不是独善其身的"精致的利己主义者"，而是立德修身、追求真善美的大爱之人；是兼济天下、具有家国情怀、能够担当民族复兴重任的大写之人；是不忘初心、知行合一、经世致用的实干之人。

如何实现这一目标？大学时光至关重要。记得在去年的开学典礼上我说过，面对大传媒时代的到来，希望同学们早做准备，抓住大学这一关键时期，从三个方面来提升自己。一要塑品格，塑造优秀的品格永远是大学期间的核心任务；二要补短板，全面分析自己在思维、行为、习惯、性格等方面存在的不足，找平自己的短板；三要立长板，立专业能力的长板，立胸怀、眼光、格局的长板。

我还说过，如果大学可以重来，我会努力夯实自己的人文功底，尤其是国学素养；我会培养一两项自己酷爱的运动，坚持锻炼身体；我会更加珍惜同学之间的情谊，珍惜与大家相处时的美好时光；我会有意识地坚持不懈，培养更多的好习惯。无论做什么事情，只要坚持下去，岁月会把它变成你的行为习惯。

　　同学们，希望这些体会能成为有助于你们成长的经验，希望你们坚持下去，不断挖掘自己的潜质，让自己变得越来越优秀。

　　如何才能做到？我认为首先必须丢掉几样东西：

　　一是丢掉你的狭隘。狭隘之人，见不得他人的成就，听不进善意的劝解，容不得半点批评，不能正确看待他人和自己的得失，注定生活在苦闷之中。

　　二是丢掉你的短视。短视之人，急功近利，执着于眼前的得失，看不到广阔的天空，看不见长远的未来。许多才华横溢的学子，因此未能赢得未来，令人惋惜。

　　三是丢掉你的懦弱。懦弱之人，总是瞻前顾后，害怕改变。信息时代，机遇稍纵即逝。懦弱之人，纵有创新之才，却无创新之胆，机遇几乎与他们无缘。

　　四是丢掉你的急躁。急躁之人，处理问题时易冲动，很难管理好自己的情绪。急躁是对创造力的致命伤害，因为"急"而忽略了观察、弱化了感受，放弃了思想和心灵的交流，容易失去判断。在事业的大道上，"急躁"经常与"功亏一篑"结伴同行。

　　五是丢掉你的拖沓。拖沓之人，想得多、做得少。有的人才思敏捷，做起事来却能拖则拖，并且总能给自己找到拖的理由。错过时机之后才发现，不是我不行，而是我本可以。拖沓一旦成为习惯，你就会不断失去机会，甚至失去诚信。

　　同学们，请好好审视自己，看看自己身上有没有这几样东西。如果有，请痛下决心，坚决把它丢弃。

　　在丢弃的同时，希望同学们收获几样东西：

　　一是收获坚守。习近平总书记在福建宁德工作期间曾提出"滴水穿石"的工作作风和精神品格，"坚硬如石，柔情似水——可见石之顽固，水之轻飘。但滴水终究可以穿石，水终究赢得了胜利"。

　　同学们，滴水穿石，并非水滴的力量，而是岁月的力量！坚守的力量！

优秀的养成需要一个长久而持续的积累过程,人与人之间最大的差别就在于能否坚守。世界上最长的路在脚下,只要坚持走下去,就一定能够达到理想的彼岸。

二是收获格局。一个人的眼界、胸怀和志向,构成他的格局,决定着人生的上限。视野有多远,格局有多大,未来的路就有多宽。

同学们,心的志向决定脚的方向,看得够远,才能走得够远。希望你们从现在开始,有意识地系统训练自己的宏观、中观、微观思维能力,加强战略思维的培养,不纠结于眼前的利益得失,让人生走向无限可能。

三是收获志趣。志趣是一种长久坚持的热爱,是牵引、是动力。孔子曾说,"知之者不如好之者;好之者不如乐之者"。

同学们,大学是发现志趣、培养志趣的关键阶段。崇高的志趣一旦养成,你就具备了做一个幸福奋斗的传媒人的基础,你将快乐一生。

四是收获自觉。我说过,沟通能力十分重要,但在互联网时代,独处的能力尤为重要。在这个时代里,如果一个人善于独处,在独处的时候能做到慎独,我认为他一定具备了成大器之先决条件。在独处时能够自觉把控好自己,那才叫品格,那才是本事。

同学们,希望你们好好磨砺自己的品格,从一点一滴做起,逐步养成思想上的自觉、行动上的自觉。

五是希望女生收获知性,男生收获血性。对于女生来说,最美莫过于知性美,知性善良的女孩儿最美丽,外貌美只是一时之美,知性美才是永恒之美。中传女生应坚持将知性作为人生最美的底色,用知性和善良去触摸世界。

对于男生来说,应当具备血性。血性,是男人的本色,从某种意义上说,也是民族的脊梁,是民族的希望!中传的男生们,希望你们做血性男儿!敢于担当,敢于作为。

同学们,以上这些,说来容易,做好很难。但是,只要你一条一条地比照去做,就成功了一半。在做的过程中,你的许多未知的优点会慢慢显现出来,随着时间的推移,你会发现自己原来如此优秀。我认为人这一辈子,必须知道自己到底有多优秀!不去做,你怎么会知道?一个人原本是块璞玉,竟然被自己埋没。人生之憾事，莫过如此。

同学们，大学是一条跑道，启航你的精彩人生；大学是一个熔炉，锻造你的理想三观；大学是一座灯塔，照亮你的前行道路。选择一所大学，就是选择了你的未来，选择了你的心灵港湾。

每当辞旧迎新之际，我都会想起我上学时的广院。那时候，咱们的学校还不叫中传，校园不大，人也不多。但是那时的我和你们一样拥有最宝贵的青春年华，那段朴实无华的快乐时光一直承载着我迄今最美好的记忆。

我清楚地记得当时学校小礼堂的外墙上写着这样一句话：这里是终点，也是起点。这是一句伴随了无数广院人的名言，寥寥几个字，却点亮了一茬茬学子的心灯。对于初入大学的我来说，这里是高中阶段的终点，也是大学时代的起点。我想，这句话之所以让我念念不忘，是因为它告诉了我一个最为朴素的道理：面向未来，活在当下；永怀初心，努力前行。

对于中传校友来说，这里是他们在母校学习的终点，也是他们事业的起点。校友们唱响了传统广电时期传媒乐章的主旋律，他们是母校的骄傲。希望你们以他们为榜样，在未来智能传媒的舞台上奏响新的乐章。

同学们，"人生万事须自为，跬步江山即寥廓"。希望你们从现在开始，树理想、定规划，开始体验人生之旅的艰难困苦，享受收获之时的开心快乐。你们的青春航向由你们自己把握，你们的人生蓝图由你们自己绘就。

同学们，请记住，在大学时光中：

每一个不曾阅读的日子，都是对大学的辜负；

每一个不曾思考的日子，都是对存在的背离；

每一个不曾锻炼的日子，都是对未来的敷衍；

每一个不曾自省的日子，都是对灵魂的放纵。

同学们，奔跑吧，去拥抱自己的优秀！希望你们珍惜春光、不负时光，步步风华！

同学们，一定要相信未来！*

敬爱的老师们、尊敬的家长们、亲爱的同学们：

大家好！

六月如火，岁月如歌。

2020年已经过半，夏天也如约而至。

今天是我们共同的节日，是同学们生命中一个闪亮的日子，永远值得铭记与珍藏。我们以这种特殊的方式，为分布在全球47个国家和地区的3873名2020届毕业生举行毕业典礼暨学位授予仪式。在这个本应充满仪式感的特殊时刻，我们却无法欢聚一堂，老师们也不能亲手为同学们的毕业加冕，我深感遗憾和忧伤。但疫情隔不断我们的殷殷之情，我们用这种全新的方式一起见证历史，共同享受属于你们的欢乐与荣耀。

首先，我谨代表学校和文申书记向悉心教导你们的老师、辛勤养育你们的父母以及关心你们成长的社会各界致以最诚挚的敬意和衷心的感谢！

同学们，2020年注定是不断见证历史的一年。

半年来，我们见证了以习近平总书记为核心的中共中央，以巨大的政治勇气和历史担当，护国安民，带领中国人民以"令世界瞩目"的速度，抗击疫情；见证了国家从顶层设计到夯实根基的力度，显示出"中国之治"的强大生命力。

半年来，我们见证了国际格局的风云变幻；见证了人类共同命运的相守

---

* 本文为作者在中国传媒大学2020届毕业典礼上的讲话。

相望；见证了全国人民团结一心，众志成城，奋发图强，攻坚克难；见证了中国道路自信、理论自信、制度自信、文化自信。

半年来，我们见证了"90"后的你们，关键时刻，明辨是非，不畏风雨；见证了新生代的坚强意志和家国情怀，你们是可堪大用的一代！令人感动！令人欣慰！

半年来，我们见证了新冠的肆虐，大自然的冷酷。但同时更见证了人间的真情、勇敢的逆行者、人性至善和大爱无疆。

在这个庄严的时刻，让我们向为战疫无私奉献的英雄们致敬！他们舍生忘死，为人类筑牢了生命安全的"第一道防线"，他们是新时代最可爱的人，是中华民族的脊梁！

这场战疫，没有人能作壁上观，人人都是战士。同学们共同经历了与灾难抗争的难忘时光，甚至经历了生与死的考验，这些都将成为你们共同的记忆，成为你们相同的底色。你们既是亲密无间的同学，也是患难与共的战友！在极为困难的日子里，你们没有荒废学业！在这段史无前例的困境中，你们守住了自己自由行走的脚步！战胜了自我！你们同样是抗疫英雄！掌声送给你们。

同学们，战疫，是国家体制和治理能力的比拼，展示的是国家意志和政府担当；战疫，是决心与人性的较量，是一场极为特殊的大考，考量的是每一个公民的三观和社会良知。

疫情告诉我们，灾难面前，人人平等，没有哪一个人可以独善其身。人类的命运就是一个共同体，没有哪一个国家可以置之度外。疫情让我们明白，人类的敌人不应该是彼此，全人类应该团结起来，休戚与共，携手应对现在和未来人类可能无法预知的艰难困苦。

疫情告诉我们，要以谦卑之心敬畏自然、敬畏法则、尊重科学。我们是地球公民，而非地球主宰，必须坚持绿色和可持续发展理念。疫情让我们更加清楚自己所肩负的社会责任，更加懂得应如何和自然和谐相处。

疫情告诉我们，要珍爱生命，珍惜亲人，爱惜自己。疫情让许多人一夜之间失去了家庭，失去了生命。使我们更加懂得世事无常与生命的弥足珍贵，

媒介、社会与传媒高等教育　廖祥忠自选集

珍惜与亲人和朋友相聚的日子，更加珍惜亲情、爱情和友情。

疫情告诉我们，平平淡淡才是真。所有的平常，都不应该被忽视，所有的拥有都应该被珍惜。疫情给我们忙碌的生活按下了暂停键，让我们静下心来，好好思考如何珍惜每一个平常的日子，如何开心过好每一天。

疫情告诉我们，身体是事业的本钱，健康是一切的前提，免疫力是最好的医生。我们必须养成科学的生活理念、健康的生活方式和良好的卫生习惯，全面强化健康意识，保持乐观心态，坚持强身健体。

疫情告诉我们，自控力是导致人与人之间形成差距的关键因素。疫情期间，有的人以其强大的自控力进行自我管理，实现了自我超越；有的人则浑浑噩噩，得过且过。疫情过后，人与人之间的差距会进一步拉大。

同学们，新冠病毒的阴霾仍在全球肆意弥漫，疫情刚刚进入中场，病毒仍在疯狂地践踏着我们赖以生存的星球，世界正在改变。

此时此刻，你们行装未毕，却要在夜幕中启程。你们一踏出校门，就要负重前行。作为你们的校长，我心中十分不舍！临别之际，送给同学们三句话。

第一句话，请你们放下一切，先整理心情。

肆虐的疫情让每个人的内心都经历了"过山车式"的动荡，让人谈"疫"色变，心有余悸，不少同学甚至对未来产生了焦虑。这个时候，有太多的事情需要我们去面对。"我生本无乡，心安是归处。"请同学们记住，心安则静，心静则远，眼下最重要的事情，就是让脚步先停下来，好好整理自己，重整心情再出发。

同学们，前进的路上永远充满不确定性，总有未知的风浪，这才是真实的人生。当不测风云来临之时，不是事情本身困扰着你，而是你对事情的态度让你深陷其中。因此，当身处困境之时，如何养成坚忍之心，不抱怨、不逃避，在困境中提升认知，勇敢地去拥抱这种不确定性，在应对挑战中超越自我，在克服认知偏差中成长成熟，这才是人生发展的必然逻辑。

同学们，磨砺是最好的老师，每一场灾难，都是对个人认知的一次升级。希望你们先把心情整理好，升级认知，不要让疫情成为你们前进路上的负累，要把它当作对过往人生的一次修正、面向未来的一场修行。

第二句话，请你们沉着冷静，再整理事情。

如果说17年前的SARS催生了新的商业模式，此次疫情将深刻改变我们的生活方式、学习方式、工作方式和行为方式，将极大地影响我们的三观，还将深刻地改变世界秩序。

此时我们正站在互联网给人类社会带来的百年未有之大变局与新冠疫情给世界带来风云变幻的交汇点上，从现在起，疫情将加速世界的系统性重构，这是我们正在面对的最大的事情。

作为中传学子，必须志存高远，要深刻认识到我们所面临的机遇与挑战，必须把自己要做的事情和传媒人的责任紧密相连。在这场抗疫战争中，无数传媒人舍小家为大家，于磨难处，尽显英雄本色。武汉封城时，很多传媒人作为首批"逆行者"，奋战在抗疫报道一线。是他们，向大众及时传递信息，传递信心，传递希望；是他们，用传媒的担当维护正义，用传媒的温度关怀每一个不幸的个体，用传媒的力量守护人的价值！他们中很多人都是你们的学长，他们是中传的骄傲！而更广大的中传人，也都以自己的方式参战，用声音、镜头、画笔和文字传递抗疫的力量。在这里，让我们向每一位参加抗疫的传媒人致敬！向每一位用自己的方式参战的中传师生致敬！

同学们，教育部宝生部长去年年底百忙之中来到传媒大学，对中传人提出了"头脑要灵、眼睛要亮"的殷殷期许。希望你们牢记部长嘱托，以学长们为榜样，勇敢地肩负起时代赋予你们的使命，用传媒的价值守护人的价值，涵养驾驭复杂外部环境的智慧，实现文申书记提出的"为中国发展贡献青春力量"。

第三句话，请你们挺直腰板，要相信未来。

恩格斯说过："没有哪一次巨大的历史灾难不是以历史的进步为补偿的。"人类文明绵延至今，无论经历怎样的大灾大难，总能一次次从苦难中走出来，迈向新的未来。中华民族的文明大厦也正是在一次次苦难中，不断加高加固，凝结成"苦难的辉煌"。在这场全球抗疫战争中，世界再一次感受到了中华文

明的强大凝聚力,感受到了中国人民越是艰险越向前的奋斗精神,也让我们更加坚定"四个自信"。

同学们,突发的疫情,让互联网世界变得异常活跃,人类社会对网络空间的依赖性正在全面提升,虚拟社会和现实世界一体同构的时代已经提前到来。在这个时代,古老的东方文明将焕发出新的青春活力,人类社会的智慧图谱将凝成一体,个体脑力将被深度挖掘,可以预见,中国人民的聪明才智将得到淋漓尽致的展现,对人类文明进程的影响力必将进一步提升。

时势造英雄,一个英雄辈出的时代已经到来!在这个充满机遇的大时代,作为传媒人,我们要敏锐地意识到,我们的学科专业与时代的发展前所未有地紧密相连。基于AI的艺术生产、基于5G的信息交流和艺术传播、基于大数据的艺术消费,以及基于线上的学习、工作和生活方式,已经成为疫情背景下全球各行各业的导向性增长点,成为世界生产力中最具革命性的关键因素。于我们而言,正是大显身手的机遇期。大浪淘沙,真金方见。天降大任,请你们好好拥抱未来!

同学们,从今天开始,你们将踏上人生新的征程。伟业的成就,绝不是在风平浪静中完成的,而是在翻山越岭中创造的。把不住舵、耐不得烦、沉不住气、经不得诱惑、碰不得钉子、扛不住刺激,成不了大器。请记住,磨难之时,只有那些临难不苟和守善不屈的人,才能在艰难的挑战中,走向最终的胜利。

同时,作为传媒人,希望你们谨言慎行,不要随心所欲,更不要人云亦云。要好好丈量自己,清楚地知道自己几斤几两。记住,一夜爆红多半是过眼云烟,守住初心才能赢得最终的胜利。

经此一役,我相信你们当中,一批有着坚强意志力的人将脱颖而出。我希望你们当中能走出一批风云!希望你们背负着传媒的责任引领未来,用实力证明传媒学子的无限可能!

雄关漫道真如铁、而今迈步从头越!你们即将离开母校,穿越黎明前的黑暗,去往更广阔的未来。疫情对世界的影响还在进一步发酵,你们前行的路上还会出现许多未知的艰难困苦。习近平总书记说,"青春由磨砺而出彩,人生因奋斗而升华"。希望你们任何时候,都要守住同理心与良知,不要让磨难阻止你们前进的脚步。

同学们,阻力,或许就在眼前;但动力,始终在你身后。母校的目光不会离开你们!

非常之观,常在险远;唯有奋斗,方可跨越。未来,就在你们脚下。请你们任何时候,都要挺直腰板,一定要相信未来!

好好做个读书人！*

亲爱的同学们、敬爱的老师们：

大家上午好！

又是一年秋风起，江山依旧动人！今天，我们能够在此欢聚一堂，实属不易。此时此刻，我百感交集。

在这个极不寻常的庚子年，一场席卷全球、影响世界格局和历史进程的新冠疫情，让我们见证了一连串大事件的集中爆发。连同一场几十年一遇、连绵数月的洪水，怀山襄陵、涨啮城郭，几乎让每一个人都经历了刻骨铭心的大考。今天，中国传媒大学迎来了5321名年轻的主人，你们是"庚子大考"的优胜者！你们历尽艰辛，终于齐聚在初秋的中传校园。在这个极不寻常的庄严时刻，我谨代表陈文申书记和全体师生员工及广大校友，向你们的到来表示最热烈的祝贺！中传欢迎你们！中传爱你们！

过去的大半年，可谓"一山放过一山拦"。虽然艰难，但在以习近平总书记为核心的党中央的坚强领导下，英勇的中华儿女抗疫情、战洪水，用精神和躯体护卫我华夏大地，为你们守住了一张安静的书桌，让横亘在你们梦想之路上的天堑变为通途。让我们用最热烈的掌声，向这些民族的脊梁们致以最崇高的敬意！

我们还要把掌声送给你们的父母和老师。可以想象，多少个夜深人静的晚上，他们都在极力克服内心的焦虑甚至恐惧，为你们的健康辗转反侧，为

---

* 本文为作者在中国传媒大学2020级新生开学典礼上的讲话。

你们的未来殚精竭虑！他们是你们圆梦中传的引路人和守护者，感谢他们！

同学们，你们这一届将注定被历史铭记！你们中的许多人，在呱呱坠地之时，就经历了非典的袭扰；在迎战高考之际，又突遇新冠疫情。你们在充满不确定性的环境中"边行军、边打仗"，一路锤炼过来，经历了成长的阵痛，甚至经历了超越年龄的磨难。在这场史无前例的"多重大考"面前，你们战胜了种种不确定性，终于破茧成蝶，完成了凤凰涅槃，书写了属于自己的"庚子篇章"。

天欲降大任，必先苦其心志。你们于磨难处淬炼意志、在彷徨中坚守初心，不但战胜了疫情、战胜了高考、战胜了考研，也战胜了自我！你们完成了人生路上一场刻骨铭心的修行。这些，都将成为你们今后最为宝贵的精神财富。"古之立大事者，不惟有超世之才，亦必有坚忍不拔之志。"在我眼里，你们已经具备了立大事者的先决条件，你们注定是能成大器的一届！

同学们，你们都是好样的！今天是你们在中传胜利会师的日子，作为你们的校长，我首先想要告诉你们的是，你们必须知道自己已经多优秀！感谢你们在最美的青春年华，在特殊的历史时期，心无旁骛地选择了中国传媒大学！掌声送给你们！

从现在起，你们将在这里踏上人生新的征程。大学是一场全新的修行，你们所面临的外部世界，正在发生天翻地覆的变化，这意味着你们所面临的是全新的挑战。当我们用人类文明史的全景式大视野纵览全球，当我们站在互联网给人类社会带来的百年未有之大变局与新冠疫情给世界带来的风云变幻的交汇点瞭望未来，就会发现，当下我们正处在一个由万物互联互通而引发的文明交融与共的历史发端，透过万千气象，一个文化重构的新时代、一个文明互鉴的新纪元正在开启。

这场以新科技革命为基础的文化重构，为人们提供了多元的生活空间和个性化的生存方式。跨学科、跨种族、跨国界的文化交融与碰撞，让绵延数千年的中华文明迎来了新的发展契机，也让人类文化共同体的构建成为可能。目前中美两国间产生的一些争端，表面上看是贸易摩擦、大国逞强，深层次的原因，实际上是处于文化重构的前夜，不同文明之间的冲突与磨合，这是

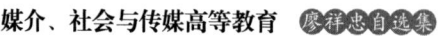

一个必然的过程。

以上这一切，都只是刚刚开始。作为新时代的学子，你们将深度参与其中。作为"互联网原住民"，你们这一代是二次元文化的建构者，你们的行为方式、认知方式、情感方式、思维方式将决定着我们这个文明古国的未来。历史学家斯宾格勒说过一句振聋发聩的话，"一个失去了文化的民族已不成其为一个民族，只是'一堆人口'"。中华文明绵延数千年，从未中断，其深厚的底蕴是我们文化自信的底气。如何传承先祖优秀的文明遗产？如何拥抱这个文化重构的伟大时代？人类几千年的文明又将驶向何方？这是我们正在面临的时代大命题，更是你们所肩负的历史重任。

不管是文化传承、文化自信，还是文化重构，归根到底，都离不开延续中华文脉的读书人，离不开具有时代担当的读书人。作为承载文化精神的新时代读书人，就是要在文化重构的大潮中，守住中华优秀传统文化的根和魂，进而实现"老树发新芽"，生生不息。

然而在当下，读书人的缺失已经成为令人隐痛的不争事实。伴随着漫无边界的资本逻辑、功利主义、消费主义的甚嚣尘上，众语喧哗的表象下，掩盖的是文化精神的缺位，消解的是人类对于传统、经典、先贤的敬畏，丢弃的是读书人的风骨，缺钙的是读书人的脊梁。

互联网在推动人类文明进程的同时，也将"人的异化"推向了新的维度。有人急于把知识变现，也有人把信息冲刷等阅读乱象，误解成了读书做学问。碎片化、实用化、表层化以及满足视听刺激的娱乐化阅读，让人们的心智走向支离，让学问体系濒临破碎，也让各种情绪泛滥替代了理性的声音，增加了全社会的焦虑。当下，迫切需要真正的读书人来矫正风气，引领时代。

同学们，"士不可不弘毅，任重而道远"。士的精神就是读书人的精神，是文以载道，是自强不息，是不为五斗米折腰，是敢为天下先！时代呼唤读书人！

呼唤那些不落名缰利锁，甘于寂寞，以恬淡冲和之气，葆有读书人纯正品格，以传承中华文化精神为己任的读书人！

呼唤那些学贯古今、融通中西，具有丰盈的思想内涵，能够对中华文化守正创新的读书人！

呼唤那些立足新时代、思考新问题、探索新进路，敢于担当，能够引领时代发展的读书人！

呼唤那些瞻望前路、不忘初心，把自己的理想和情怀与人类的命运紧密相连，始终守望人类精神家园的读书人！

同学们，培养心怀家国天下的读书人，是大学存在的理由。今天是你们人生中一个全新的开始，在这个特殊的日子里，我郑重地希望你们"好好做个读书人"！

九层高台，起于垒土。垒起你未来人生高度的，就是你读过的一本本书。在这场空前的文化重构浪潮中，传媒人既是文化的建构者，又是文化的传播者。作为未来的传媒人，你们身上肩负着文化传承、创新、传播的三重使命。"铁肩担道义，妙手著文章"，优秀的传媒人，首先必是读书人，必是"为实现伟大中国梦而读书"，胸怀天下的读书人！

我们不能不看到，在信息爆炸的当今社会，书越来越多，读书的工具也异常发达。智能与便捷，让很多人习惯于接受来自兴趣后台的精准推送。这样的人，即便神游五湖四海，也很难走出自身的单调与狭隘，久而久之，便沦为了信息时代的"井底之蛙"。

也有的人，以为什么都可以通过搜索引擎来解决，知识的来源高度依赖"度娘"，得来全不费工夫。他们自以为什么都懂，其实只是知其然、不知其所以然，有知识没文化，久而久之，便沦为了智能时代的"新文盲"。

那么，在这个文化重构的大时代，面对时代的呼唤，如何好好做个读书人呢？这个问题值得每一位同学认真思考。

"立身以立学为先，立学以读书为本。"在古代，读书人把读书当作安身立命、立功立言之本。他们以大地为纸，以山河做墨，"仰观宇宙之大，俯察品类之盛"，为真学问甘坐冷板凳，懂得下笨功夫和苦功夫。在数据和资讯高度发达的今天，读书人既要有先贤的那种读书精神，同时，我认为还应该做到以下三点：

媒介、社会与传媒高等教育 廖祥忠自选集

一、善用新技术，开拓大视野。要把握好时代优势，善用新的技术手段，充分挖掘全球文献大数据，构建属于自己的"云端书房"、个人数据库。要利用得天独厚的媒介优势，培养大视野，以"究天人之际，通古今之变"的大气魄，贯通古今中西。

二、兼容并蓄，跨界融合。要打通专业知识和通识知识的边界，精专结合、文理兼修。还要懂得系统集成、化简驭繁，在眼花缭乱的信息世界里，形成自己的知识和思想体系。

三、培根铸魂，勇于超越。读书就是让我们在一个多元价值的世界里摒弃狭隘，获得一个可持续的精神世界，完成自我超越。有价值的生命，都在用可持续的精神世界与时光为伴。陈寅恪先生说过："士之读书治学，盖将以脱心志于俗谛之桎梏，真理因得以发扬。"读书治学就是要努力摆脱庸俗，获得精神世界的超越性。

同学们，一个人的本事，就藏在他读过的书里。好好做个读书人，读什么，是关键。尽管这世界上没有所谓的完美书单，但我认为，大学期间你们重点要读的是这两大类书：

第一类是构建专业知识体系的书。学习专业知识、掌握专业技能，是你们在大学期间的重要任务。你们要对自己所学专业的学科体系有一个非常清晰的认识，要关注学科发展的历史、现状和未来，要沿着学术史的脉络对比不同学者的观点来精读。要把前人走过的路，当作自己走过的路，重走一遍，甚至几遍，直到走出新路。

第二类是拓展文化及生命智慧的书。卡夫卡说过："书，必须是凿开我们心中冰封海洋的一把利斧。"有智慧的好书，能够把我们从冰封固结的知识洞穴里，提升到新的地平线上。这一类的书可以是文学书，让我们读懂生活的真、社会的杂、心灵的纯；可以是哲学书，让我们读到逻辑的美、思辨的真、人性的善；可以是美学书，触发我们的美感，提升我们的品格；也可以是心理学的书、方法论的书等。总之，大家要培养自己的读书兴趣，努力把所读所思，内化于心，外化于行。

请同学们务必阅读经典，要养成阅读纸质经典原著的习惯。作为文化体系的源头，经典是人类文明的深层思索，是丰盈生命的智慧结晶，也是民族文化传统的记录者和守护者，它们穿越千回百折的历史长河而历久弥新。阅读经典的过程，就是与智者的对话过程，可以筑牢你们的思想根基，压实你们的文化底蕴，提升你们的生命境界。阅读经典，应该成为我们最好的精神生活方式！

怎么读，也很关键。培根说过，"有些书可以浅尝辄止，有些书可以生吞，而有少数书应该细嚼慢咽，融会贯通"。面对不同类别的书籍，我总结了三种不同的读书方法。

一是苦读与趣读。教育部宝生部长说过，"要围绕学生刻苦读书来办教育，引导学生求真学问、练真本领"。有些纯理论的硬书，读起来如登高山，其辛其苦，只有自知。但每次读完之后，如登至山顶，回望自己所走过的路，大有一览众山小的豪迈。而当你重新品读时，会发现与初读时的感觉迥然不同，豁然贯通的愉悦油然而生。人生的乐趣，莫过于获得这种通透酣畅的思想体验。

二是深读与博读。胡适先生说："理想中的学者，既能博大，又能精深。"深读与博读是读书最重要的两种方式，要兼而有之、互为补益。深而不博，则不能通达；博而不深，则难以透彻。

三是俯读与仰读。这是读书的两种姿态，对于许多经典书目，我们满怀崇敬之心，细细品读。但很多时候，我们必须刻意培养自己的批判性思维，带着挑剔的目光去读，不断磨砺自己的思辨能力，要学会独立思考、敢于质疑。正如孟子所言，"尽信书，则不如无书"，尤其是研究生同学，一定要养成俯读的气度。

希望同学们"博学之，审问之，慎思之，明辨之，笃行之"。信息时代的读书人，要做到既有知识又有文化，要学会把知识转化为文化，把文化转化为智慧，以下四点很重要：

一、守正不迂腐。我们必须摒弃一些古代文人身上那股抱残守缺的迂腐之气，要时刻牢记知识就是生活、就是生命，而不是一堆僵化的教条符号，否则，守正将成为空中楼阁。

二、创新不哗众。带着哗众取宠的目的而创新,是当下知识界常见的一种病症,也是不能行稳致远的重要原因。我们必须时刻牢记,真正的知识创新永远是深怀忧患意识、面对时代问题的真诚思考和探索,而不是灵机一动、投机取巧的思想游戏。

三、自信不自负。自负很容易成为一些读书人,特别是小有成就的读书人身上的特有标签,久而久之,就会变成他们成功路上的拦路虎。同学们要经常检视自己。

四、包容不纵容。虚怀若谷、包容天下是读书人的气度。但凡事有底线,面对歪风邪气,不可一味地纵容,要把传递正能量当作读书人的责任。

同学们,一所好的大学,就是为读书人而准备的。你们所选择的中传,就被社会誉为"读书的好地方"。

我们坚持扎根中国大地办教育,率先在全国强力推行艺考改革,培元固本,整体提升学生的文史哲功底。

我们率先启动研究生教育改革,把人文社科功底和写作作为入门要求,把阅读纳入培养的基本环节,全方位提升学生的文化底蕴。

我们成立通识教育中心,积极探索新时代书院育人模式。以阳明书院、修辞学堂和设计思维训练为依托,构建具有传媒特色的通识教育体系,培养"上手快、筋骨壮、后劲足"的全媒体人才。

我们开全国之先河,创设春秋两季读书周,全面落实习近平总书记提出的"既要读万卷书,又要行万里路"的要求,引导大家既读有字的书,也读生活实践这本无字的书,引导同学们把论文写在祖国的大地上。

我们精心打造美丽无车校园,在宁静温馨的校园里,没有络绎不绝的车流,只有四季如画的风景和青年学子的琅琅书声。文申书记经常骄傲地说,咱们的校园确实是读书求学的好地方!

我们还把图书馆变成了"大阅城",名扬定福庄!

同学们,希望你们在中传的日子里,好好读书,不负春光。读书人可以著作等身,也可以建功立业,但更重要的是获得生命的智慧。书读得越多越豁达,书读得越多越淡泊。"三千年读史,不外功名利禄。九万里悟道,终归诗酒田园。"看淡纸上功名,不为一时输赢,追求生活真谛,才是真正的读书人。

学校文化广场的校徽下刻着"弘道崇德,经世致用"八个大字,这是咱们中传的育人目标。中传要培养的,就是能够以"弘道崇德"为己任,以"经世致用"为目标的读书人。

同学们,人能弘道,非道弘人。今天你们是中传的读书人,未来就是中国的传媒人。希望你们把书本知识转化为生命的智慧和行动的力量,在文化重构的浪潮中,传大道、明大德、堪大用,实现习近平总书记提出的"在爱读书、勤读书、读好书、善读书中提高思想水平、解决实际问题、实现自我超越"。

同学们,一个人生命质量的提升,要靠读书来突破。读书不一定能帮你找到女朋友或男朋友,但一定能找到人生知己,更为重要的是,读书能把自己变成自己最好的朋友!同学们一定要记住,自己和自己成为好朋友至关重要!

"每一个不曾阅读的日子,都是对大学的辜负。"我希望你们未来的人生之路,是由书铺设而成的,希望你们通过读书来"书写"人生。

期待你们,让读书成为一种生活方式,成为中传人的生命需求,为寻找生命的真谛而读书!

期待你们,让读书成为一种责任担当,成为中传人的精神追求,为中华之复兴而读书!

期待你们,好好做个读书人!闻善起舞,弘道崇德,让良知变成良能,让阅读点亮心灯!

谢谢大家!

同学们：人类社会正进入巨变期，你准备好了吗？*

敬爱的老师们、尊敬的家长们、亲爱的同学们：

大家好！

又是一年毕业季，惜别情深满校园。

在即将迎来我们党百年华诞的重大时刻，在"两个一百年"奋斗目标交汇的历史性节点，在全国上下深入开展"学党史、悟思想、办实事、开新局"的热潮中，我们隆重举行2021届毕业典礼暨学位授予仪式，祝贺4502名中传学子学业圆满，开启人生新的旅程。

在此，我谨代表学校，向孜孜不倦培养你们的老师，向含辛茹苦养育你们的家长，向热切关心你们成长的社会各界致以最诚挚的敬意和最衷心的感谢！

去年此时，我们举行了引发热烈反响的云毕业典礼，将直播与慢直播相结合，多场景与多平台互动，吸引了超过三千万人在线观看，相关话题阅读量超过五个亿，赢得社会广泛赞誉。尽管如此，身为校长，不能亲手为同学们的毕业加冕，不能亲自送同学们踏上奋斗新征程，我至今仍深感遗憾。

牛年伊始，我曾无数次担心，疫情是否会影响今年的毕业典礼？而此时此刻，我可以如愿站在这里，分享同学们丰收的喜悦，欣慰无比，感慨良多。

---

* 本文为作者在中国传媒大学2021届毕业典礼上的讲话。

感慨我们在这个校园里共同走过的岁月，感恩我们所热爱的祖国、敬爱的党和挚爱的人民，感谢在座的每一位！是中华儿女的举国同心和命运与共，为中华民族的精神谱系增添了伟大的抗疫精神！让我们更有底气、更有骨气、更有志气！

感慨之余，我想和同学们分享两句发自内心的话：

第一句话：一定要相信我们所走的路是历史的必然选择！

同学们！江河万里有源，树高千尺有根。一个国家选择走什么样的路，关键在于这条路能否解决这个国家所面临的重大历史性课题。

中国特色社会主义制度，是在中国深厚的社会土壤中不断生长、在人类文明成果的汲取中逐渐成熟，能够实现自我革新、自我突破的制度，是在人类社会面临重大风险考验时，能够显示其巨大优越性的制度！

我们的社会主义道路，是在革命、建设和改革的长期实践中开创的，是中国共产党人带领全国人民用铮铮铁骨和艰苦奋斗铸就的。在艰难曲折中不断峰回路转，伸向诗和远方。历史充分证明，在无数条道路中，这条路已经成为中华民族走向复兴、中国人民通往幸福的康庄大道，已经深深植根于十四亿多中国人民的心中，成为中国人民的幸福心路。抗疫所取得的重大战略成果、脱贫攻坚所取得的惊世成就，充分凸显了这条道路的正确性。

第二句话：一定要相信中华优秀传统文化的永恒魅力！

国以文为魂，文以化而行。中华优秀传统文化是一个内涵极其丰富的大系统，塑造了中华民族的精神世界。从上古神话到诸子百家，从魏晋风度到盛唐气象，从宋词元曲到明清小说，泱泱华夏，生生不息；千年文脉，历久弥新。

这个极具生命力的大系统中，充满着圆融通达的合一智慧：有天人合一的宇宙观和真理观，有知行合一的价值观和实践观，也有情景合一的审美观和生活观。天人合一让我们遵循天道与人道，平衡天理与人欲；知行合一让我们在实践中不断创造，立德、立功、立言；情景合一让我们身心平衡，享受生活之美，开大智慧，见真性情。

天人合一求真，知行合一向善，情景合一审美。而真善美合一，正是孔

子说的"仁"、老子讲的"道"、庄子追求的"逍遥"、王阳明践行的"致良知"。古圣先贤用不同的术语,一脉相承地阐发着中华优秀传统文化的精神内核。

真、善、美是人类永恒的追求,真善美合一的中华优秀传统文化也必然具有永恒的魅力!其思想价值跨越时空、超越文明,为人类应对共同挑战提供智慧启迪,为社会发展提供内生动力。希望同学们工作后无论多忙,都要保持阅读习惯,要经常在中华文明的历史长河中畅游一番,汲取先贤的智慧和力量。只有这样,才能保持内心的从容,才能更好地应对挑战、拥抱未来!

同学们,未来真的已经来了!世界正不以人的意志为转移,奔向变幻莫测的明天,人类社会开始进入巨变期。

请你们仔细审视这个世界,科技如野马脱缰,带着人类社会向未知世界一路加速狂奔,不舍昼夜,正在肆无忌惮地改变一切。面对正在失去理智的科技,我们几乎束手无策,有人忧虑,有人惊喜,有人沉睡,多数则是从流飘荡,任意东西。

此时的人类社会,已经跃上了万丈分水岭,又一个"人猿相揖别"的时期到来了。仿佛一夜之间,我们历经千年,从农耕文明到工业文明,再到信息社会和未来世界。我们惊奇地发现,今时早已不同昨日,世界变了:

——人类的知识体系在变。我们所面对的早已不是和风细雨的科技改良,而是横冲直撞、席卷一切的科技革命;不是单一技术的突飞猛进、一日千里,而是多种技术的融合共创、跨界同频。随着已知的不断增加,更多的未知领域正在呈现,原有的知识体系正被撕裂,过去的钥匙已经无法打开通往未来的大门。我们再一次进入了"看山不是山,看水不是水"的境地。

——人类的生存与交往法则在变。弱肉强食的丛林法则不再符合时代发展逻辑,世界正被一股强大的无形力量支配。社会似乎变得越来越透明,人正在成为透明人,由透明人构成的透明社会,被一张无形的大网编织在一起,整体性走向模糊。人类社会原有的个性与共性的关系正被打破,基于网络社会的人际交往及生存法则正在形成。

人类的交往正从"人与人"变成"人机人",一张无形的大网把散落在全球各个角落的人捆绑在一起,人和人之间的距离变得天涯咫尺!同时,这张网,又把近在咫尺的人强行分隔,人和人之间正变得咫尺天涯!

——人类的伦理原则在变。当人工智能、克隆仿真、基因编辑走进真实生活,人类不仅具备改造自我的能力,甚至可以重塑自我。人类的生命观正遭受前所未有的挑战,人类的自我定位以及人与人、人与自然的关系也在发生重大改变。如何把握住伦理的边界和底线?这已经远远超出了是非利弊的判断,人类社会正面临着"何而为人"的极其严峻的伦理考验。

——人类认识和改造自然的方式在变。亚当·斯密在《国富论》中说过,市场经济这只"看不见的手"影响着世界的发展。而今天,数据垄断和算法霸权已经成为另外一只"看不见的手",左右着人类的脚步。很多时候我们自以为借技术释放了自由,实际上却不自觉地接受着数据和算法的奴役。

机器已经超越工具本身的历史内涵,协同人类去适应环境,获取信息,计算信息,以采取"最合理化"的策略与行动,改变自然,改变人类,从而形成第二自我。

人类认知和改造自然的能力正从"体力时代"和"智力时代"进入"人类、机器与自然的协同进化时代"。

人类的劳动正在被机器取代!人类的思考正在被芯片取代!人类的选择正在被算法取代!人类社会正站在何去何从的十字路口,稍有不慎,将导致人将不人!人类社会正在进入后人类时代!

与此同时,新冠疫情的到来,使未来更加充满不确定性。人类将长期与新冠病毒共存,这是人类文明进程中又一关键时期。形势如此严峻,但挑战与涅槃总是如影随形,一切都取决于我们的行动。

同学们知道,人的天性是通过寻找确定性获得安全感,消除模糊性找到方向。面对波谲云诡的未来,当不确定性成为唯一的确定性时,作为未来的传媒人,你该如何应对?

同学们,不确定性会让大家焦虑,但也能让我们获得更敏锐的观察和更清晰的洞见。当农耕文明和工业文明所形成的政治、经济、文化秩序逐渐隐

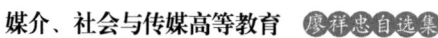

退，预测未来最好的方法就是创造未来。

作为社会进步的见证者、记录者和推动者的传媒人，在人类社会发展的重大时期，肩负着比任何时期都更为重要的责任！责任催生使命，崇高的使命产生崇高的行为，让生命个体具有超越物质意义和时空限制的人性光辉。如果生命是一次展示其存在价值和意义的单程旅行，那么使命，就是当你苦闷彷徨之时，让你永不倒下的那股力量！

同学们，作为未来的传媒人，你们的使命就是用传媒的力量守护人的价值！发现真、弘扬善、传递美。用青春的力量拥抱时代，用青年人的智慧与勇气，冲破互联网这张看不见的大网，让人类由作茧自缚转为破茧成蝶。

作为你们的校长，临别之时，送给同学们三句话：

一、莫让算法夺去你的灵魂。

精细数据、精确计算、精准推送已成为大数据时代的常态，挑战着人类社会的生存秩序，算法如魔幻般无处不在，裹挟着每一个人。人类正逐渐把判断的权力亲手交给算法，渐渐失去判断力，不知不觉地走向"被算计的人生"，成为被算法霸权遮蔽双眼的自信者，人类社会正集体走入被大数据和算法支配的"美丽新世界"。

同学们，你们要直面算法的底层逻辑，看到算法的能力边界，穿透算法背后的控制力量，审视算法可能带来的不公与巧取豪夺！你们要培养知性，把握理性，珍惜感性，用传媒人的素养和智慧祛魅算法，用传媒人的责任和良知引领算法，用人文的光辉点亮算法！

二、莫让芯片取代你的心灵。

当今世界，机器如人，人如机器。机器，越来越人性化；人，越来越机器化。人对机器的依赖性不断加剧，逐步沦为科技的附庸、手机的奴隶！人的异化问题已经到了十分危险的境地。芯片，正在裹挟我们的大脑，植入我们的心灵，有的人已经变得麻木不仁！

同学们，芯片的无所不能以及虚情假意正在异化人的心灵，我们必须清醒地看到，虽然芯片可以告诉人类未来的无限可能，但最后的决断者一定是人！因此我们必须守住心灵的温度、提炼良知的纯度、增强情感的浓度，拒绝异化，拥抱理性，守护好人的价值！

三、莫让浮云遮蔽你的眼睛。

时代大潮，浩浩汤汤，人类社会，风起云涌。社会媒介化，媒介社会化，现实世界与虚拟社会交织，机器与人类共生共存，病毒的变异与人的异化同步前行。老子说，"五色令人目盲，五音令人耳聋，五味令人口爽，驰骋畋猎令人心发狂"。互联网时代五彩斑斓的虚拟景观，令人耳聋目盲。

同学们，乱象迷离待慧眼，浮云蔽日盼清风。眼前纷繁复杂的世界，正是传媒人大有可为的时代。我们需要以"不畏浮云遮望眼"的高度和气度，以"乱云飞渡仍从容"的镇定与自信，做未来的瞭望者、时代的感知者和现实的引领者！

同学们，有什么样的胸襟，就能看到什么样的世界。站在过去和未来的交汇点上，我们坚信，结成一个休戚与共的人类命运共同体，是世界人民唯一的选择。作为传媒人，以国际传播推进不同文明之间的互鉴交流，让全世界人民对当前人类社会所面临的大变局达成共识；用传媒的力量推进世界人民心连心、手牵手，共同应对危机，携手建构后人类时代的生存秩序，是我们责无旁贷的使命。

同学们，无论你未来面对的是诗和远方，还是暂时的苟且与不堪，都不要忘记传媒人的使命！你不可以凭着任性到处指指点点，也不可以为了显示自己的高明而随意发表不当言论。你的一言一行，可能会影响很多人。你不能让焦躁的人更加不安，也不能让不安的人更加焦躁！请记住：

把光明送给他人是传媒人的良知！

把理想带给社会是传媒人的责任！

把磨难留给自己是传媒人的担当！

同学们，请记住，作为未来的传媒人，你必须首先是个人！你传递的不是一己之悲欢，而是大众内心深处的爱恋和渴望；你连接的不只是个体小家，更是人类大家的认知和祈愿。

你光明，世界就多了一份温暖！

你温暖，社会就多了一份美好！

你美好,人类就多了一份灿烂!

同学们,你们即将离开母校的怀抱,独自应对人生无数次的开卷考试,没有标准答案。望长空、千里梦,看星星点点,无边浩瀚。

希望你们找到存在的价值,守住内心的秩序,做到天有风云,心无跌宕。正如教育部宝生部长所说的,心静,"才可以做到格物致知、知行合一"。

希望你们敢闯敢干,敢为人先,千磨万击还坚劲,任尔东西南北风!按照习近平总书记要求的那样,"在攀登知识高峰中追求卓越,在肩负时代重任时行胜于言,在真刀真枪的实干中成就一番事业"!

同学们,启航吧!

五千年风雨,八千里山川,容颜易改,初心不变。

一百年沧桑,一世纪巨变,江山多娇,使命更坚。

希望你们使命稳舵,理想扬帆,信念护航,以小我的卓越、大我的气概、无我的境界,为开创党的第二个百年奋斗新局,健行天下,自强不息!

希望风华正茂的你们,以媒为介,以文化人,以爱连心,以融合之精神、未来之眼界、神圣之使命,奔赴属于你们的星辰大海!

祝同学们直挂云帆,长风破浪;心有繁花,一世芳华!

大学是什么？*

敬爱的老师们、尊敬的家长们、亲爱的同学们：

大家好！

时间的指针镌刻着历史的进程，百年梦圆，波澜壮阔；千秋伟业，皆为序章。

在刚刚度过我们党百年华诞的伟大历史时刻，在两个百年交汇的重大时间节点，今天，我们迎来了5376名朝气蓬勃的年轻人。

在此，我谨代表学校全体教职员工和遍布全球的校友，向怀揣梦想的全体新同学表示衷心的祝贺！欢迎你们加入中国传媒大学这个温暖的大家庭！你们是中传的新主人、新力量、新希望！

同时，向支持孩子选择中传的家长们表示衷心的感谢！向兢兢业业教书育人的老师们致以崇高的敬意！

同学们，从今天起，你们将在中传书写人生新的篇章。你们将在这里领悟"立德、敬业、博学、竞先"的中传校训，传承"忠诚、自信、包容、竞先"的中传基因。

身处今天美丽的校园，看着青春的你们，我发自内心地欣喜、羡慕！我想起了1986年8月的一个傍晚，正在江西大山农田里劳作的我，收到了北京广播学院的录取通知书，我挥舞着通知书，在田间大地放声高歌。那个场景，永生难忘！

---

* 本文为作者在中国传媒大学2021级新生开学典礼上的讲话。

媒介、社会与传媒高等教育 廖祥忠自选集

告别父老乡亲，我第一次离开江西的青山绿水，坐了40多个小时的绿皮火车来到北京。走出北京站，我瞬间被绚丽繁华的首都景色深深震撼，满心欢喜地坐上开往广院的班车。可是车开出没多久，我就发现车窗外的高楼渐渐消失，取而代之的是稀稀落落的农家民居，满眼的高粱玉米，路上还不时跑过一辆辆马车。在沮丧失望中，我终于看到了一个灰色的大门，门旁一面不大的牌子上写着六个字——北京广播学院，也就是今天的中国传媒大学。

同学们，你们能想象吗？如今小桥流水、草木扶疏的校园，那时林少木稀，设施简陋，全校仅有楼房十三栋，学生不过千余人。

你们能想象吗？当时主楼刚刚落成，我这个来自农村的孩子不知电梯为何物。记得在主楼第一次看到电梯时，我大为惊诧，明明看到一批人走进去，可当电梯门重新打开时，竟然魔幻般地换了一批人！记得还有一次路过国际大厦，发现大厦的玻璃门很神奇，人来了，会自动打开；人离开后，还会自动合上！在写给父母的第一封家书里，我对眼中的这些"奇特景观"进行了详细的描述。

斗转星移，岁月不居，三十五年过去，弹指一挥间！当年入学时那个曾经失落的少年，绝对想象不到咱们的校园会变成今天这般景象。从荒郊野外、地僻人稀到交通便利、人气兴旺；从袖珍型的行业院校到人才辈出、声名远扬的传媒旗舰。栉风沐雨、几度春秋，多少奋斗、多少辛劳，成就了今天的中传！

中传的演变，是祖国改革开放伟大成就的一个缩影，折射出时代巨变的光芒。从农耕文明迈入信息时代，数十载而已！二十年前六月的一天，我站在美国世贸中心的楼顶，感觉那就是世界之巅；十九年前，我第一次坐上日本的新干线时目瞪口呆，感觉中国和日本不在同一个星球。现如今，咱们的高铁遍布大江南北，祖国大地处处生机盎然。中国改革开放所取得的辉煌成就，创造了人类发展史上的奇迹！

同学们，你们现在看到的中传，无处不风景，我们引以为傲！我相信，你们必将见证更好的中传，也会在这里淬炼出更好的自己！

每年这个时候，我都会和同学们分享一些自己的思考。2018年，我要求同学们，塑品格、补短板、立长板；2019年，我请同学们牢记，你必须知道自己到底有多优秀；去年，我呼吁同学们，要好好做个读书人。

在今年的毕业典礼上，我告诉同学们，世界正不以人的意志为转移，奔向变幻莫测的明天。人类的知识体系、生存法则、伦理原则、认知和改造自然的方式，都在发生深刻变化！人类社会正在进入巨变期。

时代在变，大学也在变！同学们想过吗？大学是什么？

农耕文明时期，大学是人类精神文明的摇篮。《孟子》说："设为庠序学校以教之。"人类日出而作，日落而息，一切都始于土地，问于星空，成于教育。

西周时期的官学和春秋战国的稷下学宫告诉我们，大学是传承礼乐文明的津梁，是思想交锋的疆场。

汉唐以降的太学和宋明时期遍布天下的书院告诉我们，大学是培养君子、传道授业的殿堂。

古希腊时期的柏拉图学园告诉我们，大学是崇尚理性、探究宇宙奥秘的地方。

十一世纪以来欧洲兴起的博洛尼亚大学、巴黎大学告诉我们，大学是击穿中世纪神权的利剑，是人文精神复兴的滥觞。

从农耕文明到工业文明，历经数千年，大学成为催生科技革命、驱动物质文明的引擎。

德国教育家洪堡提出的"洪堡三原则"，让大学成为国家创新发展的核心力量。

英国教育家纽曼提出的"大学的理念"，让大学成为国民素质提升的关键中枢。

美国教育家范海斯提出的"威斯康星思想"，让大学成为国家工业快速转型的重要动力。

在近代中国，无论是强调"中学为体，西学为用"的京师大学堂，还是在战火中坚持科学精神、延续文脉风骨的西南联大，都告诉我们，大学可以在民族危亡的关键时刻，成为唤起一个古老大国世纪觉醒的洪钟。

 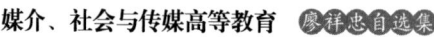

无论在农耕文明时代还是在工业文明时代，大学都是人类认知世界的支点，是产生思想、传承知识、引领社会的殿堂。

随着信息革命的到来，世界进入了人类、机器与自然协同进化的时代，人类智能与人工智能的界限正在模糊，现实世界与虚拟世界正融为一体，大学的角色、形态和使命也正随之改变。

专业之间、学科之间的边界正被打破。融合与共生是时代的鲜明特征，那种沿袭旧例按知识领域甚至技术工种划分学科专业的做法、不同专业各自为政的情形，已经无法适应当下的知识生长逻辑和学科专业发展现实，通识教育将变得越来越重要，推动新工科、新文科建设势在必行。

讲授式教学正被自主性、个性化教学取代，教师的角色将切换为导师。学生获取知识的来源正由教师和书本转向整个信息世界。教师的主要任务是引导学生"学什么、为什么学、怎样学"，负责"引领方向、教授方法、答疑解惑、立德树人"。延续千年的"教师教、学生学"的单向知识传授模式，将让位于师生协同的研究型教学。

教与学的时空关系正在改变，传统的人才培养模式将被颠覆。基于教室内外、课上课下的教学场景已经被全时空学习场景替代，"学生+智能终端"正在成为学习发生的核心要素。标准化、批量化的人才培养模式日渐式微，基于学生精准画像的个性化人才培养模式将大行其道。

自然科学与人文科学正走向统合，研究方法将深度交汇。随着科技力量强力嵌入人文社科领域，以人文精神引导科技创新，用自然科学方法解决人文社科领域的重大问题将成为常态。

数据正成为社会生产的关键要素，对其他生产要素的倍增效应越来越显著，数据科学正成为统合定性与定量研究的新王道，数据海洋已成为科研的新天地，数据垄断正成为科研的新壁垒。

大学之间、大学与社会之间的边界正在模糊。全球共享的虚拟教学平台，让每个人都可以通过网络获取顶尖大学的精华课程，并在全球的学分互认评价体系中获得数字认证。高等教育正在发生结构性改变，有教无类将成为现实。

社会教育资源开始流入大学,技能型学习将逐渐交给社会,大学教师的讲台可以成为通向世界的舞台。大学不再是凭借一堵围墙与世隔绝的深深庭院,它将逐渐走向开放、包容、多元,与社会深度融合。

大学的物理形态、价值和功能将发生重大变化。大学将是多维空间的叠加,物理形态的校园是基础,孕育校园文化;虚拟形态的校园是核心,汇集教育资源;精神形态的校园是灵魂,承载价值引领。

大学的功能将由传授知识转向探索知识,由培养技能转向以文化人,由传道授业转向立德树人。

"所谓大学者,非有大楼之谓也,有大师之谓也。"90年前,梅贻琦先生心目中理想大学的标准,正在成为决定大学生死存亡的约束性条件!

今天,我们或许还无法精准勾勒出未来大学的完整画卷,但可以预见,已经在时代面前显得力不从心、却依旧酣睡的大学如果还不觉醒,将很快被社会发展的洪流卷走,大学正面临一场整体性生存危机。

优秀教师将脱颖而出,一大批教师将被淘汰。在线课程的全球共享已成为现实,拥有全球影响力的名师名课将成为一所大学的核心竞争力,顶级大学手中所掌握的优质课程将垄断全球大学教育资源。能者为师是王道,一大批教师将失去赖以生存的三尺讲台,大学教师的数量会急剧下降。

大学之间的距离会迅速拉开,一批大学将惨遭分流。随着教育手段、学习方式的重大变革以及社会对大学文凭的重新认知,一些大学正在失去其存在的价值,并将逐渐退出历史舞台。

时至今日,那些仍醉心于昔日荣光的大学,在这个时代很难找到新大陆。那些拿着旧地图炫耀的大学、那些靠着老课本度日的老师、那些指望悠哉混日子的学生,未来的生存空间将被急剧压缩。

大学的生存危机已经露出了尖尖小角,我们不得不思考,当传授知识不再是大学的首要职责,大学存在的价值和责任是什么?

让我们看看当今世界,人类的劳动正被机器取代!人类的思考正被芯片取代!人类的选择正被算法取代!在后人类时代,人类面临的最大危机,是可能逐渐失去自身存在的价值和意义。因此,守护人类存在的价值,就是大

学存在的理由和责任!

习近平总书记指出:"人类社会每一次重大跃迁,人类文明每一次重大发展,都离不开哲学社会科学的知识变革和思想先导。"当现实社会和虚拟社会走向同构,现有的哲学社会科学理论体系需要与时代共进之时,如何建构适应未来社会发展需要的哲学社会科学体系,是大学的责任。

当第四次工业革命的浪潮扑面而来,新兴交叉学科层出不穷,行业边界逐渐消失,技术强权主义甚嚣尘上之时,如何让重大基础理论研究回归理性,用新的科技思想引领社会,是大学的责任。

当自然科学强力嵌入人文社科领域,动摇着人文社科理论的根基;当科技肆无忌惮地向人类展示其非理性特征,使人类社会集体走向迷失之时,如何为科技插上人文的翅膀,使其与人类社会和谐共生,是大学的责任。

当人工智能、克隆仿真、基因编辑走进现实生活,人类的生命观正遭受重大挑战,人类社会面临极其严峻的伦理考验之时,如何构筑和守护人类的伦理底线,是大学的责任。

当自然灾害、病毒、极端主义思想、恐怖组织、黑科技滥用纷纷来袭,人类社会必须命运与共、守望相助之时,如何构建人类命运共同体的理论与实践,是大学的责任。

教育部怀进鹏部长曾说,"教育是永无止境的崇高事业"。我坚信,大学校园的物理形态可能会改变,大学的职能可能会重构,但坚持追求真理、礼赞人性光辉等大学精神和气质,不但不会被技术抹杀,反而会以更富生命力的方式弘扬到整个社会。

大学的价值,是在狂风骤雨般的物欲纷扰中,为一群有志青年提供一张宁静书桌,让他们在这段美好却又转瞬即逝的金色时光里塑造人格、找到自我,学会研究、认知世界,打好人生底色。

凡事预则立,不预则废。希望同学们做到因时应变,知行合一。此时此刻,我想送给大家三句话:

第一,要成为游泳的全能选手,"会当水击三千里"。要学会在数据的世界、信息的海洋中遨游,游得好,人生处处是蓝海。未来,信息超载、知识碎片化等问题会更加突出，传统的线性学习方法很难适应时代，你们要尽早掌握非线性学习方法，决不能身处信息时代，思维还停留在工业时代。

同学们，你们还要坚持每周去学校游泳馆游泳，在游泳中感受动力、阻力和浮力，既强健体魄，也把这些身体记忆转化为内生动力和精神哲思。游泳在中传已经成为必修课，游不好，将无法毕业！你们更要学会在人生的风浪中游泳，涤除玄览、磨砺意志，"自信人生二百年"。

第二，要成为编程的一把好手，全面提升自己的"技商"。信息时代，不懂编程，将成为新文盲。编程是人类与机器沟通的桥梁，是一种全新的思维方式。你们要掌握数据结构、算法及其背后的底层逻辑，通过编程来认识和改造世界，用编程思维去观照多彩世界。

同学们，今天我们生活的世界是被编程改变的世界，你们务必要看到科技的穿透力，要把编程当作一种基本素养和必备能力！我中传学子应该做到"文武双全"，不但要修得一手好文章，还要编得一手好代码，用编程编织出美好人生！我要特别把这句话送给在场的文科生。

第三，要成为规划"内存"的一流高手，养成自动清理"垃圾"的好习惯。功业无涯，人生有限。在知识爆炸的今天，一定要明确自己的目标，专注于生命中重要的事情，管理好精力和时间，在特定时间集中精力完成特定任务。要学会为自己人生的内存做好"分区"，留出读书思考的空间、留出拼搏奋斗的空间，也一定要给你挚爱的人、牵挂你的亲人、支持你的友人留好空间。

同学们，你们一定要养成主动清理大脑存储空间里冗余信息的习惯，减少大脑的无用消耗，实现自我净化；还要筑好心灵的"防火墙"，阻挡负面情绪侵入你的"系统"，每天都以最好的状态去享受成功的快乐、失败的收获。

同学们，你们是幸运的！生活在一个可以平视这个世界的中国，可以昂首走上世界舞台，展现自信和友善。如今的时代风雷激荡，你们可以在机遇和淬炼中找到自己的舞台，书写属于你们的历史。

但请不要忘记，百年前祖国风雨飘摇、烽烟四起之时，多少和你们年纪相当的志士走出大学校园，投身救亡图存，倾尽一生心力去抚平大地的疮痍。

他们用生命诠释着大学的精神——满腔赤诚,一身傲骨。

也不要忘记,百年民族复兴路上,多少和你们年纪相仿的学子,从大学出发投身民族复兴,用尽毕生所学襄助祖国的崛起。他们身上流淌着大学的精神——鞠躬尽瘁,无问西东。

大学精神曾穿越时空,烛照人类的荣耀,见证文明的兴衰;未来,大学精神仍将奔涌不息,寄托着人类对文明的无限期待。今天,你们脚下是全新的历史坐标,身上有祖国的浩浩明日、文明的悠悠未来。

学不可不弘道崇德,术不可不经世致用!希望同学们牢记中传的校训与使命!三十功名尘与土,八千里路云和月。阔步风起云涌的时代大舞台,勇立潮头、搏击风流,不要只当看客!不要坐而论道!

同学们,今天你们是定福庄的小白杨,明天就是祖国的栋梁!希望你们坚守初心,直面大机遇和大挑战!不负青春,不负中传,不负家国,不负时代!

同学们,人生新的乐章已经奏响!从此以后,中传有你,你有中传!祝福你们!

莫听穿林打叶声,何妨吟啸且徐行*

亲爱的同学们、敬爱的老师们、尊敬的家长们:

大家好!

时光不居,岁月如流。疫情的阴霾仍未消散,又一个毕业季如期而至,空空的校园,繁花相送,杨柳依依。

今天,我们以这种特别的方式,举行中国传媒大学2022届毕业典礼暨学位授予仪式。在同学们生命中这个特殊而又神圣的时刻,我谨代表学校全体师生员工和广大校友,向在千难万难中完成学业的你们表示由衷的祝贺!同时,也借此机会向老师们、家长们和社会各界表示衷心的感谢!

不能当面为所有同学举行拨穗礼,是老师们心中永远的遗憾。但疫情挡不住咱们的师生情,山水隔不断我们的母校缘。我们希望这场用心用情送上的真挚祝福,能给大家留下美好的回忆!

风云跌宕、机缘难料,无论是本科生、硕士生还是博士生,疫情肆虐,占据了你们学业中的大半时间,走出校门时,又赶上"史上最多的一届毕业生"。你们不得不一次次离开温暖的校园,快速适应"居家上网课、云中找工作"的生活。你们在疫情的"暂停键"下,静默成长。多少次,和本应属于自己的鲜花和掌声擦肩而过;多少次,在人生最美好的时光里,惆怅和焦虑伴随着你们度过。

同学们,你们不容易!

---

* 本文为作者在中国传媒大学2022届毕业典礼上的讲话。

沧海横流，方显英雄本色。你们不畏艰难，永不言弃，在被疫情笼罩的困难时期风雨兼程，不断突破，终于完成了人生大考，迎来了今天的化茧成蝶。

同学们，你们了不起！

习近平总书记深刻指出："重大的历史进步都是在一些重大的灾难之后，我们这个民族就是这样在艰难困苦中历练、成长起来的。"

同学们，你们何尝不是！

"古之立大事者，不惟有超世之才，亦必有坚忍不拔之志。"这是一场磨砺，锤炼了你们的意志力、坚忍力、自制力；这也是一场修行，让人心有所畏、言有所戒、行有所止。

天降大任，必先承重。你们忍受了多少孤独，经历了多少无助，个中滋味，唯有自知！栉风沐雨，你们的心灵愈加强健！

艰难困苦，玉汝于成。真正优秀的人，每一次精进，每一次蜕变，都是在艰难困苦中熬出来的。没有经历过凤凰涅槃般的洗礼，难以锤炼成坚韧不拔之志！

人生没有白吃的苦，同学们吃的每一份苦，受的每一处伤，都将镌刻为你们成长的印章；人生也没有那么多按部就班，只有在被打乱的节奏里不断重振旗鼓，才能积攒成你们未来站得住脚、立得住身的坚强定力。

我也知道，面对理想未竟、抱负难展，一些同学正承受着巨大的压力。此时此刻，我想告诉同学们的是，不要局限于一时，不要只盯着脚下，请你们抬起头来，看看远方。

在你们的正前方，视频天下浩瀚无际，无边无垠的数字新大陆若隐若现，数字时空的无限延展正在穷尽人类的想象！

在那里，处处柳暗花明，不可胜数的数字新宝藏正等着你们去探寻，无限可能的数字新大陆正等着你们去发现，人类文明史上又一个大航海时代已经悄然开启。

从古至今，探索未知都是一项需要勇气、充满挑战的事业。

整整五百年前的1522年，人类完成首次环球航行，那是一场划分世界古代史与现代史的地理大发现。人类存在几百万年来，多少次"东临碣石，以观沧海",却是第一次在探险中真正勾勒出地球的模样,第一次真正体验了八荒之广,天地之大。

那是一个开启全球化进程的新纪元,让欧洲从旧大陆的边陲,变成了世界文明中心;将全球纳入了马克思所说的世界市场体系,奠定了至今仍然有着深刻影响力的世界格局。

16世纪的大航海时代早已落幕,但勇于探索、敢于超越的大航海精神,已经成为人类精神世界的宝贵财富。物换星移,五百年过去了,人类又进入了一个全新的数字大航海时代!

我们曾经错过了大海,却有幸遇上了数字海洋。从脚力到指尖,今日之"大航海"已经完全超越物理时空,这是一个真正的大航海时代!

同学们,这是属于你们的时代!

走出校门,你们将踏入数字的汪洋大海,数不清的数字新大陆正等着你们!无法预知的各种挑战也在等着你们!你们将遇见我们这一辈人难以感知的惊喜,也可能遭遇人类史上从未有过的难堪。

回首历史,16世纪的大航海和地理大发现固然取得了伟大的历史成就,但也给无数人带来了难以想象的深重灾难。以史为鉴,我们必须秉持人类命运共同体的发展理念,牢牢守护人的价值,确保文明不被数字大航海途中的暗礁潜流所吞没。

同学们,时代需要你们!

"红日初升,其道大光。河出伏流,一泻汪洋!"数字大航海时代的大幕已经开启。那里万物重启、时空重置,展现出前所未有的海阔天空,同学们应该早早起床,快快扬帆远航!

青春的你们,赶上了一个千年难遇的波澜壮阔时代!教育部怀进鹏部长曾经深情寄语青年学子:一代人才,一代事业;一代人才,一代责任;一代人才,一代使命!请你们肩负起时代赋予的历史使命,勇敢踏上时代的巨轮。借此机会,我想送给大家三句话。

第一,"怀揣梦想、敢于实现"是事业成功的根本保证。面对数字海洋,没有航海梦,难以发现新大陆。理想是高塔,指示着生命的坐标;梦想是心

灯，引领着精神的方向。始终怀揣梦想的人，心中自然有光，一定能在数字海洋中开辟出属于自己的人生航线！

同学们，有梦想还要有决心，有决心还要有行动，有行动还要有毅力！要敢于触碰和穿越一个个梦想，把它串起来，这就是你人生的天际线！

第二，"日积跬步、战胜自我"是快乐人生的基本源泉。人在饥寒交迫之时，只有一个烦恼；不愁吃穿之后，若不具备让自己保持快乐和幸福的能力，无数烦恼会接踵而来，有时候甚至会出现莫名的烦恼。之所以如此，是因为迷失了作为人而存在的价值，或者说，还没有品尝到奋斗带来的酸甜滋味。奋斗，并不一定要开创惊天伟业，奋斗体现在日常生活的点点滴滴之中。"蔓蔓日茂，芝成灵华。"主动把一件件小事做好，日积月累，你会充满快乐！

同学们，什么叫成长？战胜自我就叫成长！如何战胜自我？关键是要善于总结自己，一日三省己身。工作之后，再忙也要留出和自己对话的时间，不要只生活在微信里！出租房再小，也要记得给自己保留一张安静的书桌，要把方寸之地，变成圆梦之梯！不要只生活在柴米油盐中！

第三，"从容的心态、豁达的胸襟"是抵御风寒的最好衣裳。人生一世，无不是在顺境、困境和平淡之间辗转穿行。一个人不可能总是一帆风顺，也不会永远处于困境当中，只要把这个道理想明白，就会变得从容豁达，关键时刻，既不会怨天，也不会尤人。

同学们，你们要懂得在困境中磨炼心智，在顺境中强化忧患意识，在平淡中把生活过得有滋有味。请记住，你们一定要练就一身"把生活过得有滋有味"的本事！凡事少抱怨，要学会用汗水代替泪水，用志气代替叹气！在今后的日子里，希望大家修得三心：

修得一份坚毅心，苦其心志，坚持有恒，不乱于心，不困于情，在磨砺中勇毅前行！

修得一份自愈心，学会取暖，定期刷新，心若止水，云淡风轻，在断舍离中轻装前行！

修得一份平常心，物来顺应，既过不恋，得之淡然，失之坦然，在风雨交加中从容前行！

同学们，九百四十年前，在黄州的一场雨后，苏轼写下了那首流传千古的《定风波》：

莫听穿林打叶声，何妨吟啸且徐行。竹杖芒鞋轻胜马，谁怕？一蓑烟雨任平生。

料峭春风吹酒醒，微冷，山头斜照却相迎。回首向来萧瑟处，归去，也无风雨也无晴。

这首词，写于苏轼人生的灰暗时刻。面对风雨坎坷、流言嘈杂与现实困境，他的逸怀浩气，超凡洒脱，支撑过多少人走出了人生低谷！他告诉我们，面对喧闹世界，要安顿身心徐徐前行；面对坎坷山路，要轻装上阵快意平生；面对易变世事，要聚散随缘达观自在。

管他雨骤风狂，任他花凋叶落，我自闲庭信步，任尔东西！

手持竹杖，脚踏草鞋，风凉酒醒踏归途，无所谓风雨，无所谓天晴，一壶浊酒尽余欢！

希望同学们日后无论遇到何种人情事变，都能随缘尽性，达观豁达。哪怕处在人生的"萧瑟处"，仍能静心感受晚风拂柳、山外青山。

希望同学们永葆清澈之心，拥有"一蓑烟雨任平生"的自在从容，天有风云，心无跌宕。

希望同学们相信梦想的力量，相信善良的力量，相信心静的力量，相信相信的力量，掌好人生之舵，奔赴数字大海，弘道崇德，经世致用！

同学们，临行之际不能亲手为多数同学拨穗，相信未来会由时代为你们加冕！今天挥一挥衣袖，是为了他日顶峰相见！

同学们，青春正好，来日方长，我在定福庄为你们祝福，等你们回家！

莫听穿林打叶声，何妨吟啸且徐行！

愿你们风雨无阻定风波！

视频天下时代的你：为未来而来！*

亲爱的同学们、敬爱的老师们、尊敬的家长们：

大家好！

又是一年九月天，秋声寥廓，英才咸集。

今天，我们相聚在秋高气爽的金秋校园，迎来一次不平凡的开学典礼。首先，热烈祝贺5689名朝气蓬勃的传媒新人！欢迎你们来到"中国传媒人才的摇篮"！

这个九月很特别。不久前，校园因突发疫情紧急封闭，全校上下同心协力，以快制快，共克时艰，以最快的速度恢复了校园正常秩序。在这场"遭遇战"中，我们记住了逆行者们义无反顾的勇往直前，记住了中秋月下身穿防护服的忙碌身影，记住了党和政府各级部门的勇毅担当和倾力相助，记住了那些星夜驰援、供应物资的友谊和深情，记住了数万学子和教职员工在危急关头的团结向上和不屈精神。

在此，我谨代表中国传媒大学，向教育部党组、北京市委、市政府、市教育两委、市卫健委和疾控中心、朝阳区委区政府以及三间房等部门的倾力付出致以崇高的敬意！向广大校友、家长及社会各界的关心帮助表示诚挚的谢意！向所有在疫情防控中和衷共济的师生员工表示最衷心的感谢！

此时此刻，看着台下一双双清澈的眼睛，我感到无比骄傲。你们是中国传媒大学的新主人，是中国传媒事业的新担当！有你们的加入，中国传媒大

---

* 本文为作者在中国传媒大学2022级新生开学典礼上的讲话。

学，弦歌不辍；有你们的投身，中国传媒事业，薪火相传！

中传有你，何其有幸；你有中传，将不负此生！

近年来，随着"系统治理、创新驱动、交叉融合、特色发展"的办学理念落地生根，你们选择的中传，已经进入事业发展的全面腾飞期，正从传统高等教育向未来高等教育、从传统传媒教育向智能传媒教育跨越，从国内一流向"中国特色、世界一流"奋斗目标阔步前行。

时光滔滔，如今的传媒已不仅仅是一个行业，正延伸为社会治理的操作系统；今日之中传也不同于往日之中传，正锚定未来进行全面转型升级。

环境在变，行业在变，中传"忠诚、自信、包容、竞先"的文化基因也在时光的浸润与洗礼中日益丰富，传承不息。

我们忠诚，不忘传媒初心，心怀"国之大者"。因为忠诚，中传人以服务国家战略为己任，全力回应时代需求。我们把忠诚镌刻在心里，坚实如山。

我们自信，敢于担当，勇于作为。因为自信，中传学子形成了独有的精神气质，意气风发，神采飞扬。我们把自信沉淀为气质，璀璨如光。

我们包容，胸怀世界，视角多元。因为包容，中传形成了特有的育人沃土，有才华的种子都能在这里生根发芽。我们把包容酿成智慧，深邃如海。

我们竞先，始终勇立时代前沿，用未来眼光检视当下。因为竞先，中传人敢于乘风破浪，善于超越，把一个个梦想变成现实。我们把竞先化作动能，疾行如风。

建校以来，中传人六十八载奋进如歌，与祖国同行，与时代同步，给社会立传，为世界发声。中传已经成为点亮无数学子心灯的神奇之地。

凡在中传校园，无不被其俊美深深打动。去年，学校完成了校园的"南北合一"，实现了整体校园无车化。今年春天，我们全面实施美丽校园启智润心工程，建成海棠大道、樱花大道、红枫大道和牡丹园。接下来，大家还会看到艺术与传播大楼、阳明书院拔地而起，更美的画卷将在这片神奇的土地上徐徐舒展。无论是安静的书桌，还是四季流转的无限风光，都让人忍不住赞叹，中传真是个读书的好地方！

当然，学校最美丽的风景，永远是那些拼搏奋进的中传人。是那些为党

和国家的传媒事业不懈奋斗的校友,是那些兢兢业业、默默奉献的教职员工,是那些手不释卷、用青春和行动诠释着"不积跬步,无以至千里"的莘莘学子。

当中传学子让"请党放心、强国有我"的誓言响彻天安门广场,当中传品牌享誉社会、走向世界,当中传人在疫情的考验下临危不乱、迎难而上之时,我深感自豪!

同学们,开学典礼是你们初入大学的第一课,也是我们共同思考时代之问的大好时机。

2018年,我希望同学们,在人生定型的关键阶段,要"塑品格、补短板、立长板!"以梦为马,不负芳华!

2019年,我提醒同学们,人这一辈子,"必须知道自己到底有多优秀!"不去做,你怎么会知道?一个人原本是块璞玉,竟被自己埋没。人生憾事,莫过于此!

2020年,我呼吁同学们,要"好好做个读书人!"立身以立学为先,立学以读书为本,一个人的本事,就藏在他读过的书里。时代呼唤读书人!每一个不曾阅读的日子,都是对大学时光的辜负!

2021年,我告诉同学们,要深刻理解"大学是什么!"当今社会,人类的劳动正被机器取代!人类的思考正被芯片取代!人类的选择正被算法取代!人类面临的最大危机,是可能失去存在的价值和意义。因此,大学的使命就是坚持追求真理、礼赞人性光辉,在后人类时代守护好人的价值!

同学们!习近平总书记深刻指出,世界百年未有之大变局加速演进,世界进入新的动荡变革期,迫切需要回答好"世界怎么了""人类向何处去"的时代之题。这些重大问题需要我们认真思考,用未来眼光探寻答案。

瞄准未来,才有未来;相信未来,才有现在。大家可能还记得这么一句话:"中国传媒大学,开启你的未来视界。"是的,传媒正在进入视频天下的时代。今天,我想告诉大家的是,不仅仅是传媒,整个人类社会,也正在迈入视频天下的大时代!

漫漫历史,滚滚长河,镌刻着语言和传播的独特印记。每一次语言革命,都会带来传播的转型升级，进而塑造人类不同的生存方式，给社会秩序带来深刻变革。

有声语言的形成，是人类实现从动物传播到人类传播飞跃的标志，其传播的特定群体、特定时空性，奠定了今天人类文明多元共生、多线并进的格局，形塑了人类文明的多样性。

文字语言的诞生，让人类可以借助文字符号进行信息传播。文字和有声语言的结合，促进了不同文化的传承发展，推动着不同区域文化共同体、民族共同体的建构，文字语言的兴盛构筑了人类文明的区域体系。

影视语言的发明，让人类可以借助意义共享的影像符号，进行跨时空的信息传播。电影满足了人类驰骋想象、营造梦想的需求；电视满足了人类认知世界、娱乐生活的需求。其背后是技术、资本和渠道的竞争和垄断，其广泛的信息传播力，对大众思想和全球传播格局产生了空前的影响，影视语言的滥觞孕育了工业时代的世界文化秩序。

视频语言的崛起，开辟了信息时代的开放格局，并将再造国际新秩序。伴随着移动智能终端的出现，在技术平权加持下，视频语言正在成为当前人类交流最通行的语言，正肆无忌惮地撕裂着农耕文明和工业文明形成的世界文化秩序。

无处不在的长短视频，正成为人们获取信息、认知世界、生活娱乐的核心媒介，视频化生存正成为不争的事实。正当我们沉醉其中时，一种全新的语言环境即将到来，那就是智能 VR。

随着科技的突飞猛进，视频正从平面走向立体、从多语态走向随意可选的智能语态，虚实影像将融为一体。随着全视角视频的横空出世，人类交流的时空关系将被彻底打破，语言障碍也将随之消除。

智能 VR 的出现，将把我们带入虚拟与现实同构的未来视界中。其能够突破时间与空间的限制、真实与虚拟的对立、物理与心理的隔阂，形成未来社会文明规则，使人类进入一个全新的视频天下大时代！

在视频天下时代，天涯咫尺，千年一瞬，人类可以穿越时空，与身不能至心向往之的古今中外人物同场对话、与异国他乡的亲朋好友促膝交谈。古

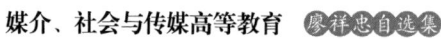

人畅想的"思接千载、视通万里"将成为现实。

同学们！这是一个人类社会发展基因正在突变的大时代！

当人类在键盘上敲出第一个字符之时，这个字符就已经不再是传统意义上的文字，而是宣告了一种全新视觉符号的诞生。当视频语言成为交流、存储信息的主要载体时，文字作为独立的语言必然日渐式微。曾经长期主导我们思维方式的文字语言，将逐渐成为未来视界的一种符号，人类文明的发展逻辑将被重置。

这是人类社会又一个开天辟地的大时代！

视频天下时代，将实现跨语言、跨文化、跨时空、命运与共的大同世界。人类将迈入无时间、无空间、无障碍交流的新纪元，世界文明将实现深度互鉴，人类命运共同体将全面形成。

这是一个人类社会创新图强的大时代！

视频天下时代，人类生存的环境和方式将发生重大改变，人类将充分发挥自己的想象力和创造力，去开创和塑造未来。

时空压缩、瞬息万变，千载难逢，亘古未有！身处人类社会的分水岭，创新是时代的主基调，没有创新就没有未来！唯创新者进，唯创新者强，唯创新者胜！

作为视频天下时代的重要驱动力量，同学们应如何培养自己的创新力呢？

首先，一定要培养自信，自信是创新的源泉。一旦你拥有了自信，就会发现什么叫"思如泉涌"！就会有"平治天下，舍我其谁"的豪气！而自信是由一本本书支撑起来的，是在一次次超越自我的审美体验中积攒起来的，是在一次次挫折中磨砺出来的！

同学们，自信不是与生俱来的，是靠后天培养的，只要有意识地训练，完全可以养成，一定要相信自己！

第二，务必要看到交叉融合是时代的主题，是打开创新之门的密钥。当下和未来，无论是专业还是学科，也不管是行业还是领域，其边界正在被打破，独立的体系将不复存在。要敢于打破自己的专业疆界，拓宽自己的想象空间，培养自己的联想能力，着力训练自己的拼图能力！

同学们，学习能力和贯通能力同等重要！要有意识地打破自己的思想疆界，要善于异想天开！

第三，一定要不断开阔自己的视野，这决定创新的方向和高度。要学会用深邃的大历史观、宽广的大国际观、科学的大时代观去把握历史长河、全球风云、时代大势，明辨前行之路。请记住，做对的事情永远比把事情做对更为重要！

同学们，大视野决定你做事的方向，让你辨明什么是"对的事情"！

第四，关键要养成勇于探索的品格，敢于创新，敢于突破，敢于勇毅独行！当今世界，机遇越来越扁平化、大众化和平权化，机遇可能随时出现在你身边，但会稍纵即逝。不少同学多才多艺，思维敏捷，对时代的发展逻辑和脉络也有着清醒的认识，却一事无成。究其原因，就是缺乏创新的胆识，关键时刻畏葸不前，不敢突破，痛失良机。

同学们，创新需要魄力！要敢于大胆想象，要善于浮想联翩，要学会把联想聚焦为想法，把想法凝聚成办法，把办法践行为结果！

同学们，你们正在步入人生中的大美时光，这个阶段养成的习惯、走出的轨迹会在很大程度上决定人生的质量。在此，我想送给大家三句话：

第一，要学会接纳不完美，保持一颗热爱现实生活的心。当虚拟社会日趋"真实""完美"，展现出远超现实生活的吸引力时，我们必须时刻警惕，分清幻境和现实的区别，保持好沉浸和沉溺的距离。面对虚拟社会的"美好"，要知止而定；面对现实世界的缺憾，要学会接纳，保持热爱。

第二，要学会战胜诱惑，在苦其心志中不断成长。视频天下时代充满着诱惑，总有一些东西，在诱惑你的思想！诱惑你的时间！诱惑你的行为！让你迷失自我。诱惑是我们一辈子都要面对的大敌，诱惑的天敌就是苦其心志的能力！

第三，要以未来为向度提升自己，以世界为坐标定位自己。浩瀚无边的视频天下时代，正催生着一种新型的社会关系。传媒如同空气，影响无处不在。

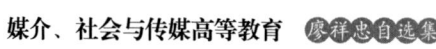

未来的传媒人，要主动拥抱未来视界。掌握好未来语言，善用视频观照世界，链接未来。

未来的传媒人，要善于开拓创新，要敢于挑战未知，这是一份责任。要知道，在座的每一位同学，都有可能影响时代、影响世界！

教育部怀进鹏部长指出，有梦想才有未来。青年人要以坚定自信敢为天下先、善为天下先；有大视野、大格局，事业才会有大舞台、大成就。

同学们，我们无法选择时代，但时代选择了我们！从古至今，许多伟大的奇迹都以看似"不可能"的方式开场。我相信，手持灯盏者，不惧暗夜风霜；奋力追光者，终将光芒万丈。从今天起，你们在这里的每一次刻苦训练，每一次认真思索，每一次奋笔疾书，都可能在未来的某个时刻，化作人生的高光，融汇成报国的能量。

同学们，天高地迥，岁月悠远，梦想生生不息，时刻都是起点；信念照耀前路，无处不见天地。

请同学们谨记中传"弘道崇德，经世致用"的培养目标，掌好人生之舵，奔赴数字大海！

请同学们牢记自己的使命，视频天下时代的你，为未来而来！希望你们无畏艰险，但行前路！

祝愿中传有你更精彩！祖国有你更精彩！世界有你更精彩！

祝愿同学们在中传度过奋斗的青春、美丽的岁月！祝愿同学们在定福庄遇见最好的自己！

高等教育

对新文科人才培养的几点思考*

"新文科"的提出具有深刻的时代背景。于文科本身发展而言,是对传统文科自身价值和意义的反思、解构与重构;于文科教育而言,是对育人本质的一种回归①,这是由它所基于的历史逻辑、未来逻辑和技术逻辑决定的。也正因如此,决定了新文科之于国家战略的重要性。习近平总书记在考察中国人民大学时强调,要加快构建中国特色哲学社会科学,不断推动中华优秀传统文化创造性转化、创新性发展,传播中国声音、中国理论、中国思想,为推动构建人类命运共同体作出积极贡献。这是习近平总书记对百年未有之大变局下我国新文科建设提出的总要求,深刻揭示了中国特色哲学社会科学对未来中国和世界的意义。中国特色哲学社会科学是研究中国问题、解决中国问题、指明中国未来的根本理论支撑,是增强文化自觉、文化自信的主阵地,是提升国家软实力的根之所在。新文科建设当担负起"构建中国特色哲学社会科学,归根结底是建构中国自主的知识体系"这一重大历史使命,守正创新,为培养具有文化自信和文化自觉的时代新人筑牢阵地。

一、新文科的逻辑起点

顾名思义,"新"文科是相对于"旧"文科被提出的,即一般所说的传统

---

* 本文原载于《新文科理论与实践》2022 年第 1 期,收入本书时略有删改。
① 吕林海.中国大学"新文科教育"建设:价值蕴意、核心内涵与实践路径[J].大学教育科学,2021(5):49-59.

文科。新文科的"新"主要体现为"破"与"立"。

首先,是打破长期以来西方中心主义视域下的学科体系、学术体系、话语体系。由于我国的人文社会科学多移植于西方,学术研究的框架和学科专业的设置囿于西方体系,这一体系虽然对于国家的学科发展和学术研究发挥了重要作用,但造成的一个严重问题是对中国历史、文化、社会的忽略和无视。可以说,新文科的出现是在百年未有之大变局这一新的历史节点对这一问题的纠偏。增强国家软实力、加快民族复兴进程呼唤着建立中国未来发展的根脉。这一破一立,是新文科的历史逻辑。

其次,是破除各国之间基于自身利益的利己主义、保护主义、单边主义、文明冲突等障碍。面对变幻不定的国际形势和日益复杂的全球性问题,人类需要超越种族、性别、文化等边界,站在人类整体发展的立场,寻求人类共同价值和共同利益,化解差异和冲突,推动新型国际关系发展,构建人类命运共同体。新文科就是将以"合、和"为核心的中华优秀传统文化与人类共同价值相结合,建立面向未来人类发展理念和实践的"中国方案"。这一破一立,是新文科的未来逻辑。

最后,是打破人文社会学科内部以及人文社会学科与其他学科之间的边界。AR、XR、AI、互联网等技术的发展催生了网络虚拟社会与二次元文化等当代社会文化新阵地[①],同时改变了社会底层构架和操作系统,特别是触手可及的元宇宙,加剧了人们传统认知结构和心智模式所受到的冲击,强烈涤荡着社会各个领域,对中华优秀传统文化的传承与发展提出了新命题。新文科就是要通过跨界整合,形成新的思维、价值、理论、方法体系,以解决日益复杂的新问题和新难题,实现中华优秀传统文化的创造性转化和创新性发展。这一破一立,是新文科的技术逻辑。

不难看出,无论是历史逻辑、未来逻辑还是技术逻辑,其内核均指向中华优秀传统文化。这决定了新文科人才培养必须紧紧围绕社会主义核心价值观,立足文化自信和文化自觉,构建世界水平、中国特色的文科人才培养

---

① 廖祥忠. 探索"文理工艺"交叉融合的新文科建设范式[J]. 中国高等教育,2020(24):6-7.

体系。①

二、新文科人才培养的基座

新文科的三个逻辑决定了新文科具有如下特征：一是中华优秀传统文化的创造性转化和创新性发展。其前提是对优秀传统文化的深刻理解和深入挖掘。在此基础上，引入科学思维、互联网思维，借助新技术手段实现文化表达与传播形式的创新、内化与发展。二是人文、科学、艺术之间不断集成创新、融合发展的全方位开放格局。这是新文科发展的动力，是中华优秀传统文化创造性转化和创新性发展的支撑，也是构建中国特色哲学社会科学的内在要求。三是具有明确的问题导向，即通过知识创新、理论创新、方法创新，解决中国的实际问题和人类发展中的重大问题。基于此，新文科人才培养必须着眼于价值引领、跨界融合、实践创新。除了对传统专业能力的继承和发展外，还要持续提升学生以责任意识和家国情怀为核心的基础素养水平，提升学生以数据素养、算法素养和人机伦理等为核心要素的新技术素养水平②，提升学生对于人类未来生产关系尤其是人类与符号和工具之间关系的把握与思考的能力③，提升学生面向未来业态的创新创业能力。为此，我们需要从课程、专业、实践等方面构建新文科人才培养的基座。

第一，构建"智能+创新+文化"三维通识课程基座。"智能+创新+文化"三维课程基座致力于培养未来智能化社会人才所需的数据思维、智能思维、创新思维、辨析思维等基本思维能力。这是新文科人才培养中首先要筑牢的根基。

第二，构建交叉融合的学科专业基座。交叉融合的目的是运用不同的思

---

① 新文科建设工作会议. 新文科建设宣言［EB/OL］. (2020-11-03) ［2022-01-14］. https://jwc.cuc.edu.cn/2022/0114/c6974a190755/page.htm?eqid=d1073f76000eb7a500000006646c284d.
② 廖祥忠. 媒介与社会同构时代国际传播人才培养必须着力解决的三大问题［J］. 现代传播（中国传媒大学学报），2021，43（1）：1-6.
③ 廖祥忠. 未来传媒：我们的思考与教育的责任［J］. 现代传播（中国传媒大学学报），2019，41（3）：1-7.

维、路径、方法，或者通过融合而创新的思维、路径和方法解决各类复杂的问题。构建交叉融合的学科专业基座，必须在学科内部、学校与产业之间、国内与国外之间实现交叉融合，创新多元化人才培养模式。这一点对于行业特色较为鲜明的高校而言尤其重要。

第三，构建"以人为中心、以产出为导向的"新实践育人基座。所谓新实践，一是实践目的有了新发展：强调通过实践解决现实问题，从而推动社会创新发展。二是实践内涵有了新发展：强调通过动手实现动脑、动心，培养学生的家国情怀和社会责任感。三是实践载体有了新发展：强调与多课程、科研项目和产业项目等多要素的融合。以人为中心、以产出为中心，就是要强化实践的育人导向和为国家战略服务的导向。

三、新文科人才培养的实践探索

新文科教育是我国文科教育在新时期的重大转向。在起步探索的这几年，各个高校在具体方式、具体路径等方面各有创新，各有特点，各具所长。中国传媒大学在新文科建设的总体要求下，结合自身的办学优势和"三个跨越"的发展愿景，在课程、专业、实践等领域进行了一些初步探索。

在基础素养课程建设方面，面向人文社科类、艺术类、经管类专业开设的必修课程"计算思维"，以信息的产生、存储与表示、处理等为主线，使学生理解"机器智能"规则，增强想象力和创意表达的能力，具备利用计算思维解决实际问题的能力，形成支撑智能素养的课程基座；面向全校所有专业开设的必修课程"设计思维"，以跨学科导师组、跨专业学生团队和"探究式""项目制"教学为路径，将业界真实"挑战"引入课程，探索产学联合、师生共创的教学机制，形成支撑创新素养的课程基座；面向全校所有专业开设的"中国传统艺术与美学""大学的智慧""诗经研究""庄子哲学"等系列选修课程以及经典研习会，通过阅读经典、师生研讨等方式使学生深入体察中华优秀传统文化的精髓，理解中华文化创新的根脉，形成支撑文化素养的课程基座。从某种意义上说，在思政课程和课程思政基本主线的基础上，上述系列传统文化课程、"计算思维"以及"设计思维"课程的开设,从过去、现在和未来的角度更加完善了学生的基本素养体系。

在促进学科专业融合方面,形成了"人文为体,科技为用,艺术为法"的多学科融合的文科建设范式。在此基础上,近些年又设立了新闻传播学和工学交叉的计算广告双学士学位项目、外国语言学与戏剧影视学融合的双语播音专业(方向)、管理学与工学交叉的大数据管理实验班;与腾讯联合设立了"中传—腾讯"数字艺术领军人才实验班;开设了"国际传播与全球治理胜任力"等跨学科特质鲜明的微专业。这些交叉融合类专业、项目以及人才实验班的开设,特别是微专业培养项目的实施,有利于形成资源共享、交叉融合、协同育人的新格局。

在新实践育人方面,从机构、机制以及教学体系方面对实践体系进行了重新布局,设立了实践教学运行中心和创新创业教育中心,建构了"以人为中心、以作品为导向"的"专业实践+融合实践+创新创业实践"进阶式实践体系,将各专业的课堂作品、实验作品、实践实习作品的展播和评鉴纳入毕业要求,引导学生在实践中悟道,在悟道中成长。

新文科建设是国家战略之重,新文科人才培养是高校新时期的重大历史使命。唯系统设计,创新驱动,才能取得良好成效。在此过程中,必须自我反思、自我超越,以融合之精神、开放之态度、历史之责任,携手合作,共同开创新文科建设的新局面!

努力做教书育人的大先生*

做"大先生"是习近平总书记2016年12月7日在全国高校思想政治工作会议的讲话中对教师提出的新要求。总书记强调,教师不能只做传授书本知识的教书匠,而要成为塑造学生品格、品行、品位的"大先生"。2021年教师节前夕,习近平总书记又在给全国高校黄大年式教师团队代表回信中,勉励教师真正把为学、为事、为人统一起来,当好学生成长的引路人。总书记的深切关怀、谆谆嘱托和殷切期待,令人鼓舞,催人奋进。

要成为"大先生",首先要做总书记要求的"四有"好老师。什么样的老师才是好老师?习近平总书记提出了四条标准:有理想信念、有道德情操、有扎实学识、有仁爱之心。

四条标准中,理想信念排在首位。总书记指出,教师做的是传播知识、传播思想、传播真理的工作,是塑造灵魂、塑造生命、塑造人的工作。教师自身要有正确的理想信念,这是成为好老师的首要条件,更是成为"大先生"的根本前提。

好老师必须道德情操过硬。"德"是衡量教师的第一标准。总书记指出,老师是学生道德修养的镜子,好老师首先应该是以德施教、以德立身的楷模。做好老师、做"大先生",就要品德高尚、情操高洁,以德立身、以德立学、以德施教。

---

* 本文原载于《光明日报》客户端2021年9月13日,被《理论导报》2021年第9期全文转载,收入本书时略有删改。

扎实学识是当好教师的看家本领。总书记指出，要给学生一碗水，教师要有一潭水。学养不深、根底不厚，教不了学生；能力不强、方法不当，教不好学生。做好老师、做"大先生"，就要学而不厌、诲人不倦，教而有道、教而有法。

仁爱之心是当好教师的内在动力。总书记指出，教育是一门"仁而爱人"的事业，爱是教育的灵魂，没有爱就没有教育。好老师要用爱培育爱、激发爱、传播爱。做好老师、做"大先生"，离不开老师的仁爱、包容和奉献。

这四条标准相辅相成，缺一不可。每一名教师都要以这四条标准为基点，对标对表，看齐靠拢，努力成为"好老师"，进而成为"大先生"。

做"大先生"，教师要矢志做学生锤炼品格的引路人，做学生学习知识的引路人，做学生创新思维的引路人，做学生奉献祖国的引路人。"四个引路人"是对新时代教师角色的新定位，也为教师指明了努力的新方向。

"教育的本质是一棵树摇动另一棵树，一朵云推动另一朵云，一个灵魂召唤另一个灵魂。"教师要把学生成长成才作为工作的出发点和落脚点，当好学生的"四个引路人"，给学生心灵埋下真善美的种子，引导学生扣好人生第一粒扣子。如此，方有可能成为"大先生"。

做"大先生"，就要做到习近平总书记要求的"四个相统一"：坚持教书和育人相统一、坚持言传和身教相统一、坚持潜心问道和关注社会相统一、坚持学术自由和学术规范相统一。坚持"四个相统一"，扎实推进师德师风建设，教师才能完成塑造灵魂、塑造生命、塑造新人的时代重任，也才有可能成为党和人民所需要的"大先生"。

当然，成为一名真正的"大先生"，还有很多要求，比如要有"捧着一颗心来，不带半根草去"的奉献精神；要坚持教育者先受教育，努力成为先进思想文化的传播者、党执政的坚定支持者，努力成为社会主义核心价值观的坚定信仰者、积极传播者、模范践行者；要做走在时代前列的奋进者、开拓者，为学生点亮理想的灯、照亮前行的路。

习近平总书记指出，一个人遇到好老师是人生的幸运，一个学校拥有好老师是学校的光荣，一个民族源源不断涌现出一批又一批好老师则是民族的

希望。在中国传媒大学,经过一代代中传人的接续奋斗、砥砺奋进,好老师源源不断涌现。像不图名利,用36年时间编成《普什图语汉语词典》的车洪才教授;连续十几个日夜坚守在中传演播馆,指导"四个一百"融媒体项目录制的高晓虹教授;深耕广告学教育30余载,获得首届"中国传媒大学校长奖"的丁俊杰教授;教书育人、潜心科研、著作等身的张晶教授等,他们都是"四有"好老师的优秀代表,是全校教师学习的榜样。我们大家要继续努力,争取成为像汤一介、李保国、黄大年那样受人景仰的"大先生"。

教育大计,教师为本。中国传媒大学党委始终把教师队伍建设作为基础工作来抓,特别是近年来,学校设立党委教师工作部,并全面强化其职能;创新性提出并实施学术型、教学型青年拔尖人才培养计划,培育扶持青年拔尖人才;实施师资博士后制度,打通青年教师职称评审"绿色通道";实施基于个人精准画像的"一人一策"赋能计划,量身定制,个性化培养,加快青年教师的成长速度;健全基于"破五唯"的教师评价制度,强化思想政治和师德师风要求。所有这些举措,都是为了激励老师们深入学习弘扬黄大年同志等优秀教师的高尚精神,以德立身、以德立学、以德施教,为党和国家培养造就更多"弘道崇德、经世致用"的优秀传媒人才。这些措施也是在为老师们成为"大先生"铺路搭桥,期待每一名老师都能以"大先生"的要求激励自己、鞭策自己,进而成就自己。

以"三个跨越"开启传媒高等教育新发展阶段[*]

"十四五"时期,我国进入新发展阶段,对于高等教育而言,国内外环境的深刻变化带来了一系列新机遇、新挑战。十九届五中全会提出,要坚持创新在我国现代化建设全局中的核心地位,深入实施科教兴国战略、人才强国战略、创新驱动发展战略;要繁荣发展文化事业和文化产业,提高国家文化软实力;要实行高水平对外开放,开拓合作共赢新局面等。这一系列的重大部署对包括传媒高等教育在内的高等教育事业发展提出了新期盼、新要求和新使命。同时,全会还提出建设高质量教育体系,这也是"十四五"高等教育发展的重要任务。

一、统筹考虑传媒高等教育发展的三大逻辑

传媒高等教育具有鲜明的行业特色,如何落实好全会精神,编制好中长期规划,需要统筹考虑媒介演化逻辑、国家需求逻辑、学科发展逻辑。

纵观当前的媒介环境,以 5G 为核心的高速移动互联网将强力驱动传媒业态重构,促进区块链、虚拟现实、大数据、4K/8K 等信息技术应用全面落地。新一代人工智能在全球范围蓬勃发展,推动世界从互联信息时代进入智能信息时代。媒体融合向纵深推进,智能媒体与社会融为一体,成为经济社会的操作系统和原动力。国家大力实施"互联网+""媒体融合"及发展人工智能

---

[*] 本文原载于《光明日报》2020 年 12 月 8 日第 13 版,收入本书时略有删改。

等战略,基础学科作用日益凸显和前沿技术的蓬勃发展,导致学科交叉和媒介融合不断升级,这些都需要传媒高等教育发展抢抓机遇部署战略、主动应变把握方向、善谋规划明确路径。

二、实施"三个跨越"战略,开启传媒高等教育新发展阶段

习近平总书记强调,新发展阶段就是全面建设社会主义现代化国家、向第二个百年奋斗目标进军的阶段。这在我国发展进程中具有里程碑意义。进入"十四五"时期,我国传媒高等教育必须贯彻新发展理念,以追求质量和效益为根本;必须营建新发展格局,科学考量"十四五"发展的阶段性特征,做好"十四五"规划;必须紧紧抓住高等教育与传媒业态双重变革的重大战略机遇,重点实施好"三个跨越"的战略任务,迈向传媒高等教育新发展阶段。在"三个跨越"时间轴的设计上,要夯实"十四五"起步期的基石,充分考虑到二○三五年基本实现社会主义现代化远景目标进程中的各种困难和挑战,力争在 21 世纪中叶实现全面跨越。

一是从传统高等教育向未来高等教育跨越。我国正处在全面建设社会主义现代化国家向第二个百年奋斗目标进军的阶段,因此要求高等教育面向未来、着眼长远。高等教育要主动应对未来教育深刻变革,推进智慧教育方式变革,促进教学智能化,带动高等教育理念、范式、模式、路径和管理等方面的全链条、多维度、深层次变革;建立智慧教学管理模式,改革传统的单一孤立的教学评价,创新多元化、智能化教学评价,构建智能化学业评价系统和制度,形成监督与联动的智能教学管理与质量监测体系;打造智慧治理新模式,围绕人才培养和服务教育教学,实施智能物联网工程和教联网工程,提供各种共性化和个性化的教育服务,建立更加高效、顺畅、有机衔接的智慧管理体制机制。作为国内传媒高等教育的排头兵和信息传播领域的学术重镇,中国传媒大学将抢抓国家发展的战略机遇,面向未来教育,厚植发展优势,积极保障内涵式发展道路,提升质量和增加效益,全面向未来高等教育跨越。

二是从传统传媒教育向智能传媒教育跨越。智能传媒时代即将到来,需

要构建与之匹配的智能传媒高等教育体系。面向智能传媒教育，必须加快完善与智能传媒教育相匹配的学科布局、专业课程布局、教师知识转型、科研与服务布局等。中国传媒大学将紧抓交叉学科新增为新学科门类的重大机遇，全力推进信息传播、数字艺术类一级学科建设；紧跟未来智能技术发展，加快本科专业迭代升级，完善智能传媒类专业建设布局，打造高水平智能传媒类专业与课程；助推教师提高教学创新性，促进智媒时代教师知识和角色转型；以国家重点实验室为牵引，形成大平台、大团队、大项目、大成果的集聚效应，加快本领域前沿科研布局，提升智能传媒科研与社会服务能力。学校还将积极建立面向智能媒体行业的人才需求预测体系，联动学科专业机构调整和办学资源配置，通过精细化和专业化确保培养合格的智能传媒人才，全面向智能传媒教育跨越。

三是从国内一流高校向国际一流高校跨越。新发展格局要求统筹双循环，协调推进国内、国际两个办学领域发展，进一步提高国际交流合作水平。建设国际一流高校，必须积极开发高水平的国际课程和项目，健全一体化国际交流互认制度，大力推动师生构成和流动的国际化，培养具有全球传播力的复合型传媒人才。学校需要加快提高管理与服务的国际化水平，建设与国际一流高校相匹配的外事体制机制，完善跨越亟须的外事战略布局。同时，积极推进国际科研协同创新，全面提升科研和创新的国际影响力，以优质的国际化办学、国际化科研成果及国际咨询服务等，综合打造高品质国际化教育品牌。中国传媒大学将积极响应"一带一路"倡议，推动构建"人类命运共同体"，发挥语言传播优势、跨文化与国际传播学科优势，加强学术交流，提升学科实力和国际影响力，全面向国际一流高校跨越。

三、优化大学治理结构，实现传媒高等教育"三个跨越"

我们要深刻认识完善和优化大学治理结构、推进教育治理体系和治理能力现代化的重要性、紧迫性，确保"三个跨越"战略的顺利实施。必须坚决贯彻全会要求，坚定不移加强党对高等教育的全面领导，持续深化大学内部重要领域和关键环节改革；积极加强法制工作，进一步提高依法治教、依法治校水平；强化内控体系建设，完善内控制度；形成以章程为核心，规范统一、分类科学、层次清晰、运行高效的规章制度体系；坚持和完善以党委领导下的校长负责制为核心的领导体制和治理体系；完善以学术委员会为核心的学术治理体系，保障学术委员会依照章程统筹行使学术职权；健全董事会制度，完善责任机制，发挥其在学校建设发展中的积极作用；加强教代会制度建设，发挥教代会在学校民主政治建设中的重要作用等；加快推动共建共治共享的大学治理新格局的形成。

探索"文理工艺"交叉融合的新文科建设范式[*]

当今世界,随着互联网、人工智能、大数据、新能源、新材料等技术在社会多个层面的广泛渗透,科学、艺术与人文之间不断呈现出集成创新、融合发展的交叉化发展态势,人文学科正以新的视角,动态吸纳与整合着社会文化、科学技术与日常生活,展现出了全方位开放的胸襟与姿态,学科之间的边界日益模糊。这一变化已经引发高等教育学科生态体系的深刻变革,"交叉学科"所带动的多学科集成创新正在驱动高等教育不断进行自身改革。近些年,不断涌现的具有典型文、理、工、艺交叉属性的"数据新闻""大数据与智能媒体""数字媒体艺术""动画艺术""游戏设计"等专业正呈现出典型的新文科专业特性,推动着学科知识之间、科学和技术之间、技术和艺术之间、自然科学和人文社会科学之间深度融合,并不断为社会新文化、新业态、新思想提供创新源泉与动力。当前,新科技和产业革命浪潮奔腾而至,社会问题日益综合化、复杂化,应对新变化、解决复杂问题亟须跨学科专业的知识整合,推动融合发展是新文科建设的必然选择,新文科正不断彰显出强劲的专业力量与育人成效。

一、新文科建设的内涵与战略意义

从战略层面来看,新文科建设是党和国家面对世界百年未有之大变局,

---

[*] 本文原载于《中国高等教育》2020年第24期,收入本书时略有删改。

推动新时代经济社会高质量发展对教育领域提出的新思路和新要求。从技术层面来看，以信息技术为代表的新一轮科技革命奔涌而来，在重塑全球生产与生活方式的同时，全面嵌入人文社科领域。新文科是我们面对这些新领域、新问题而提出的新专业和新内容，是新技术、新平台所带来的新思维与新方法，是新行业、新岗位对新人才的强烈召唤。

哲学社会科学发展水平反映着一个民族的思维能力、精神品格和文明素质，关系到社会的繁荣与和谐。新时代，把握中华民族伟大复兴的战略全局，提升国家文化软实力，促进文化大繁荣，增强国家综合国力，新文科建设责无旁贷。文科教育的振兴关乎我国高等教育的振兴，建设高等教育强国需要新文科。面向未来，新文科体系的构建不应局限于西方学科话语与知识框架，也不应是静态化的"坚守"，而应与时俱进，勇于回应全球化时期各种异质文明与文化思潮的挑战，在"不忘本来"的基础上"吸收外来"，建构面向未来、面向国际，具有中国气度的新文科建设范式。着力培育复合型人才是教育发展的方向，符合信息时代的人才培养规律。教育部以敏锐的眼光，恰逢其时地启动新文科建设，是回应时代发展的强音，必将为中华民族伟大复兴注入强大的精神动力。

二、新文科建设的本质特征与任务目标

新文科不仅是学科形式之新，更是思维理念之新，需要用互联网思维将"新"理念落实到专业建设的各个方面。对于新文科特别是新闻传播学科而言，其更深层次的变革在于技术对思维层面的冲击与改变，融合驱动与交叉创新是其本质特征，专业边界正日益模糊，重大社会创新将会更多出现在交叉学科领域。借助互联网、智能媒体与大数据等技术，人们可以轻易获得海量、实时、连续的社会数据，人文社科研究将突破以往只能依赖抽样调查、焦点小组访谈等传统社会科学研究方法的限制，自然科学、工程技术、计算思维等跨界理念与方法正逐渐渗入文科专业，成为新的思维范式，因此我们必须借助互联网思维将"跨"字和"新"字落到实处。

新文科不是生硬的跨专业叠加,而是面向未来社会的认知重启与专业生态重构。科学技术的飞速发展正不断改变着当代人类的心智模式与认知结构,新文科的本质内涵是当代人对新科技、新媒介所引发的社会新现象、新问题和新变化的一次认知重启,是为了进一步理解当下社会并把握人类发展趋势所进行的跨界思考与专业生态重构。

新文科特别是新闻传播学科需要高度关注网络虚拟社会与二次元文化等当代社会文化新阵地。随着互联网与智能媒体的普及,虚拟网络空间与二次元文化业已成为孕育、承载、传播当代文化符号与新文化样态的核心场域,并在其中激荡起多种文化样态、思维方式以及行为范式,因此,用传统的社会理论已难以充分认知和指导虚拟网络社会中的新生态与新规律。新文科建设中的一个重要任务就是研究基于虚拟网络空间与二次元世界的社会文化变迁与重构,努力在这个崭新的文化空间里建立起新的思想、价值和理论体系。

三、探索"人文为体、科技为用、艺术为法"的新文科建设范式

中国传媒大学从2005年就开始探索"人文为体、科技为用、艺术为法"的跨学科专业培养模式。其中,"人文"部分涵盖文明通识、中华文化与人文精神等;"科技"部分涵盖三维动画、人机交互、虚拟仿真、大数据等;"艺术"部分涵盖美学、视觉传达、交互设计与影像表达等。在此基础上,学校以"面向业界、面向国际、面向未来"为宗旨,通过组建跨学科师资团队、艺术与技术师资联合授课、搭建跨学科课程体系、招收"文—理—艺"跨学科生源等方式,构建起不同学科思维与专业知识相互碰撞、相互激发、相互协作的跨学科生态体系,并逐渐形成了"跨媒体、科学与艺术相融合"的整体特色与优势。

在"文工艺"小综合的专业建设背景下,中国传媒大学培养出了一批具有国际专业水准的中国新生代动画人,《大圣归来》《白蛇：缘起》《哪吒之魔童降世》《罗小黑战记》等一系列标志着中国动画电影强势崛起的动画大片纷

 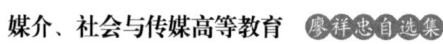

至沓来，这些作品都和中国传媒大学紧密相关。2020年国庆档上映的动画电影《姜子牙》，以其精美的画面成为中国动画新学院派的代表作，引发了全国的关注。该片的核心主创人员均为中国传媒大学师生。这部融汇了科技、艺术、人文思想与中国文化的三维动画作品，生动反映出动画行业的内在基因正不断突破其固有的艺术圈范畴，不断整合融入CG技术、大数据、动态捕捉、虚拟仿真、虚拟拍摄、人工智能等前沿科技，以及工程学、设计学、管理学、心理学、统计学、经济学等跨学科知识。当前，由戏剧影视学等单一学科培养的传统动画专业人才已难以适应当代动画行业的发展趋势，动画行业的生态进化正不断召唤着具有跨学科综合素养的新文科动画人才。

新闻传播学专业融合数字技术，建设了数据新闻、大数据与智能媒体、国际新闻与传播等新兴专业方向，开设了"无人机拍摄""数据挖掘""数据可视化"等前沿课程，为我国传媒行业输送了大批优秀的复合型传媒人才。"文理工艺"间的交叉融合给社会发展带来的不仅仅是物理式的效能提升，更会产生化学式的反应与能量变化。

中国传媒大学在66年的办学实践中，始终把交叉学科及专业设置作为学校发展的特色优势和核心要素，形成了以"文、工、艺"为主体，"管、经、法、理"多专业融合发展的"小综合"育人特色，构建了多领域交叉互融、特色鲜明的人才培养体系。面对党和国家的新要求、教育部的殷切期望，中国传媒大学积极实践，不断拓展信息时代新文科建设的内涵与外延。学校以"媒体融合与传播国家重点实验室"为抓手，构建信息科技与信息传播融合发展的理论体系，推动新文科建设走出新路；以"四个一批"专业建设为着力点，优化专业布局，推进专业设置向智能传媒教育转型；依托通识教育中心，建立跨专业、跨学科、跨学院的协同育人机制，探索跨学科拔尖人才培养办法；通过举办"面向未来的新文科建设线上高端论坛"等活动，深入探讨新文科建设存在的重大理论和实践问题。此外，学校正在尝试建立学院联动的"联合双学位"人才培养模式，大力发展计算传播学、计算广告学等交叉学科专业。

参考文献：

[1] 教育部启动实施"六卓越一拔尖"计划 2.0［EB/OL］.（2019-04-29）［2020-11-13］. http://www.xinhuanet.com/politics/2019-04/29/c_1210122557.htm.

[2] 董鲁皖龙. 中国新文科建设宣言发布［EB/OL］.（2020-11-03）［2020-11-13］. http://www.jyb.cn/rmtzcg/xwy/wzxw/202011/t20201103_370567.html.

[3] 吴岩. 加强新文科建设培养新时代新闻传播人才［J］. 中国编辑，2019（2）：4-8.

未来传媒：我们的思考与教育的责任*

当今，传媒正在发生大变革、大转型、大融合，社会正在遭遇不确定性、复杂性、模糊性。这样的时代特性，传导到传媒业态，表现为传统媒体急剧变革、新兴媒体异军突起、媒体融合向纵深推进；传导到传媒教育形态，表现为既有传媒教育日渐滞后、传媒人才需求多元复合、新式传媒教育范式亟待建构。在"双一流"建设背景下，未来传媒业态如何发展、传媒教育形态如何创新，已成为传媒业界和学界念兹在兹的核心话题。

作为一种应然状态，传媒业态与传媒教育形态应相互促进、彼此助益，传媒教育应引领传媒业态发展。但回顾中外传媒教育史及媒介发展史，我们不难发现，传媒教育在很多时候滞后于传媒发展，传媒发展反而倒逼传媒教育创新，继而通过传媒教育与研究去规范引领传媒业态发展，当下尤其如此。基于这一逻辑起点，我们在思考未来传媒教育时，必须洞悉未来传媒发展态势，只有这样才能创新未来传媒教育形态，因应和引领未来传媒业态发展。

一、未来传媒发展态势

人是最善于借助工具和符号认知世界、改造世界的动物。自从人类创造出服务于自身发展目的的符号及符号化工具，人类对符号和符号化工具的创

---

* 本文原载于《现代传播（中国传媒大学学报）》2019 年第 3 期（总第 272 期），被《新华文摘》2019 年第 17 期全文转载，收入本书时略有删改。

新追求就不曾停止,以至于人类今天已经置身于符号和工具的海洋。但在信息传播技术日新月异的当下,人类所使用的符号和工具,通常以媒介继而以传媒的形态出现。如今,互联网已经深深嵌入并架构我们的生活。未来,以5G甚至6G无线通信技术为核心的高速移动互联网,以及大数据、云计算、物联网、虚拟现实、人工智能等智能技术的发展,将强力驱动媒介形态变革、传媒业态重构。

(一)智能科学与高速移动互联网迭代融合主导传媒发展

2019年是5G技术元年,大规模商用序幕已经开启。国际移动通信标准化制组织3GPP已经描绘了5G技术的三大应用场景,即增强型移动宽带(eMBB)、海量机器类通信(mMTC)、超可靠低时延通信(URLLC)。可以预测,以5G技术、IPv6为核心的高速移动互联网,将极大拓展互联网的基础能力,提升网速、降低时延提升可靠性、扩增互联网地址资源,并将进一步促进大数据、云计算、物联网、虚拟现实、人工智能等智能技术的应用。我们正迎来一个传媒技术和媒介形态发展的井喷期,有学者称之为呈现持续爆发式、跳跃式发展态势[1],更有学者认为我们或许正在经历人类传播史上最为风云激荡的技术变革时期[2]。媒介将以前所未有的新形态纷至沓来,改变我们的生活方式和思维方式。

随着脑科学的发展,未来人类信息通信技术发展的极致,应是破译自然人脑的秘密,将脑机交互技术与媒介技术融合,实现对自然人智能的模拟和再造,实现人脑实体之间超时空的信息传输。[3] 如此,生命体之间通过密码即可实现知识、思想的信息交换,未来的人脑或"智脑"将发展成为信息发送和接收的终端。社会信息通过智能化直接实现全社会共享,大脑可以始终

---

[1] 陈汝东.未来传媒发展趋势:一种媒介史的视角[J].人民论坛·学术前沿,2017(23):15-20.

[2] 史安斌,王沛楠.2019全球新闻传播新趋势:基于五大热点话题的全球访谈[J].新闻记者,2019(2):37-45.

[3] 刘泽文.集成智能传感器:智能社会的五官[J].今日科苑,2017(4):51-56.

处于信息交流状态。当然，这还只是一种理想可期的状态，但传媒在智能技术支撑下走向智媒时代，已是业界和学界的共识。在高速移动互联网驱动下，科技将加速消融传媒的边界，最终迎来万物皆媒、人机合一、自我进化的智媒时代。

（二）媒介形态从融合走向智能

基于高速移动互联网的未来传媒发展态势将呈现出三种形态：一是泛媒体。智能技术和通信技术的发展，将消融传媒之间的边界、人与物的边界，媒介不仅是人的延伸，人本身即媒介，一切都媒介化。二是沉浸媒体。5G技术助力虚拟现实技术的发展，将重塑媒体的表达与外延，影像内容的虚拟化、可视化、立体化呈现，是重要发展方向，VR新闻、VR影像、VR社交成为必需。三是智媒体。智能技术将全面介入媒体并成为其介质特征，在媒体用户分析、内容生产、产品分发等方面发挥决定性作用，智能新闻采写、智能算法内容推荐、智能语音传媒接入将日渐普及，人工智能生产内容（AGC）将成为新常态。

5G技术和人工智能技术的叠加和普及，将促使信息技术和传媒技术进一步融合，媒体融合向纵深发展。传统媒体和网络媒体借助人工智能技术和大数据技术，可以实现精准传播。原先被动接受PGC的大众，借助信息技术的赋能以及低门槛传播平台的可触性，现在已经人人皆媒，成为UGC的生产者和传播者，真正意义上的"大众传播"开始出现。传播学界原先将专业传媒机构向不特定多数进行的传播界定为大众传播，从本源上来说应是"传播大众"，因为这里的大众不是传播主体而是被动接受对象。从传播主体来说，PGC、UGC、AGC的出现，导致信息传播在内容上出现融合传播乃至无缝传播，未来所有传媒将与高速移动互联网融为一体，传媒无所不在、无远弗届，全程媒体、全息媒体、全员媒体、全效媒体纷纷涌现。媒体越是充分融合发展并以全媒体的形态出现，就越为智能媒体的诞生准备好条件，这正是当下大力推进媒体融合向纵深发展的动因和意义。因此，从这个意义上来说，目前大行其道的融媒体、全媒体和智能融媒体，是传统媒体和网络媒体走向未来的过渡阶段和必然路径。媒体融合是过程，不是结果，最终将迈向智能融媒体，迎来真正的"大众传播"时代。届时，智能融媒体将具有三个典型特征：一是现实高清，即与现实世界几乎无异的清晰度，因为接收终端的屏显化，媒体内容的可视化、影像化呈现将高度清晰，4K普及，8K登场。二是虚拟现实，即媒体对内容的呈现方式将主要采用VR技术来立体呈现，VR影像将是主要媒体形态之一，成为未来传媒业发展的新增长点。三是超级智能，即人工智能技术全面贯穿传媒内容的生产、传播、消费和服务等全流程全环节，并高度依赖其完成。2019年1月10日，牛津大学路透社新闻研究所发布的报告《2019新闻、媒体和技术趋势和预测》（*Journalism, Media, and Technology Trends and Predictions 2019*）显示：来自世界各地的200位数字领导者，超过四分之三（78%）认为2019年将在AI和ML（Machine Learning）上投入更多资金以帮助确保新闻业的未来竞争力；2019年音频将变得越来越重要，智能语音将改变媒体接触；下一代技术，如区块链、5G、超高清和VR/AR技术将更多用于新闻业。[①] 因此，现实高清、虚拟现实和超级智能，既是智媒时代发展的必然趋势也是其典型特征。

（三）媒介即社会、社会即媒介

报刊出现后，传媒形态发展大致可以划分为四个阶段：一是传统媒体（报刊、广播、电视）时代，即传媒机构进行专业内容生产并向不特定受众进行传播的时代，这个时代本质上是"传播大众"时代。二是融媒体时代，即传统媒体、网络媒体和社交媒体借助互联网平台各显其能的时代，这是传播大众与大众传播混合传播时代，专业传媒机构借助互联网实现形态转变，继续面向不特定多数大众进行信息传播。与此同时，随着社交媒体的兴起，用户开始成为重要的用户内容生产者和传播者，真正的大众传播开始显示其力

---

① NEWMAN N. Journalism, media, and technology trends and predictions 2019[EB/OL].（2010-01-15）[2019-01-20].https://www.digitalnewsreport.org/publications/2019/journalism-media-technology-trends-predictions-2019/.

量。三是智能融媒体时代，即智能技术与互联网技术融合，推动传统媒体和新兴媒体融合向纵深发展，智能生产内容、智能传播开始崭露头角，传播大众与大众传播两种传播业态势均力敌、相互交融。四是智能媒体时代，即智能技术全面贯穿传媒内容生产、传播、消费和服务等全流程全环节，在技术充分赋能下，AGC 和 UGC、PGC 三者的身份和边界走向模糊，生产主体和传播主体变得不再清晰，社会进入真正的"大众传播"时代，人人皆媒、物亦为媒，媒介即社会。

过去，麦克卢汉说"媒介即讯息"；未来，我们可以说"媒介即空气"，媒介即生存的现实环境，而不是虚拟环境，而且须臾不可离开。作为媒介使用者，我们几乎感觉不到它的存在，但须臾也离不开它。今天，传媒正从"资讯内容提供者"向"关联信息服务者"转变，"信息随心至，万物皆可及"；万物互联的网络，不只是简单的信息分发生产和关系建构的平台，更是整个社会结构的操作系统和原动力，"网络即现实，人在网中游"。如果说 4G 技术改变了生活方式，那么 5G 技术将改变社会结构。在科技驱动下，知识与信息越来越以智能化形态呈现，越来越向传媒迁移，我们正在经历着愈演愈烈的文化和社会的媒介化。正在到来的知识社会，更多将以高度媒介化的社会形态呈现——"媒介即社会""社会即媒介"。媒介与社会一体同构，自成一体的传媒行业将不复存在，得传媒者得天下应在不远的将来成为活生生的现实。

在这个高度网络化的媒介社会，传媒的力量将主要体现为"三个力"，即知识力、建构力和塑造力。由于智能技术的进一步发展，知识继续向传媒大迁移，传媒将是人类已知知识和新创知识的主要存储平台和知识形态，具有百科全书式的知识力；传媒成为生存的现实环境，未来将建构我们关于世界的全部想象，具有强大的认知建构力；传媒业已改变并将嵌入我们的生活方式和思维方式，进而改变社会结构，成为形塑社会形态的决定性因素，具有强大的社会形态塑造力。简而言之，未来基于高速移动互联网的传媒将成为整个社会结构的操作系统和原动力。

二、传媒高等教育面临的重大挑战

作为传媒教育工作者,我们必须觉察到,智媒时代正在来临,一个与现实社会平行的虚拟社会正在形成;基于高速移动互联网的传媒正在系统性地建构人类社会,其社会身份正在发生重大转变,其作用于社会、个体的力量已进入大膨胀时期。这对本应在传媒发展变革中发挥基础性和先导性作用的传媒教育提出了巨大挑战。传媒教育首先应遵循教育的基本发展规律,但传媒教育之所以不同于其他学科教育,即在于其独特的传媒属性,传媒也在重构、塑造未来教育。现有传媒教育已难以适应和引领传媒业态发展,亟须进行根本性、系统性重构。洞悉趋势、主动谋变的媒体和传媒院校将乘势崛起,成为新的领军者;无动于衷、墨守成规的媒体和传媒院校将迅速被边缘化,甚至退出历史舞台。

(一)正在到来的智能融媒体,将挑战现有传媒伦理规范

伦理是关系的界定和规制。然而,在因媒介而虚拟化的社会中,虚拟和现实的交叉混沌、专业和业余的相互融合、边界和时空的消融压缩、人工智能和人类的冲突与协同等关系的错置和重建,已经让现有传媒伦理进退失据、不堪解构,因此必须对其在内涵和外延上进行拓展,乃至从根基上重构。因为只要人类理性尚存,传媒力量无论如何释放和发挥,都必须予以人性和伦理的规制引导。诚然科技是第一生产力,但人类对科技的驾驭能力,最终取决于人类对科技认识的深度,取决于对人与智能技术未来关系的思考。

当下,智能技术和传媒科技发展的非理性因素如何被加以人性的规制、现实世界和虚拟社会交融引发的身份认同问题如何被界定、人作为"数据人"存在的数据隐私如何被保护、传媒人的理性价值如何得到体现、"后真相"时代传媒如何超越情感追求真相等传媒伦理问题,都需要现有传媒伦理创新重构,方能加以阐释界定。逻辑上,传媒伦理创新重构,是传媒及其所覆盖影响生活世界之先导。传媒力量的大膨胀,意味着传媒教育的大责任,传媒人

才责任伦理和信念伦理的大强化，人本、人格、人文教育的大融合，只有这样才能实现习近平总书记强调的要用"主流价值导向驾驭'算法'，全面提高舆论引导能力"①。

（二）正在到来的智能融媒体，将颠覆现有的传媒理论体系

任何一门学科，通常都拥有自己独特的理论体系。现有传媒理论体系是针对传统媒体实践经验及其与社会互动关系所做的理论化、抽象化、系统化、实证化思考的结晶，曾有效诠释并规范传统媒体的发展，形成自己的理论范式。随着传媒业态的大变革、大转型和大融合，既有传媒理论体系的诠释力和引领力日渐式微，对其进行打补丁式的修订完善，已无法适应更遑论引领传媒业态的发展，必须基于传媒新业态进行根本性、系统性重构。

既有传媒理论体系，包括学术体系和话语体系，建基于传统传媒作为行业存在；未来传媒理论体系重构，应建基于智能媒体作为社会操作系统和原动力存在。因为前者已经无法诠释后者引发的种种问题。在传统传媒教育范式时代，被奉为圭臬的新闻真实性理论、媒介责任理论、议程设置理论、沉默的螺旋理论、蒙太奇理论等，从基本概念到治理与实践，都需在传媒新业态下重新修正乃至重构。智媒时代的传媒理论体系建构，正在成为人类社会必须直面的重大理论问题，且由于社会的虚拟化，甚至人类的符号化生存环境主要源于媒介化推动，认识世界各领域，必先认识传媒。未来建构的科学的传媒理论，将有可能是其他社会学科理论的元理论之一，影响甚至左右其发展。

（三）正在到来的智能融媒体，将重构现有传媒学科专业体系及人才培养模式

随着现有传媒业态的消失，既有的传媒教育形态终将过去，新一轮传媒教育竞争的大幕已经拉开。2018年《哥伦比亚新闻评论》（春夏期）提出的

---

① 习近平.加快推动媒体融合发展　构建全媒体传播格局[J].求是，2019（6）：4-8.

"我们是否需要新闻学院"（Do We Need J-School）之问，已经昭示了现有传媒学科专业及人才培养模式存在的合法性危机。在即将到来的智媒时代，由大众主导的智能传播正在成为一种新常态，这才是真正的大众传播时代的来临。原先根据传统媒体形态和生产制作流程设置的传媒类学科专业，将发生革命性变化。在可预见的未来，传统传媒教育的学科专业将根据智能传播作为元传播而重新进行结构设定。既有按照传媒产业化工种和流程创设的专业体系将彻底洗牌，新式传媒教育学科及专业正在到来。

正在到来的智媒时代，将改变现有传媒人才培养模式。智媒时代是人类在生产、生活领域均实现智能传播的一种社会形态，而智能传播主要借助智能媒体来实现，是人类传播的主要形式，是智能媒介化社会形成的黏合剂。智能媒体的内容生产与传播，主要表现为去中心的个体化、智能化协同生产制作与传播。现有的围绕媒体内容生产环节、基于媒体形态，强调内容生产技能、轻视人机协同、人与符号化、媒介化、智能化社会关系，业界与学界需求不匹配的传媒人才培养模式，已经岌岌可危、急需突破。适应智能传播需求的智能思维、数据思维和跨界整合能力；适应未来传媒业态和传媒教育形态融合发展，携手培养创新创业的良性生态关系；对于人类未来生产关系尤其是人类与符号和工具之间关系的把握与思考的能力等，现有的传媒人才培养模式都无法提供和建构。

概而言之，智媒时代期待新式传媒教育能够引领传媒推动智能媒介化社会的建构和完善：引领传媒发挥知识力，消除知识鸿沟乃至智能鸿沟，促进知识平权化和技术赋能化；引领传媒发挥建构力，自由想象认识可能性，建构人类对自我和世界的无边际、无藩篱认知；引领传媒发挥塑造力，防止人性的沦丧，塑造工具理性与人文关怀兼具、科技创新流淌着人文血液的社会生态。在未来的人类生产关系中，让人人可以创造、获取、使用和分享信息和知识，让个人、社会和国家都能充分发挥各自的潜力，实现可持续发展，应是未来传媒力量发挥的基本遵循，也是新式传媒教育范式追求的最终目的。

三、未来传媒高等教育形态

面对传媒业态智能化发展的挑战,传媒教育已到了必须审时度势、精心谋划,重新布局、主动应对智媒时代的关键节点。谁在布局新式传媒教育范式上获得成功,谁就能赢得未来传媒教育存在的合法性和主体性。未来传媒教育形态如何呈现、如何发展,应解决哪些主要问题?我们认为,总体上来说,要探索建立与智媒时代相适应的智能传媒教育范式,传媒学科专业从纯文科和艺术学习走向文工交叉、艺工兼修,文艺工打通进而走多学科融合的新文科、新工科和新艺科的发展道路。

(一)智能传媒教育范式呼唤新的传媒理论体系

人工智能将深刻改变生活方式、改变世界,也将深刻改变传媒业态。面对如此巨变,传媒教育如何创新引领?持续引领的关键是系统创新,而整体设计是系统创新取胜的关键。传媒教育若想在智媒时代确保其存在的合法性和主体性,突破传统传媒教育自身、布局智能传媒理论体系建构创新尤为关键。瞄准未来,才有未来。传媒教育界要紧紧抓住这一重大机遇,在智能媒体理论研究上快速跟进,研究智能媒体的新技术、新业态、新效果、新理论,实现理论范式从传统媒体理论范式向智能媒体理论范式转移;对智能媒体实践经验及其与社会互动的关系,进行理论化、抽象化、系统化、实证化思考,建立可以阐释并引领智能媒体发展的学科体系、学术体系和话语体系。这就需要传媒理论学界在四个方面寻求突破:一是建立智能媒体的本体论;二是建立智能媒体的认识论;三是建立智能媒体的实践论;四是建立智能媒体学术研究的方法论。在此基础上构建系统创新的传媒理论体系,系统革新传媒教育课堂内容,凝练智媒时代的传媒教育理论教材体系。

(二)智能传媒教育范式呼唤新的传媒学科专业体系

在媒介与社会一体同构的智能社会,网络及基于网络的智能媒体已经成为社会的操作系统，是决定社会结构与形态的关键因素之一。"互联网+"是社会媒介化的基础，"AI+"是社会媒介化的驱动力，"传媒+"则是社会媒介化的必然表现形式，因而"传媒+"应是智能传媒教育学科建设的基本遵循。基于"媒介即社会、社会即媒介"这一基本判断，智能传媒教育必须突破传统模式，重构媒介化知识疆域和学科领域，重构学科专业体系，在文科与工科、科学与艺术、人工智能与人类创造性等方面实现交融复合，走新文科、新工科和新艺科融合发展之路。

智能传媒教育范式下的传媒学科专业设置，需要打破仅限于传媒行业内部的学科交叉，发展基于"传媒+"的交叉新兴学科专业。其优先方向有二：一是与政治学、社会学、管理学、经济学和法学等社会学科门类的交叉；二是与大数据技术、脑科学技术、网络信息安全、人工智能等新工科和新理科的交叉。唯有如此，传媒学科专业体系才能以全新的形态因应智媒时代的到来，才有其发展存在的合法性和自主性，否则传媒学科专业将有因媒体泛在化而被其他学科侵蚀同化的危险。今天，其他学科纷纷介入传媒研究领域，已经昭示了传统传媒教育学科存在的危机。

就当下来说，传媒学界应优先关注高速移动互联网背景下大数据、人工智能及虚拟现实催生的传媒新业态，明晰新业态背景下的学科建设走向，增强传媒人才培养与媒介化社会需求的匹配度及契合度，根据传媒新业态进行学科体系设置上的供给侧结构性改革；加强人工智能方面的新兴交叉学科专业建设，追踪这一领域的新成果、新趋势、新动向；立足新兴交叉学科的培育，在优化原先新闻传播学科的基础上，设置数据科学、脑科学与智能媒体、计算语言学、计算传播学等学科，瞄准 VR 新闻和 AI 新闻等领域；在优化传媒艺术学科的基础上，设置艺术与技术、艺术与科学、艺术与传播等学科，关注 AI 艺术创作和 VR 艺术呈现等领域，力求传统优势学科与新兴交叉学科协同配合、融合发展，导引传媒教育从传统范式向智能范式转移。

随着未来传媒智能化发展，传媒内容生产将呈现分布式生产趋势，表现为去中心化的个人化、智能化协同生产制作。融合已成为当下传媒业态的主要特征，但传媒融合不仅表现为传媒形态的融合、组织架构的集中式融合，也表现为传媒从业者媒介素养和技能的去中心化的融合,且这是更本真、更深层次的媒体融合。因此,新式传媒教育在专业设置上,要把交叉融合的理念注入所有的专业,加快对课程内容的革新调整,主动应对未来融合社会的挑战。要契合这种既融合又去中心化的态势,就要求传媒教育在专业设置上进行供给侧改革,通过融合型专业、融合型师资、融合型教材和融合型课堂,培养未来传媒人才。

(三)智能传媒教育范式呼唤新的传媒人才培养模式

智能传媒教育范式的合法性和自主性建构,最终要体现在人才培养模式上。这就要求传媒人才培养新模式在学理建构上,以人文价值理性为引领;在对接社会需求上,以国家和业态发展为导向,只有这样才能解决现有传媒人才培养模式无法提供新式传媒人才亟须的智能思维、数据思维和跨界整合能力,无法构建传媒业态和传媒教育形态携手培养创新创业的良性生态关系等显著问题。为此,传媒人才培养新模式必须做到以下几点:

第一,注重人文精神的再造。面对科技至上的喧嚣,没有抚今追昔的人文情怀、悲天悯人的人道关怀,就难以用人的价值去规制科技和传媒的力量。人之所以为"万物之灵长",即在于人能"观乎人文,化成天下",在于人具有其他物种所没有的自觉之精神。黑格尔在《哲学史讲演录》开篇词中即说:"人既然是精神,则他必须而且应该自视为配得上最高尚的东西,切不可低估或小视他本身精神的伟大和力量。"[1] 媒介本身既是文明的载体、标志和形态,也是知识的载体和形态;媒介的演绎进程,既是人类文明演进的历程,也是知识生产和消费方式的历程。媒介技术和形态的变化,改变并决定着知识的生产者、拥有者,也决定着知识的形态以及传播方式。[2] 智能媒介化社会不应是人的精神创造性和超越性被遮蔽的社会,人必须要依靠人的理性和智慧、相信人的精神力量,而不是人所创造的工具,才能规制智能媒介化社会走向

---

[1] 黑格尔.哲学史讲演录(第一卷)[M].贺麟,王太庆,译.北京:商务印书馆,1983:3.
[2] 林克勤,严功军.认知传播学论丛[M].成都:四川大学出版社,2016:3.

美好。因此，未来传媒教育应加强人本、人格、人文教育的融合，培养"弘道崇德、经世致用"的传媒人才，只有这样才能为智能媒介化社会发展提供创新的动力，成为先进思想与智慧创生的引擎。

第二，协调好"博融"与"专精"的关系。直面传媒的融合化和智能化发展，要求智能传媒教育培养既"博融"又"专精"的传媒人才；面对国际国内社会的复杂化和不确定性，党和国家强化新闻舆论工作，要求培养全媒型和专家型的传媒工作者。这就需要智能传媒教育创新通识教育加专业教育的模式，在文科与工科、科学与艺术、智能技术与人类创新力等方面实现融合交叉，建构未来传媒人才的复合知识理论体系。同时，只有强化专精的特色教育，只有在"博"的基础上寻求"专"的突破，为学生打造"底宽顶尖"的金字塔型知识结构，才可能在公民记者、AI记者涌现的时代，确立专业记者存在的合法性和主体性，专业性和权威性。

第三，强化学界与业界对人才的融合培养。现今的传媒业态尤其是新兴媒体，是以传媒实践为主兼顾传媒研究的复合体，不仅从事内容生产传播、关系建构分享，也从事技术研发和理论建构；而传媒教育形态在教学和科研服务社会、服务行业的导向下，也不再只是从事传媒人才培养和理论供给，开始拓展自己的传媒产业。因此，智能传媒教育需要传媒业态和传媒教育形态彼此融合包容、合作共赢，这不仅有利于创新人才培养，也有利于传媒创新创业。而传媒业态实践和传媒教育形态创新要解决由来已久的时延性问题，也需要实现传媒业态和传媒教育形态的融合。因为传媒业态的最新实践需要系统化和理论化，将之吸收进传媒教育课程体系中，而传媒教育的最新理论和技术也需要被放到传媒业态的最新实践中去检验和校正。

四、传媒教育界的责任与作为

教育的终极目的应是发现人的价值、激活人的潜能和发展人的个性，促进人的充分、自由、全面和个性化发展，进而促进社会和谐可持续发展。在科技革新和知识形态演变的双轮驱动下，传媒行业与社会的边界变得越来模糊，智能传媒教育的学科专业和其他领域的学科专业走向融合乃大势所趋。就目前而言，创新传媒教育形态，我们必须做到突破自我、超越传媒、勇于创新。突破自我是前提，超越传媒是关键，创新制胜是路径。

（一）突破自我，涅槃重生

面对传媒新业态和传媒教育形态，现有传媒教育必须有自我革新甚至自我革命的担当和决断，才能突破自我、涅槃重生。当下传媒教育可从三个方面进行突破：一是专业设置突破自我，与智媒时代合拍。根据学科设置"传媒+"的基本遵循，关停并转一批过时专业、升级改造一批优势专业、重点建设一批朝阳专业、规划论证一批交叉专业。二是课程设置突破自我，与智媒时代同频。根据传媒新业态，社会智能化、媒介化，有计划有步骤地革新现有课程结构和教学内容。三是教师结构突破自我，与智媒时代同向。师资结构有可能成为阻碍传媒教育范式转移的主要因素。现有师资必须敢于突破自我、革新自我、清零重整、加强学习、负重前行，才能涅槃重生。同时，要引进数据科学、脑科学、人工智能等领域的师资，培养熟悉和掌握智能媒体理念和技术的博士和博士后，为深化智能传媒教育范式变革做好师资储备。积极主动开展从专业到课程再到师资队伍的结构性变革，将为智能传媒教育范式提供合法性的基础支撑。

（二）超越传媒，融入社会

发展逻辑上的超越——处理好传媒业态和教育形态的关系。从信息传播技术和媒介空间的角度审视，"从默声时代到有声语言时代，从语言时代到文字时代，从文字时代到电子时代，从电子时代到数字时代，人类在媒介空间的建构中走过了五种文明：刻画文明→语言文明→印刷文明→电子文明→数字文明"，并即将进入"量子文明"时代。① 人类媒介发展史已证明，传媒业

---

① 陈汝东. 未来传媒发展趋势：一种媒介史的视角 [J]. 人民论坛·学术前沿，2017（23）：15–20.

态发展遵循的是技术工具理性的逻辑；但是传媒教育形态的发展，则必须遵循人文价值理性的逻辑，培养工具理性和价值理性兼具的传媒人才，建立价值理性主导的传媒理论体系，规范并引领未来传媒业态的发展。换言之，传媒教育形态的演变必须因应传媒业态的变迁，否则传媒教育就成为无源之水、无根之木；但传媒教育形态发展遵循的逻辑，不应等同于传媒业态发展的逻辑，只有坚守人文价值理性的逻辑，才能超越并引导传媒业态遵循的工具理性的逻辑。基于传媒但又超越传媒、面向社会，这正是传媒教育存在的价值所在、要义所在。我们必须跳出当下传媒教育"业界打哪儿，我们就指哪儿"的困境——当前传媒教育存在的问题，即在于传媒业态发展的媒介逻辑主宰传媒教育形态的发展。

学科设置上的超越——处理好传媒行业和传媒学科的关系。传媒教育具有鲜明的实践性和时代性，要契合行业发展需求、引领行业发展，关键在于建立传媒业态和传媒教育形态的动态平衡机制，科学设置传媒学科专业体系。但在传媒与社会同构的媒介化社会，传媒行业与社会的边界逐渐模糊，传媒已经超越本身的行业属性，渗透到社会各行各业，成为界定社会属性的重要维度、社会运行的操作系统，自成一体的传媒行业将不复存在。既然"互联网+"是基础、"传媒+"是社会高度媒介化的必然，那么智能传媒教育的学科专业设置也必须超越原先狭隘的行业属性，确立以"传媒"为核心、延展辐射到其他学科专业的发展思路，走新文科、新工科和新艺科的融合、交叉的学科专业建设之路。未来，专业传媒院校在学科专业建设上走"传媒+"是必然选择，而其他综合院校的学科专业建设走"+传媒"则是社会媒介化的现实需要。

（三）直面挑战，勇于创新

未来传媒业态对传媒教育提出的诸多挑战中，最为要者当为传媒伦理、智能思维、数据思维和跨界整合能力的培养，我们必须直面挑战、勇于创新。

面对知识向传媒大迁移、传媒业态大变革、传媒力量大膨胀，传媒教育必须强化传媒伦理对传媒人才的自律作用，这是智能传媒教育落实"立德树人"根本任务的需要和保证。如果说丰厚的人文素养是未来传媒人才的底色,那么坚守新传媒伦理则是未来传媒人才的本色。面对2018年《哥伦比亚新闻评论》提出的"我们是否需要新闻学院"(Do We Need J-School)之问,代表传媒教育学界的哥伦比亚大学新闻学院前院长比尔·古鲁斯金(Bill Grueskin)给出的理由是:媒体新闻采编部门缺乏系统化的培训机制,而新闻学院能帮助年轻记者们学会质疑,领会新闻规则并规避错误。① 让传媒人才接受新的传媒伦理的熏陶与教化,将成为传媒教育存在的核心价值之一。

新的传媒伦理至少涉及两个层面,既包括显性、表面层次的技术伦理和职业伦理,又包括隐性和深层次的责任伦理和信念伦理。用传媒的力量守护人的价值,用人的价值引导传媒的力量,应是未来传媒业态和传媒教育形态必须坚守的传媒伦理。"在技术崇拜的时代,道德的卓越被技术的卓越取代。当效率、速度、生产力统治一切,基于人类生活的道德只能枯萎。"② 因此,审慎处理好"适应科技变化与坚守生命发展"的关系,将考验每位传媒教育工作者的心智。我们应树立人本的媒介技术伦理,抛弃视媒介技术为中立的功利主义路径。因为在人即媒介、社会即媒介的时代,媒介技术已成为一种文化的建构,如果让工具理性和机械理性占据主流,人类的存在将变得技术化,人将不是目的而是工具。我们要做到既适应科技变化,又坚守传媒教育本真;在坚守中迎接变化,在变化中融入坚守。这种坚守不是原地不动,而是在传媒形态发展的坐标体系上做相应的价值迁移。

智能化、数据化和跨界化时代,智能思维、数据思维和跨界思维能力,应是未来传媒人才的核心竞争力。未来传媒业态急需以融合意识和创新精神为特征、兼具智能思维和跨界思维能力的复合型传媒人才。智能思维本质上是一种"智能+"的认识论和方法论。在智能社会,人们只有掌握智能思维,才能从容面对智能技术给人类社会带来的复杂影响。有学者认为,智能思维

---

① GRUESKIN B, SALMON F, NEASON A. Do we need J-schools?[EB/OL].(2018-05-31) [2019-01-17]. https://www.cjr.org/special_report/do-we-need-j-schools.php.
② 甘丽华,克里斯琴斯.全球媒介伦理及技术化时代的挑战:克利福德·克里斯琴斯学术访谈[J].新闻记者,2015(7):4-14.

最少体现在五个方面：智学、智问、智思、智辩和智行。①体现在智能传媒教育上，就是要培养未来传媒人才怎样进行智能学习、怎样利用智能技术并思考其社会影响、怎样实现人机协同并用人性引导智能技术发展的能力。

数据思维是指用大数据挖掘分析问题、呈现问题并解决问题的思维方式。互联网、物联网、云计算、智慧城市、智慧地球正在使数据呈现几何级飞速增长。数据将是未来信息最主要的存储形式和未来社会的主要生产要素。无论从宏观国家发展战略层面、中观产业发展层面，还是从微观传媒企业和个人发展层面，大数据都可能重塑其发展战略和转型方向，数据驱动将是数字经济发展的主要动力。体现在智能传媒教育上，就是要培养未来传媒人才获取数据、分析数据并根据数据进行判断且可视化呈现的能力和数据伦理。

跨界思维是指用融合、交叉和跨界的视角和眼光分析问题、配置资源、解决问题的思维方式。就信息传播而言，主要指跨领域的信息处理与分析整合能力，是未来传媒人才基于社会高度网络化、融合化、复合化发展所急需的认识论和方法论。体现在智能传媒教育上，就是既要重视培养未来传媒人才的内容创新和内容置换能力，也要注重培养其平台建设和运营管理能力，实现内容和渠道的融合而不是分工割裂，强调语境和关系连接，即通过确定服务对象，用不同的内容连接核心用户。换言之，跨界思维能力要求未来传媒人才能"实现各种媒介资源、生产要素有效整合，实现信息内容、技术应用、平台终端、管理手段共融互通"②。

五、结语

面对万物皆媒、人机共生、自我进化的智媒时代和媒介化社会，未来传媒教育机遇与挑战并存。只有处理好变革与坚守的关系，才能抓住机遇、迎接挑战，才能实现智能传媒教育范式的革新。作为变革，传媒教育必须因应

---

① 高奇琦，李阳．"智能+"是一种新的思维方式［N］．解放日报，2017-08-22（9）．
② 习近平．加快推动媒体融合发展　构建全媒体传播格局［J］．求是，2019（6）：4-8．

未来传媒业态发展，重构传媒理论体系、重置传媒学科专业体系，强化全媒型、融合型、专家型传媒人才培养；作为坚守，我们必须以人为本、遵循价值理性的逻辑，强化传媒伦理教育，从科技、人文、艺术、道德四个维度提升学生的传媒伦理，使之成为传媒人才的本色，避免技术宰制下的人性沉沦、技术专制下的媒介逻辑。用传媒的力量守护人的价值，用人的价值引导传媒的力量，应是智能传媒和智能传媒教育必须坚守的伦理底线。

风起于青萍之末，浪成于微澜之间。智媒时代和智能传媒教育已御风踏浪而至，风雷激荡、浩浩汤汤。我们唯有秉持"用传媒的力量守护人的价值、用人的价值引导传媒的力量"的理念，才能因应知识向传媒大迁移、传媒形态大变革、传媒力量大膨胀时代的到来。未来传媒教育绝非只是传媒教育界的事情，它与整个教育界紧密相关。基于传媒业态和传媒教育形态既对立又统一的发展逻辑，因应未来传媒业态发展、创新传媒教育形态，传媒业界、学界乃至整个教育界以融合之精神、开放之态度、历史之责任，携手合作、共同开创智能传媒教育的新形态，方能不负传媒作为社会发展原动力和社会结构变迁的决定性因素的智能媒介化时代的到来。

创新新时代传媒人才培养 打造新时代一流本科教育*

习近平总书记在全国教育大会上的讲话，全面总结了党的十八大以来教育改革实践中形成的新理念新思想新观点，明确提出教育工作的根本任务和教育现代化的方向，围绕培养什么人、怎样培养人、为谁培养人这一根本问题作出部署，为加快推进教育现代化、建设教育强国提供了重要遵循。以人才培养为中心，形成人才培养体系，引领人才培养发展，是新时代对高等教育发展的根本要求，也是高等教育内涵式发展的必由之路。中国传媒大学作为教育部唯一直属的传媒类特色型高校，入围首批"一流学科建设高校"，学校在贯彻落实习近平新时代中国特色社会主义思想，推进新时代传媒人才培养工作中，担负着光荣而神圣的历史使命。

一、培养新时代一流传媒人才，是新时代传媒高等教育的新使命、新要求

2018年5月，在北京大学师生座谈会上，习近平总书记指出，培养社会主义建设者和接班人，是我们党的教育方针，是我国各级各类学校的共同使命。2018年9月，在全国教育大会上，习近平总书记指出，坚持把服务中华民族伟大复兴作为教育的重要使命。2018年8月，在全国宣传思想工作会议

---

* 本文原载于《中国高等教育》2019年第5期，收入本书时略有删改。

上，习近平总书记指出，"育新人"就是要"培养能够担当民族复兴大任的时代新人"。因此，新时代传媒类高校的新使命和新要求，就是致力于培养能够担当民族复兴大任的德才兼备的传媒人才。

2018年6月，教育部陈宝生部长在新时代全国高等学校本科教育工作会议上的讲话中，强调了本科教育的三大地位："我们一定要把本科教育放在人才培养的核心地位，一定要把本科教育放在教育教学的基础地位，一定要把本科教育放在新时代教育发展的前沿地位。"毫无疑问，一流本科是建设高等教育强国的根基。"越是顶尖的大学，越是重视本科教育，本科教育被顶尖大学视为保持卓越的看家本领和成就核心竞争力的制胜法宝。"

本科教育的"三大地位"认识论，充分说明了一流本科教育对于人才培养、教育教学和新时代教育发展的重要性和必要性。教育部发布的《关于加快建设高水平本科教育全面提高人才培养能力的意见》也明确提出："本科生是高素质专门人才培养的最大群体，本科阶段是学生世界观、人生观、价值观形成的关键阶段，本科教育是提高高等教育质量的最重要基础。"因此，高校要回归大学的本质职能，就要把培养人作为根本任务和首要使命，把立德树人与人才培养的质量和效果作为检验一切工作的根本标准。

党的十九大报告对新闻舆论、互联网建设和治理、文艺创作、国际传播能力建设等方面作出了明确指示和要求，体现出党和国家对传媒人才培养工作高度重视。因此，立足中国国情，培养新时代的传媒人才有着极为重要的意义。

习近平总书记在党的新闻舆论工作座谈会上要求新闻舆论工作者"努力成为全媒型、专家型人才"，这对新时代的传媒人才培养提出了新的具体要求：传媒人才适应时代挑战、具有终身学习和不断创新的能力，这需要在本科教育阶段夯实基础、拓宽口径、着力实践、强化创新，以适应国家战略和社会发展需要。当今新技术、新理论层出不穷，传媒类高校基于自身信息与媒体技术发展逻辑，对新技术迅猛发展、媒体生产及结构变化最为敏感。中国传媒大学要做一流传媒类人才培养的领头羊、未来媒体技术预判的春江鸭，就要更加重视培养一流传媒人才的本科教育，并将此项工作作为中国传媒大学办学工作的重中之重。

二、"弘道崇德，经世致用"，创新新时代一流传媒人才的培养

弘道崇德、启智育美，培养有家国情怀、有社会担当的一流传媒人才。中国传媒大学作为传媒高等教育领域的排头兵，承担着为党和国家培养高素质传媒人才的重要使命。中国传媒大学的校训是"立德、敬业、博学、竞先"。我们要继续坚持这个校训精神，坚持以立德树人为根本任务，将"忠诚、自信、包容、竞先"的中传文化基因融入人才培养全过程，培养能够担当民族复兴大任的新时代传媒人；并立足国情，奋勇争先，提供具有中国特色、世界高水平的办学经验和人才培养模式。

服务国家社会发展，培养与时俱进、经世致用的一流传媒人才。高等教育的发展必须紧跟国家经济社会发展的步伐，必须紧跟新传媒技术的进步，必须紧跟和呼应新时代对传媒人才培养规格的新要求。因此，中国传媒大学必须以马克思主义的人的全面发展观和新时代我国教育方针为指导，必须立足于新时代中国特色社会主义的国情，必须培养具有中国优秀传统文化底蕴，具有卓越创新思维能力，富有学科交叉、跨界融合、专业复合、博学多思、一专多能时代特征的一流传媒人才。具体而言，就是要培养能够应对未来媒体挑战、驰骋于国际舞台的新闻传播人才，能够讲好中国故事、具有高尚道德情操的媒体艺术创作人才，未来社会所需要的、具有全球视野的数字创意人才，符合国家经济转型升级要求的、具有创新精神的新型经管人才，智能媒体时代所需要的、具有融合跨界能力的高端媒体技术人才，密切跟踪传媒业大发展、能够进行理论创新的研究人才，热爱传媒专业及中国文化的国际人才，依托传媒知识和技能的社会所需要的其他类型的人才。

开创开放融通格局，培养拔尖创新、对接未来的一流传媒人才。作为传媒行业的"黄埔军校"，中国传媒大学积极开拓校际间、国家间和领域间的深度协同合作，构建传媒高等教育的扩大开放、全面融通的格局。中国传媒大学与阿里巴巴集团开展战略合作、实施行业交叉，探索新的产、学、研合作模式。双方共同签署了《阿里巴巴（中国）有限公司与中国传媒大学战略合

作协议书》。合作协议项目包括联合人才培养，联合开展大学生创新创业工作，在阿里巴巴集团建立中国传媒大学教学科研实习基地，共同培养企业博士后，支持中国传媒大学提高信息化、智能化管理水平等。中国传媒大学主动出击，与业界开展全方位深度合作，已经进行超前布局。中国传媒大学与海南省教育厅达成深度合作意向，共建中国传媒大学海南国际分校，成为首批拟与海南签约合作共建的四所院校之一，为中国传媒大学开辟传媒高等教育国际化新途径，加快学校国际化办学步伐，构建南北校区相互呼应、相互支持的未来战略布局。中国传媒大学决定将慕课推向国内外，以慕课育名课，以名课促建设，巩固中国传媒大学在传媒高等教育的引领地位。此外，中国传媒大学在教务处成立线上教学科，从体制上保障慕课建设的大方向，加大投入线上资源的建设和虚拟学习空间构建。中国传媒大学积极推进慕课走向国际，建立一系列外语慕课，在国际上积极发声，由跟跑、并跑实现领跑。慕课上线的实质是中国传媒大学面向未来、强化精品的布局，将在人才培养和提升办学等方面发挥引领作用。

三、以一流专业建设为导向，打造新时代一流本科教育

专业建设是本科教育实施人才培养模式、实现人才培养目标的途径和平台，是教学工作与社会需求紧密结合的桥梁和纽带，是提高人才培养质量的关键环节，也是招生与就业的载体和依托。中国传媒大学专业建设充分体现学校办学定位和战略规划，是当前教学改革的切入点，有利于带动培养目标、师资队伍、课程体系、教学条件和质量评估等其他方面的联动和提升，促进学校的本科教育管理的综合改革。中国传媒大学专业改革积极适应国家战略和经济社会发展，适应新技术和未来布局的需要，在本科专业的规划、改造和布局等方面努力探索，受到媒体和高等教育界的关注。目前中国传媒大学有一批享誉国内外的一流专业、品牌专业、特色专业，为一流本科教育建设提供了有力支撑。

(一) 从"四个一批"专业建设切入，打造一流本科专业

中国传媒大学将"四个一批"专业建设作为学校一流本科专业建设的核心内容和途径，发挥着引爆推动作用，这源于学校的专业设置动态调整机制和专业建设的复盘思想。"关停并转一批"，首先评估专业办学有效性，不符合社会发展的专业需要关停和并转。关停专业意味着资源不再分散和浪费，并转专业侧重整合资源，借力借势发展。"升级改造一批"，突出两翼，加强专业结构改造，增强学校人才培养与传媒行业需求的契合度；专业布局优化，符合经济社会发展需求，符合北京"四个中心"发展定位和国家"一带一路"建设需要。"重点建设一批"，发挥中国传媒大学一批国内龙头专业的引领作用、一批品牌专业的示范作用、一批特色专业的尖刀作用。"规划设计一批"，面向未来，抢先布局，预判高速移动互联网、智能媒体催生的新业态，以捕捉新业态背景下的新专业为规划导向。特别是在专业建设上，中国传媒大学把人工智能的理念注入所有的专业，加快对课程内容的革新调整，主动应对未来挑战。

(二) 以"五个一工程"建设为依托，打造一流本科教育

中国传媒大学制定了专业结构优化调整和强化专业建设总体实施方案，随着"四个一批"专业建设的推动和一流本科专业打造的深入，本科教学的一系列教学提升计划出台，逐渐凝练为"一流生源、一流专业、一流课程、一流师资、一流毕业生"的"五个一工程"思想，形成一流本科教育的规划。各学院的本科教育工作将围绕"五个一工程"全面设计、全面布局。

一流生源，以国家卓越人才培养计划、基础学科拔尖学生培养计划和新工科建设等为导向，发挥办学传统和社会美誉的优势，推动一流生源的遴选、争夺，积极改进招考方式。在艺术类招生和自主招生方面积极探索，改革重"中段"选拔、忽略"上段"选拔的弊病，考点设置更为合理、时间设置更为科学。

一流专业，对接国家一流专业建设的"双万计划"，深化"四个一批"专业建设，面向未来、适应需求，专业结构持续优化、调整，形成科学的专业

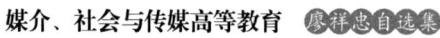

体系；专业内涵建设不断更新、与时俱进，率先建成一批一流专业，保障、支撑、优化、引领一流的传媒本科教育。

一流课程，对接国家一流课程建设的"双万计划"，积极实施"名课计划"。做到通识教育课程与专业教育课程、理论课程与实践课程等的平衡；做到课程体系和课程结构优化；围绕精品慕课建设，积极建构中国传媒大学线上课程教育兵团，推进国内外大学的课程交流和学分互认，彰显作为一流大学的教育职责和使命担当。

一流师资，通过一流专业和一流课程，打造一流教学团队和一流教师。积极实施名师培育工程，以精品课程、优质示范课程、双语课程等塑造名师，形成四级名师梯队。以机制激励名师培养，在评奖、评聘、薪酬、考核等方面形成长效机制，打造具有一流的师德建设、职业素养和专业水准的师资队伍。

一流毕业生，以卓越人才培养、拔尖创新人才培养为核心，从培养方案的制定、实施到毕业环节的设计和管理逐一完善优化；结合创新创业，创新多元的具有特色的一流本科人才培养模式，形成高素质、精专业、强能力、厚底蕴的创新型、复合型、国际型一流毕业生。

（三）推进教育体制机制改革，提升本科教育质量

创新教务处内设机构的调整，突出本科教学的改革。成立专业建设与拔尖人才培养科，旗帜鲜明地以专业建设和拔尖创新人才培养为重点任务，进而打造一流专业、培养一流毕业生。成立课程与教材建设科，优化课程体系、加强精品课程和通识课程建设，强化经典教材建设等，打造一流课程和经典教材。成立线上教学科，强化教务处信息化建设、慕课等线上课程开发和建设、基于未来虚拟空间学习的网上学习系统建构与虚拟教学资源拓展等，打造一流课程和一流教师。成立辅修与教学拓展科，培养复合交叉型人才，加强国内外学校学分认证的探索，提升教学研究和教学质量，强化教学奖励机制，促进教师发展，打造一流教师、服务一流毕业生。在挂靠单位招办成立优质生源科，主要负责招生制度改革、一流生源争夺和拔尖创新人才选拔等。

创新学校相关部门设置。将学科办和规划办合并成立学科建设与规划处，以"双一流"建设为契机，强化学校战略规划和国家战略规划对接，深化教育综合改革，推进机构体制改革。深化教管评分离，成立质量评估与督导处，明确职责划分，使教务处更聚焦本科教学。成立实验设备与管理处，强化实践教学管理和实验室资源的共享，保障实践教学的运行。内部科室和外部职能部门进行合理而富有前沿思维的设置，明确职责，内外赋能，形成动态调整和协同育人机制，保障本科专业建设向本科教学建设提升、本科教学建设向本科教育建设的提升。

网络媒体时代世界教育霸权对中国教育发展的警示*

互联网、第三代移动通信、第四代移动通信、多媒体信息处理、云计算等技术为知识的生产和传播提供了无限的空间,特别是移动互联网的发展,更是意味着网络时代的真正来临。以智能手机为代表的各种硬件设备催生了掌上课堂、网络大学、数字图书馆、虚拟博物馆等线上应用。学生可以通过手机同步或者异步接收来自世界各地的知识传播。所有这些变化给教学活动的开展带来了巨大挑战。全球化的文化消费周期大大缩短,文化教育更趋向国际化,大量国外教育资源通过网络涌入中国,与中国的传统教育方式产生碰撞,形成了前所未有的教育问题和社会影响。以美国为首的西方发达国家在网络教育的过程中实施教育霸权的问题越发明显,并造成了巨大影响。耶鲁大学教授保罗·布罗姆(Paul Bloom)在"心理学导论"第一节课上的开场白便是"我们将会被摄像,本年度结束时,所有视频录像都会在网上,免费对所有人开放,通过网络传播到各个国家,为无法通过正常渠道接受大学教育的人们提供便利,当然,这也是耶鲁建立'世界学术霸权'的大计"。

---

* 本文原载于《现代传播(中国传媒大学学报)》2013年第9期(总第206期),作者侯玥、廖祥忠,收入本书时略有删改。

一、网络媒体引发教育革命

Web2.0 的互动性给网络教育带来了活力，人们可以在网络上搜索信息并生产内容，形成了丰富的学习途径。日益成熟的 Web3.0 将成为一位更智能的学习伙伴，多维度的展示方式可以使人们更轻松地理解信息，而它的主动性特征使其能够通过分析用户的需求，提出相应的帮助。随着网络技术的发展，现实与虚拟的区别逐渐淡化，传统教学方式的优势地位已经发生动摇，网络成为学生不可缺少的学习途径之一。教师和学生必须直面网络教育带来的新问题，并积极回应由此带来的社会问题。

当代的 80、90 后学生，几乎是与互联网共同成长起来的，这一代人的学习方式和认知世界的方式都具有新的特点。通过网络学习知识已经成为他们的学习习惯，他们有很强的自学能力，而良好的英语基础也为他们在网络上获取知识提供了便利。网络使人们足不出户就可以接触到美国名校的教学资源，不用出国留学也能获取美国大学的学历认证。面对网络上世界顶尖大学的优质教学资源，传统课堂中的课程显得有些暗淡，学生更倾向于自由地选择自己所需要的课程，所以学生"逃课"而去"淘课"，在网络上选择热门的课程或是感兴趣的内容进行学习。网络为具有不同需求和不同年龄的人提供了学习的机会，网络教学的方式也由单向的知识传播转化为多向的互动式学习。

2012 年，哈佛大学、麻省理工学院等几所美国著名高校开始开发 MOOC 课程（Massive Open Online Course，大规模开放网络课程）。MOOC 是在原有的开放课程基础上建设的新型网络课程。MOOC 课程突破了原有课程单纯的视频形式，它的教学模式更像是真正的课堂。它可以将全球最优质的教育资源传播到世界各地，使大规模教育和个性化学习得以实现，促进了高等教育的普及化和公平化。

MOOC 课程的推出标志着网络教育已经被提升到了一个新的水平，"在校教育"和"在线教育"的界限变得模糊，这也意味着网络教育将对传统高等教育产生严重的冲击,更有学者预言传统的教育形式正在走向"灭亡",教育革命已经爆发。

二、西方发展网络教育的举措及世界网络教育格局确立

(一)西方网络教育平台集合大量强势资源

美国在20世纪90年代初便开始着力发展其网络教育平台建设,并且非常重视网络媒体在教育领域的应用和推广,美国几乎成了网络教育的发源地。美国拥有雄厚的经济实力和优质的教育资源,这促使其网络教育迅速发展,影响力不断扩大。

麻省理工学院在2001年提出了"开放课程"这一概念,学校将课程的大纲、阅读书单、演示课件、习题、演讲视频等上传到网络,供全世界的学习者和教育者观看。2008年,耶鲁大学、斯坦福大学、牛津大学和剑桥大学等250多所世界知名大学组成了"国际开放课件联盟"(OCWC),免费向公众公开自己的教学资源。联合机构共为"国际开放课件联盟"提供了超过20种语言的14,000门课程。

随后,越来越多的美国名校和机构参与网络教育建设,并形成了多个具有世界影响力的教育平台,包括可汗学院(Khan Academy)、谷歌教育(Google in Education)、维基学院(Wikiversity)、iTunes U、TED等。面对美国在全球网络教育领域中的领导地位,英国一些知名大学也联合起来并于2014年推出网络教学项目,该项目计划通过电脑、平板电脑和手机向公众提供多种高等教育的渠道。

(二)教育资源溢出效应,美国网络课程垄断全球

网络课程的盛行不仅打破了知识的围墙,也打破了名校的围墙。美国名校开设的网络课程受到大量学习者的青睐,如哈佛大学开设的"幸福""经济学导论"等,耶鲁大学的"心理学导论",普林斯顿大学的"人性",麻省理工学院的"线性代数""微积分"等都是点击量非常高的课程。经过近几年的

发展，美国的网络课程形成了垄断态势，从开始的几门课程受到热捧，到现在美国的课程几乎遍布网络。

美国苹果公司的 iTunes U 平台上所提供的教学资源已超过 50 万项，其涵盖的主题数以千计，包括哲学、文学、历史、经济、艺术、科技、医学……课程下载量已突破 10 亿次，iTunes U 无疑已经成为世界公益性高等教育事业发展的典范。全球有超过 1200 所高校在此平台上发布优秀教育资源，大多数院校集中在欧美地区，包括斯坦福大学、普林斯顿大学、加州大学、哈佛大学、麻省理工学院、牛津大学、耶鲁大学等，而中国内地目前仅有约 7 所院校建立了 iTunes U 站点，包括中山大学、北京广播电视大学、西安交通大学等。

2010 年，网易视频推出公开课频道，截至目前，公开课频道上已经推出国内外高校的近 6000 堂公开课或讲座。其中，美国高校开设的网络课程占全部课程资源的 70% 左右。由于具有数量多、范围广、质量高的特点，不论在国内还是国外的网络教育平台上，美国的公开课几乎都成为网络课程的代名词，以美国为中心的国际网络教育格局已经形成。

三、西方网络教育对我国产生的影响

（一）美国教育"中心化"

美国高等教育学家菲利普·G. 阿特巴赫（Philip G. Altbach）在其研究中指出了世界高等教育发展不平衡的关系，提出了世界大学体系的"中心—边缘"说。他认为处于中心地带的是以美国为代表的西方发达国家大学，它们的高等教育规模大，科研实力强，对世界高等教育具有绝对影响力。第三世界大学则处于边缘地带，以中国为例，中国是一个人口大国，也是教育大国，但是从世界一流大学的数量、获得诺贝尔奖的次数来看与西方教育强国还有很大差距。阿特巴赫并没有完全否定第三世界国家学术发展的重要性，而是这些高校在创造学术成果的过程中确实存在更多的困难，在国际高校的竞争中优势也不明显。

美国的高等教育处于国际霸主地位，其拥有的教育资源具有绝对优势。在2012年世界大学排行榜的前100所高校中，美国高校占38所，中国内地仅有2所。美国已经成为莘莘学子的留学圣地，吸引了全球大量的优秀人才。网络时代教育的重心仍然不断偏向美国，甚至形成了学术垄断的现象。美国的网络课程惠及大量的学习者，美国教育的地位在人们心里得到不断的提升，人们在潜意识当中已经认同美国教育的优越地位，并以美国的标准来衡量自己的水平。一些学生受到干扰就会轻视本校的教学，盲目地去追逐美国名校名师的网络课程。

（二）本土教育被"边缘化"

近年来我国也在积极建设网络教育资源和相关的教学平台。2011年，我国正式开放"中国大学视频公开课"，课程主要集中发布在爱课程网站上，目前开设公开课200多门，共有1500多集视频。另外，国家精品课程资源网上也发布了从全国优秀高校中评选出的优秀教学视频超过34,000部，该平台已经成为国内覆盖学科最完整、课程资源数量最多的教学资源库。但是其资源数量、质量和下载量都不能与iTunes U这类面向全球用户的平台相提并论。一些课程的内容比较陈旧，更新的频率也很低，对学生缺乏吸引力。

中国的网络教育起步较晚，网络教育资源平台建设尚不完善，教学方式相对比较传统，导致中国的网络教育在国际趋势的冲击下逐渐被边缘化，从而失去国际化竞争优势。

（三）价值观产生偏移

在全球化的背景下，学生接受国际化教育是必然趋势，通过网络学习毋庸置疑是一个好方法。然而，网络教育经历了十几年的探索实践，以及近几年的爆发式发展，我们深刻认识到了网络教育给人们带来的积极影响，同时感受到了网络教育所产生的霸权倾向。

以美国为代表的西方发达国家在网络时代占据了教育的中心地位，它们将自身文化和价值观念的传播与教育绑定，利用教育的方式潜移默化地渗透给大众。这种渗透很有可能成为一种改变的"力量",它以一种润物无声的方式影响客体,从而改变和控制客体的思维方式、生活方式和价值观,使受众对美国产生一种美好的幻象,盲目地认为美国是完美的,从而对本国的发展失去信心,对祖国,对社会和民族的看法发生偏移。在此,我们必须理性地认识到,美国打着所谓"自由、民主、平等"的旗号,但是价值核心却是宣扬个人主义、拜金主义和享乐主义,美国利用这种方式的目的是获得经济、文化和政治上的更大利益。

当今世界,国家之间的竞争不仅是经济、军事等硬实力上的比拼,也是文化、思想、创新能力等软实力的较量,教育水平成为衡量国家综合实力的标准之一。正如托马斯·弗里德曼(Thomas L. Friedman)所言,在全球化的大背景之下世界变平了,但是这不能成为"美国化"的过程。

(四)民族文化受到侵蚀

随着全球化进程的加深,外来文化的侵蚀压抑了本土文化特性的留存及其独特的民族意识。美国通过不断宣扬自身的优越性,强化其世界中心地位,使一些人欣然接受美国文化,而逐渐忽视了本土文化。现在有很多青少年对中国经典著作了解不多,甚至对中国的传统文化不屑一顾,他们更喜欢看的是《哈利波特》,更喜欢过西方的圣诞节。他们崇尚自由,追求自我。在网络媒体时代,网络对于青少年的影响极大,在互联网上英语是主导语言,在海量的网络信息中,超过90%使用的语言是英语。为了更好地获取信息,更顺畅地在网上交流,学生们积极地学习英语,英语俨然已经成为一种世界语言。一些人忽视了汉语的重要性,刚会讲话便被家长送去学习英语,而对于中文则是提笔忘字、拙于言辞,运用中文的能力明显降低。

我们应该意识到,在教育的过程中,美国的文化已经植入其他国家的文化,这种现象会影响人们对于本土文化的态度,甚至对本土文化产生疏离或排斥的心理,并逐渐淡化自身的民族性。因此,在学习中要更加关注我们民族文化的发展,思考中国在历史纵向以及现实世界的真实位置,思考中国的教育方向。

四、中国的应对策略

全球网络教育快速发展所引发的上述问题应该得到重视,但是在问题产生并带来警示的同时,我们也应该正视网络教育的发展趋势和前景。近年来,国内的高校和教育机构也逐渐意识到建设网络教育的重要性和必要性,开始逐步建设自己的网络课程,并不断尝试向国际性网络教育平台拓展,将中国的名师课程向全球推广。但是中国要建成成熟的、国际化的、有影响力的教育平台,还需要多方面的努力,不仅需要转变对于教育的固有观念,还要借鉴美国等国家的先进发展经验,找到适合中国网络教育发展的方法,这些对于我国的网络教育建设发展具有重大意义。

(一)网络媒体时代,传统"教"与"学"的观念亟待转变

网络的发达和网络教育的兴起给传统的高等教育带来了巨大震动,网络已经成为当代学生重要的学习工具。高校在教育上的优势地位已经动摇,一些学者和教育专家甚至怀疑高校存在的意义。网络上承载的信息远比老师知道得多。既然互联网能解答所有问题,那么老师的价值如何体现呢?网络无疑具有信息宽度,但不具备思想的深度,学生在网络上得到的信息大同小异,但因每个人的思维和性格不同会造成认知上的差异化,一些学生会运用网络学习深化自己的知识,另一些学生则会疏于思考、简单地搬用网络知识、过度依赖网络,长此以往会形成思想上的惰性。

面对这种现状,我们的教育观念必须转变。传统教育观念中上课才是传授知识的唯一途径,而现在学生先在互联网上学习基础知识,再在课堂上与老师进行交流、互动成为更具价值的教育方法。教师针对学生遇到的问题予以解答,并引导学生进行有目的的学习,因材施教、循循善诱,教师的主观能动性和思想性是网络技术还无法达到的一种智能,思想的碰撞只有在人与人之间才能够实现。中国的教育需要突破单向传播的教育方式,改变灌输性的教育,高校教育应该尝试课上与课下的联动学习机制,赋予学生更多学习

的主动性和自由性，接纳多元化、多向性的互动和交流才能让当今的学生得到发展的有利空间。

从学习观念上来说，学习者必须成为教育活动的中心。目前，学生对待学习的态度比较被动，缺乏学习的积极性。学生在面对美国的开放课程时可能会产生一种盲目崇拜的情绪，尤其是被教授在讲台上妙语连珠、声情并茂的形象深深地吸引时，以为这就是美国教育。其实美国高校的网络开放课程只是展示美国教育的一种形式，这种课程只能作为对相关知识的了解，既不能代表美国教育的全部，也不能完整表现出美国学生学习的内容。

所以，对于网络教育这种有教无类的教育方式，我们可以借鉴其形式，而实际要解决的是教育和学习的方式，并增强学生学习的自主性。学生学习的自觉性和主动性要经过长时间的培养和教师的正确引导才能够实现。高校教育可以将课上学习和线上学习相融合，构成适应时代发展的教育模式。比如兴起于美国的可汗学院就引发了这样的教育模式变革，美国的一些学校已经开始要求学生回家观看可汗学院的课程视频，而在学校时则是做练习，或是由老师或同学解答同学没有理解的问题。在中国的传统教育中，教师在教学中具有绝对的权威性，学生则是被动地听，不敢提出异议，学生的创新能力较弱，独立思考能力不强。西方则以个人为主体，鼓励个性发展，强调创新意识。在西方的教育观念中，教师是学习的引领者，并与学生一起讨论问题。中国的学生如果想得到更自由的学习空间，那么就要主动获取知识并产生自己的思考，真正地提高自身能力。

（二）研究网络教育规律，借鉴国外先进经验

我国的现代网络硬件设施已经接近世界一流水平，但是仅重视技术应用而没有转变教学观念导致我国在网络教育和课程管理方面与美国等发达国家差距很大。面对这样的局面，我们要认真思考我国网络教育发展落后的根本原因，深入研究国外网络教育的成功案例，借鉴其成功的管理模式和教育方法，总结网络教育的规律，制定我国网络教育的发展策略。

美国在全球化发展的背景下，以著名高校作为主体创建了开放式的教育

 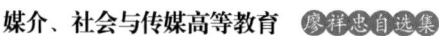

平台,以兼容并蓄的姿态接受了全球大量用户的访问。在发展的过程中,多所高校不断地整合资源,强强联合,建立了强大的教学资源库。在发展的过程中,由于教育的预算总要受到严格的财政限制,所以高校也会融合商业机构,以多元化的资金筹措渠道共同完成网络课程的开发建设。成功的网络教育不仅取决于网络技术、资金投入,还需要内容的支撑。美国的网络教育内容丰富、形式多样,授课教师多是著名大学的教授,他们的教授方式是一种启发式的教育,讲课时表现得风趣生动、激情饱满。教师脱离课本,并且经常做案例分析,具有现实意义,使学习者在短时间内对课程内容产生兴趣。

未来的课程形式将更加多元化,课程内容也更强调实用性,知识的提供者不仅局限在高校,一些企业或个人也可以成为教育者。此外,我国的网络课程还局限在课程录像的形式上,简单地将课堂搬到网络上,这种"搬家"的形式在网络教育的发展进程中必将失去大量受众。我们经过分析发现,在视频公开课网站上,一门课程少则分为 4 次课讲授,多则分为近 40 次课讲授,一般的理论课程常常前一两次课的点击量比较高,到后面的课程点击量就逐渐递减。美国开发的 MOOC 课程则减少了学生在学习过程中的流失现象,学生选择课程是为了拿到结课证书,所以在学习过程中严格按照上课时间学习、并完成测试和作业,最终得到证书。这种模式和流程设计保证了学习的质量。所以,我国高校在建设网络课程的同时,必须对教学方式和知识体系重新进行规划设计,寻求适合网络时代的教育方法,促进网络在教育活动中的广泛应用。

(三)整合优势资源,构建全新的网络课程体系

随着科技与社会的发展,我们的教育既要与世界交融,又要保持自身的独立性。学生可以选择性地学习一些国外的课程,如数学、物理、化学、计算机等自然科学类的课程,毕竟这些学科知识美国在全球占有领先地位。但是对于人文社科类的课程我们更应该关注自身的发展。中国的文化博大精深,我们要保护自身文化的传承与发展就必须鼓励高校多开设具有人文特点的网络课程。我国有许多优秀的专家学者,各大高校也有自己的特色课程,如现在网络上比较受欢迎的北京大学的"中国近代史"、中国人民大学的"诗词研究"、北京师范大学的"古典文学"等，在 iTunes U 上北京广播电视大学开设的"茶道与茶文化""易经文化谈""国学讲堂"等讲授传统民族文化的课程深受网友的喜爱。网络教育不仅是面向学生的，也是面向全社会的，所以不仅学生会学，一些白领也是网络教育的忠实受众，与专业性极强的自然科学类课程相比，人文社科类课程更容易被接受，在学习之后常常可以带给人很多感悟。比如耶鲁大学的"哲学—死亡"课，哈佛大学的"公正"课，这些充满思辨话题的课程收获了众多网友的好评。在爱课程网站上发布的 200 多门中国大学视频公开课中，人气最高的 10 门课中有 9 门是人文社科类的课程，由此可见人们对于人文社科类课程的需求及接受程度。

为大力推进我们的网络教育建设，国家应向网络教育投入更多的专项资金，着力将国内的优势教育资源整合起来，聘请学科内的著名专家学者录制经典课程，逐渐建设成一个学科覆盖全面的"网络新型学校"，建立网络课程体系。根据学科专业的不同，可以为学生制定"网络课程包"，让学生在网络上接触到优质的教育资源。2012 年，网易公开课曾为大一新生推出了"量身定做"的精品课程。该课程涵盖专业课、基础课、公共课、兴趣课四大部分，多方面地给大一新生提供学习和生活支持。

（四）严把知识入口，全面推广网络学习

在传统的教育模型中，老师负责教育信息的收集、组织、过滤和传播，学生则是接受信息方。而在网络时代，知识不再为老师所专有，学生可以自由地获取任何知识。但是面对网络上纷繁多样的开放课程，学生在选择时难免会遇到困惑，一些课程的内容也许并不够优秀，而学生一时很难判断，这就需要老师为学生引领方向。老师应该作为网络教育的"把关人"，了解网络课程的内容和形式，为学生有的放矢地推荐一些精品课程，帮助学生全方位地理解所学知识，拓宽学生的眼界。

网络教育必将成为未来的教育趋势，但是在传统的教学方式转变为网络课程学习的过程中，可能会遇到一些阻碍。在网络教育的初始阶段需要进行一些强制性的推广手段，比如要求学生必须选择网络课程，或将网络课程纳入学分计划，推行网上学习和课堂学习相结合的方式。这种教学方法可以大大节省教育资源，避免教育资源不均衡，从而实现教育平等。学生可以在课下学习网络课程，在课上与老师进行交流，真正实现师生之间思想上的互动，同时提高教与学的水平。

（五）全面开放网络课程，尽快走向国际化

网络上的资源无数，移动设备又加快了信息的传播，人们要得到优质的教学内容就像翻开书一样简单。网络教育的影响力越来越大，教育资源的良性传播决定了网络教育的发展。在这种形势之下，我们要积极构建具有社会影响力、学术影响力、适应时代的国际化网络教育平台，同时积极参与现有的国际化教育平台。

此外，网络课程要想获得更广泛的传播必须超越语言的障碍，世界名校的网络公开课已经发展了十几年，但是在最初的几年中中国学生少有人关注，直至2010年网络上有一些人将视频的英文字幕翻译成中文，这些课程才广泛流行起来。现在国内的网络课程基本都是中文授课，难以传播到其他国家。中国有很多独特的文化值得全世界的人来分享，中国也不乏专业内顶尖的大师和优秀课程，我们应当从中精选一些进行翻译，并且要深入研究国外的网络课程教学模式，借鉴其形式创建适应国际潮流的中国网络课程，以吸引更多的国外学习者学习分享。网络是一个开放的平台，我们要努力让本土的优秀教育资源和文化尽快融入国际网络教育的舞台，让中国的文化走出去，让国外的学生也来选择中国的课程，了解中国的文化和思想，更好地展现中国文化的魅力。2013年5月，清华大学和北京大学宣布正式加盟美国在线教育平台edX，向全球推出自己的网络公开课。相信不久后会有更多的中国高校将自己的教学资源分享至全球。

当今高校必须提高对网络教育的认识，网络教育是提高全民素质、提高国民接受高等教育比例的重要途径，未来的学位课程都会通过网络完成。对于高校自身来说，开设网络公开课是一种明智之举，这是高校面向全社会的一种形象展示,这种展示能够体现出学校的教学实力和包容的态度,并且增加学校的知名度。高校开设网络公开课本身具有一定的宣传作用,并且在专业范围内能够起到一种示范性的作用。随着网络技术的发展,网络教学的形式会变得更加丰富,一定会超越现在的视频、音频和文字资料下载;甚至会应用语音交互、视频交互、虚拟现实、增强现实等手段进行教学。网络可以让教学成为一种极有趣的体验。

参考文献:

[1] 张杰.以高度的文化自觉和文化自信推动大学文化建设[J].求是,2012(9):47-49.

[2] 沈佳乐.当代中国的人才流失与回归:从阿特巴赫的"中心—边缘"论说起[J].教育发展研究,2004(Z1):55-57.

[3] 仲呈祥.文化自信的力量[J].求是,2011(7):48-49.

[4] 刘晓东.文化渗透:美国文化教育的理论和实践[J].国外社会科学,2004(5):45-48.

[5] 彭新强.全球化对中国教育改革的冲击[J].复旦教育论坛,2010,8(2):10-15.

[6] 潘晓凌,李顺."大学"DIY教育2.0时代[EB/OL].(2010-07-22)[2012-07-26].https://www.infzm.com/contents/47995/.

[7] 张冬莹.英国高校大力推广网络教学[EB/OL].(2012-12-28)[2012-12-30].https://ihuawen.com/article/index/id/47250/cid/74.

[8] 苹果公司:http://www.apple.com.cn/education/itunes-u/。

[9] 国家精品课:http://www.jingpinke.com/。

[10] 网易公开课:http://open.163.com/。

[11] 爱课程:http://www.icourses.edu.cn/。

设计思维：跨学科的学生团队合作创新[*]

今天，创新在全世界受到关注，在中国尤其得到重视。中国已经成为全球首屈一指的制造大国，但我们输出的大量产品中仅包含低级劳动带来的少量附加值，商品标签上虽然印着"中国制造"，但国外的发明者、设计者们却以其创意和品牌，从中提取了比勤劳辛苦的中国生产者更大的收益。实际上，创新占据价值链的高端，已经成为全球化背景下勃兴的"广义虚拟经济"的典型特征。[①]作为一个典型案例，近些年受到广泛欢迎的苹果公司产品，几乎都是在中国的工厂里生产制造的，但在其背面的标签上，已不再印"中国制造"，而是代之以"由苹果公司在加利福尼亚设计，在中国组装"（Designed by Apple in California Assembled in China）这样的字眼。苹果公司通过创新设计获得的收入，竟然使它在2010年5月超越微软，成为全球股票市值最高的科技公司。这让我们深受刺激，也更加坚定了我们努力创新，从"中国制造"向"中国创造"转变的决心。

创新的根本来源是人，创新的目的也是人，因此，重视创新的国家、企业都将人力资源放在第一位，对创新人才的培养非常重视。2010年7月29日正式颁布的《国家中长期教育改革和发展规划纲要（2010—2020年）》里[②]，

---

[*] 本文原载于《现代传播（中国传媒大学学报）》2011年第5期（总第178期），与姜浩、税琳琳合作，收入本书时略有删改。

[①] 林左鸣.广义虚拟经济：二元价值容介态的经济[M].北京：人民出版社，2010：14.

[②] 国家中长期教育改革和发展规划纲要（2010—2020年）[EB/OL].（2010-07-29）[2011-02-15].http://www.gov.cn/jrzg/2010-07/29/content_1667143.htm.

多次提到教育领域中的改革创新，反复强调培养创新人才的重要性和紧迫性。在这样的环境中，社会各界必然会对高等教育领域的创新人才培养提出更强烈的要求。

目前在国际高等教育界，"设计思维教育和实践"是创新人才培养的一种重要尝试，该项目致力于建设一个独立的学院，采用一些典型的教育方法与教学实践模式，专门培养具有创新能力的人才。在此之前，各国对于创新的训练多为高校中分门别类的专业教育体制所切割，创新方面的课程零散地见于艺术设计、广告设计和工商管理等专业的教学计划中，未能直接针对创新活动集中进行有效的培训，也很少能在实际的项目中让创新的成果得到具体体现和客观的评估验证。

一、设计思维教育和实践的创新理念

设计思维教育和实践的基本宗旨是致力于让人们获得更多创新的机会，其目标是培养创新人才。

在全球范围内，推动设计思维教育和实践的一个典型主体是"设计思维学院"。2005 年，斯坦福大学在全球第一个开设了设计思维学院，该学院由欧洲最大的软件公司 SAP 的创办人哈索普·托特纳（Hasso Plattner）投资设立。经过两年的运行，该学院成功地培养了一批优秀的创意人才，同时孕育了一系列富于创新的项目成果，设计思维学院因此成为斯坦福设计思维的发源地和创意中心。[①] 2007 年 6 月，欧洲的第一所设计思维学院在德国波茨坦成立，该学院直接建于波茨坦大学中，对录取的学生免费授课。[②] 美国和德国的设计思维学院都提供为期一年的非学历、非全日制的教育和实践机会，它们面向高校中的各个专业，招收大学里研究生层次的在读学生，不仅学生来自不同

---

① The D. School. A place for explorers& experimenters at Stanford University[EB/OL]. [2011-02-15]. https://dschool.stanford.edu/about.
② Hasso Plattner Institut. Willkommen am Hasso-Plattner-Institut[EB/OL]. [2011-02-15]. http://www.hpi.uni-potsdam.de/d-school.

学科，学院中的教师也是从各个学院招聘来的。在几十人的班级里，来自不同专业、学科、学院的学生，每4—6人组成一个小组。与之相对应，教师也组成一个教学小组，并同时教授课程和指导项目研究，将学生的发散性思维逐步引导向合理的成果。多个学生的小组与教师小组合在一起，组成一个班，主要以工作室的形式开展教学和实践。

可见，设计思维教育和实践采用了革新性的跨学科团队教学模式。在当前的社会环境中，很难单靠一个人的力量，从单一的行业出发实现创新。设计思维教育所采用的方法，主要是把许多受过不同领域高等教育的学生聚在一起，组成跨学科的团队小组，在不同学科教师的指导和支持下，以工作室的形式进行学习和实践。学生针对具体的项目做研究和尝试，提出解决方案或设计系统原型。由于学生来自不同的专业，因此在教学和实践过程中自发形成了各种各样的分工，作出自己独特的贡献。每个学生都可以从其他学科背景的师生身上学到很多知识。学生和教师置身于自己设计的、独立的学习空间里，其学术环境也促进学生学习和交流，更容易产生创新。

显然，设计思维教育与实践是对传统大学的教育体系、结构与模式的一种突破与创新。在传统教育体系中，创意、创新通常被认为是不可教授的，是靠个人大量的阅读、观察、体会、尝试摸索出来的，创新的过程往往被玄妙化，显得神秘而不可捉摸。但是设计思维教育和实践却相信，创新和创意可以通过一套科学的方法来教授，如果能认真按照这套方法来训练和学习，每个人的创新潜力都可以被激发出来。根据专业划分的传统高等教育学习体制，主要训练的是面向特定领域的分析性思维，学生的课外兴趣爱好通常靠自己独立发展，在松散的校园讲座与不定期的社团活动中培养。设计思维教育和实践却认为，有组织地针对支持创新的设计思维提供系统的、集中的培训，可以更有效地促进创新结果的形成。

因此，设计思维教育实践用一个直观的英文字母"T"代表其创新教育理念，其中横线代表该教育模式所强调的设计思维（Design Thinking），纵线代表传统教育模式所强调的分析性思维（Analytical Thinking）。设计思维学院之所以鼓励来自不同学科背景的学生参与项目,是因为其不仅关注传统高等教育中纵向的专业知识积累,还强调横向的跨学科扩展、交流与合作。其主要的创新理念在于以下几方面。

第一,设计思维教育实践强调学生团队是创新的主体。在设计思维学院中,学生以团队形式学习和工作,来自计算机科学、设计、管理、生物学、社会科学、法学、医学等不同专业领域的学生和教师们一起进行学习研究。这种模式也被称为"辛迪加法",实际上是一种早已被证明非常有效的同伴学习方法。[①]与个人英雄主义相比,团队相互合作、共同完成创新的项目方案在设计思维学院中更受到鼓励。

第二,设计思维教育实践强调项目与实际应用紧密结合。设计思维学院中的课程都致力于解决产业界、生活中实际存在的问题,探索创意性的解决方案并设计产品原型,项目的解决方案都以最终的使用者、客户或顾客为中心。在项目实践中,师生始终秉持为使用者着想,以用户、最终使用者为中心的思维原则,而非像工程学科那样过于注重技术,缺乏对真正使用这些技术的人的关心。

第三,设计思维教育实践强调师生的创新与用户的需要相互作用的过程。在设计思维学院中,项目团队最终提炼出一个创新想法的过程,这一过程包含六个重要步骤,即理解、观察、定义切入点、酝酿、原型和测试。在项目开始阶段,问题被提出和进行初步定义之后,项目团队首先分析问题的症结,并直接找到受众或用户,去验证这个想法是不是符合他们的需要。通过与最终使用者的讨论,师生可以更明确地找出问题的更多细节特征,不断地接近要达成的目标。在开始着手解决问题的时候,师生总是力求突破传统方法,找到创新的思路。每当项目团队做出一个解决方案的模型,总会让最终目标客户尝试使用这个模型,并提出新的意见。项目团队根据其反馈作分析思考,并对解决方案作进一步修改,如此反复,让创新成果不断优化。

---

① 麦肯齐,斯维尼基. 麦肯齐大学教学精要[M]. 徐辉,译. 杭州:浙江大学出版社,2005:142.

第四，设计思维教育实践强调视觉思维和环境的重要性。师生总是把所有提出的问题、尝试性的想法和可能的解决方案，首先以图形化的方式呈现，并在课堂中大量利用思维导图、记事帖和图片等视觉手段进行充分讨论。设计思维学院在建设时，考虑到了学习和研究环境中视觉要素对创新的积极作用，主要引入颜色醒目的红色沙发供师生休息。其他桌椅和白板、活动墙等都可自由移动，由师生根据需要随时设计和更改空间布局，以经常变动的周边环境激励师生的创新思维。设计思维学院中大量使用投影、软木展板等装置，便于师生用可视化资料展示想法和讨论问题。

设计思维教育实践的推动者相信，创新的设计思维是所有发明家和领导者必须具备的才华之一。当技术、人文和商业相结合，将激发和催生出具有真实价值的成果——技术主要关注问题解决方案的可行性；商业则针对方案实现的现实途径和可持续性；人文价值则是可用性的基础，它决定创新成果是否为人所需要，是否对人具有吸引力。

二、拓展设计思维的创新项目案例

在斯坦福大学的设计思维学院中，一年的学制分为三个部分，其中包括三个月的授课、三个月的小项目和一个六个月的大项目。德国波茨坦的设计思维学院则分成两个学期进行教学和研究。每年秋季学期开学后是启动营（Boot Camp），其中最初的课程是对学生作基本概念介绍，让学生在脑海里形成创新思维概念。在接下来的具体课程中，首先要分析一些需要解决的问题，这些问题或者是由学生提出，或者是老师研究出来的。这些问题都着重关注解决的方法和途径，用"如何""怎样"这种关键词进行表述，而不是泛泛地问"什么是""为什么"或"何时何地"。典型的问题包括：

* 我们怎样帮助超市在保存时间很短的食品过期之前对其进行有效利用？

* 我们怎样激励公民参与到地方政府的电子政务设计工作中来？

* 怎样让一项将人们分割孤立的创新形式看上去符合数字时代人群的需要？

* 我们如何为居民消除进入高速宽带网络的壁垒？

设计思维学院的课程不拘泥于传统的案例教学，而是强调结合授课、案例分析与团队合作项目来开展和推进。通常情况下，学生需要完成整个项目设计的所有环节，包括通过仔细研究找到设计的感觉和方向、定义该设计所涉及的范畴和领域、设计出一个全新的使用原型、搜集周围人的反馈以及基于用户体验的评估验证等。项目结束后，学生完成的设计作品的成果形式包括实物、软件、工作流程、商业模式、演出，甚至是一个新的机构。

设计思维学院的课程中使用的项目分为命题项目和非命题项目。学生入学后前期以问题的提出、分析和非命题项目为主，后期则以命题项目为主。师生研究的一些项目来自实际的商业委托，如怎样减轻飞机旅行中的沉闷感、怎样改善和加快海关安检的流程、如何通过软件提升企业效率；另一些项目源自实际社会需求，如怎样减少醉酒驾车、怎样让排队等待变得有意义、怎样让小学生愿意去学校等。设计思维学院与业界联系紧密，其部分项目来自顶尖的国际大企业，部分受一些中小企业的委托，还有部分来自一些公益性的非营利机构和地方政府部门。

在设计思维学院完成的公益性项目中，典型的代表是孵蛋器的原型和 LED 灯的原型。这两个项目都是针对第三世界发展中国家的具体环境条件和需求开展的。孵蛋器项目组的学生分别来自工业设计专业、市场营销专业和管理学专业，该项目投资约两万美金，项目的最终成果非常成熟，可直接从学院投入实际的生产线中进行生产，产品的最终销售定价约数百美金。LED 灯项目是由学生提出的，学生在调查研究中发现，在很多发展中国家，廉价而有保障的灯光照明是一个需要解决的重要问题。学生团队研发出了十美金的 LED 灯，其照明光源采用普通的 LED 发光器件，但具有独特的电源供电系统。该项目的创新之处在于 LED 灯获取电源的方式，既可以通过太阳能充电，也可以通过柴油发电机充电，并且每次充满电之后可以持续亮灯 8 小时。LED 灯项目由斯坦福大学设计思维学院的学生完成后，该团队获得了一个商业策划案的奖励，同学们获得了奖金，并着手开办一个公司来进行实际产品的生产。

设计思维学院也接受企业的委托开展商业项目的研发，其中一个比较有代表性的，是德国设计思维学院完成的敦豪快递（DHL Express）城内低碳物流方案。该项目针对跨国企业敦豪快递提出的这样一个问题开展，即"假如未来不能开车的话，怎样改进城市内的消费者物流供应链？"学生团队经过观察、采访、调查和研究，提出了一个新颖的解决方案，并拍摄了一部高清短片演示这个独特的实施方案。该方案采用了众包的形式，让城市里活动的每个人都可以加入这一低碳物流的过程中。骑自行车上班的人顺路将包裹送到一个小店中转站，小店的店主将包裹交给跑步锻炼时路过的另一个人，然后传递给乘坐公共交通工具的旅行者，最终到达目标客户的手中。这一方案充分利用了手机和网络的通信能力，在每一次包裹交接时，留下包裹的人和接受包裹的人都会用手机蓝牙交换一个电子令牌，物品的位置和流通情况可以随时从网站上查到。这一方案不仅有效地利用了互联网，而且在现实世界中模拟了互联网的运行机制。互联网跨越异种网络，在虚拟世界中实现通信，而该物流方案采用多种不同的低碳交通形式，完成了真实物品的交换。虽然这是一个设想中的解决方案，虽然在大件物流、包裹分散与聚合、城际物流以及系统的维护方面不能完全排除企业的组织作用，但它充分展示了一个激动人心的前景，在鼓励创新思想方面有着重要的意义。

三、设计思维教育和实践对我们的借鉴意义

由于设计思维教育与实践属于非学历教育，在中国这样重视学历、文凭的环境中，可以想见会面临疑虑目光的审视。一方面，中国的大学层面有四年制本科和三年制研究生学历教育，也有一年或两年的校内跨专业辅修学历教育，这会让设计思维教育在定位上面临考验。另一方面，中国教育部实施的大学生创新计划正在"211工程"学校运行。这种项目导向的教学实践活动通常基于同一专业或相近专业的学生小组，有相应经费支持，但通常无场地条件，并采取相对自由的运作方式。设计思维教育则提供集中学习研究的环境，与之相比具有更强的组织性和针对性，也更强调跨专业的团队合作创新。

从"设计思维"这一名称，我们已经注意到，设计思维教育与实践强调设计，其研发活动有明确的目标，而设计"是实用性和意义性相结合的"，因为"好的设计能够给生活带来快乐、意义和美的享受"。① 在工作室形式的教学和实践过程中，师生需要始终重视科学技术的应用性、艺术创作的现实性，关注项目的经济价值和社会价值。毫无疑问，由于其对设计的强调和对实用性的重视，这种新颖的教育模式对中国的师生会具有一定的吸引力。

跨学科学生团队的合作，保证了思维的多样性。由于学生具有不同的专业背景，除了最典型的技术应用类专业，如计算机科学、软件工程、电子工程之外，也有艺术应用类专业，如动画、影视和艺术设计，更有来自基础学科和人文社会科学专业的成员，如数学、哲学和法学，甚至还有医学和管理学专业的学生。学生在围绕项目进行工作的同时，不断地相互学习，通过一次次的脑力激荡，寻求各种现实问题的创新解决方案。

和学生团队一样，跨专业教师团队的组建和运作也非常重要。在很多高校中，教师团队的建设往往停留在表面，仅通过召集少量研讨会、填写各种报表材料体现出来，教师团队通常由同专业的教师组合形成，团队中教师的知识结构和教学研究领域相近，这在很大程度上限制了教师的视野。设计思维教育则要求来自不同专业的教师共同授课，两位或更多的教师同时在课堂上面对学生，一起在工作室里指导学生的创新实践，这必然会激励教师在课外做充分的准备，预先进行有效的沟通，相互协作应对教学中的挑战。

总而言之，基于设计思维的教育和实践为高校教学提供了一种创新的模式，它突破了各国高校中固有的教学与科研体系，避免了项目主要由师生提出、研究成果缺乏实际价值的弊病。在美国斯坦福大学创立全球首个"设计思维学院"之后，目前德国波茨坦大学、法国巴黎高科大学、日本东京大学、俄罗斯莫斯科管理学院和南非开普敦大学等国际著名大学都相继建立了"设

---

① 平克. 全新思维[M]. 林娜, 译. 北京：北京师范大学出版社, 2007：66.

计思维学院"。设计思维教育和实践致力于成为高校学术界与业界对接的桥梁,由于其具有跨学科的实践特征和新颖的教育理念,这种对接不仅限于特定专业、特定院系和对应行业的联系,而是面向更广泛领域、具有更广泛意义的项目创新合作,因此很值得我国在开展教育改革试点的过程中[①],结合国情加以参考借鉴。

---

① 国务院办公厅关于开展国家教育体制改革试点的通知[EB/OL].(2011-01-12)[2011-01-15].http://www.gov.cn/zwgk/2011-01/12/content_1783332.htm.

国际传播

走出了一条中国特色治网之道*

党的十八大以来，以习近平同志为核心的党中央深刻认识互联网这一治国理政的"最大变量"，全面驾驭互联网这一事业发展的"最大增量"，走出了一条中国特色治网之道。

习近平总书记关于网络强国的重要思想是信息化条件下中国式现代化建设的根本遵循。这一重要思想从互联网为人民服务的普惠性角度，将包容式发展作为核心关切，人民群众成为网络强国建设最深沉的动力源泉；从互联网为经济转型升级服务的角度，将创新性发展作为重要抓手，数字经济发展等形成发展新动能；从互联网为国家安全和主权服务的角度，将自主性发展作为重大原则，解决关键核心技术"卡脖子"问题、构建网络安全保障体系成为实现高质量发展的有力保障；从互联网为塑造主流舆论服务的角度，将共识性发展作为关键基础，网络空间正能量和主旋律是实现第二个百年奋斗目标的社会心理基石；从互联网为推动构建人类命运共同体服务的角度，将共享式发展作为未来突破，真正实现全人类共同福祉。

习近平总书记关于网络强国的重要思想用包容性超越排他性、用自主性超越依附性、用辩证性超越单一性，为维护全球互联网的可持续发展提供了中国智慧。

习近平总书记关于网络强国的重要思想是对西方互联网研究理论范式的

---

* 本文原载于《人民日报》2023年9月21日第16版，摘自《深化思想理论武装　加快建设网络强国——学习宣传贯彻习近平总书记关于网络强国的重要思想理论研讨会发言摘编》一文，收入本书时略有删改。

超越。这一重要思想实现了用互联网服务社会主义现代化和构建人类命运共同体的范式转移,将人民置于网信事业的中心,指引我国网信事业取得历史性成就。

答好国际传播的时代之题[*]

党的二十大报告对建设社会主义文化强国作出战略部署，并明确提出"加强国际传播能力建设，全面提升国际传播效能，形成同我国综合国力和国际地位相匹配的国际话语权"的重要要求。如何加强国际传播能力建设，增强中华文明传播力影响力，是我们在中华民族伟大复兴战略全局和世界百年未有之大变局交织激荡的背景下，面临的一项重大时代课题。我们要担起历史使命，鼓足理论勇气，提升实践艺术，写好时代答卷。

一、新时代国际传播的新形势新任务新要求

党的十八大以来，以习近平同志为核心的党中央团结带领全国各族人民经受住了来自政治、经济、意识形态、自然界等方面的风险挑战考验，党和国家事业取得历史性成就、发生历史性变革，推动我国迈上全面建设社会主义现代化国家新征程。在新闻舆论和意识形态领域，信息革命引发传播环境剧烈变化，舆论引导工作面临诸多新挑战。党中央迅速作出媒体融合发展的战略部署，以互联网思维推动传统媒体与新兴媒体从相"加"到相"融"，从"你是你、我是我"变成"你中有我、我中有你"，形成立体多样、融合发展的现代传播体系，主流舆论巩固壮大，网络生态持续向好，党的政治领导力、思想引领力、群众组织力、社会号召力显著增强，中国人民的前进动力更加

---

[*] 本文原载于《光明日报》2022 年 11 月 28 日第 15 版，收入本书时略有删改。

强大、奋斗精神更加昂扬、必胜信念更加坚定，焕发出更为强烈的历史自觉和主动精神。伴随世界各国的相互依存度日益上升，立足中华民族伟大复兴的历史宏愿，进一步向世界讲好中国故事、传播好中国声音，成为人们的共识。

放眼世界，百年变局驱动着国际局势呈现出空前的复杂性和多变性。面对中国的日益强大，面对国际格局的深刻复杂演变，美西方社会表现出对中国制度、中国道路乃至中国文化的一系列负面过激反应，对新时代中国发展的不适应和不理解成为美西方主导国际舆论走向的心理症候。针对国际舆论环境的变化，党中央审时度势，大力推动国际传播守正创新，作出加强和改进国际传播工作、构建具有鲜明中国特色的战略传播体系的重大部署。回应国际传播的时代之题，新时代中国的国际传播工作的使命不仅在于传承思想理论走出去、文化走出去和媒体走出去的历史实践经验，而且要用系统思维和工程逻辑，实现舆论工作的内外联动，聚焦国际传播能力提升的全维度、全流程、全元素。概括而言，主要包括五个方面：理顺内宣外宣体制，实现内宣外宣一体联动；打造具有国际影响力的媒体集群，搭建国际传播的新型主流平台；动员多元传播主体，畅通多种传播渠道，构建起多主体、立体式的大外宣格局；创新中国话语与中国叙事，打造融通中外的新概念、新范畴和新表达；加强高校学科建设和后备人才培养，提升国际传播理论研究水平。新时代国际传播工作要围绕两个大局，提升国际传播能力，增强国际话语权，并致力于推动构建以真正的多边主义为核心的国际传播新秩序，为提高国际传播影响力、中华文化感召力、中国形象亲和力、中国话语说服力、国际舆论引导力提供从顶层设计、研究布局到实践探索的系统性支撑。

二、推动国家形象"理"与"象"辩证统一

党的二十大报告把"展现可信、可爱、可敬的中国形象"作为增强中华文明传播力影响力的一个重要要求。伴随中国硬实力的快速提升，以及一系列推动全球治理体系变革的中国方案的出台与落地，中国形象的认知与构建显得越发重要。如何解码新时代中国形象之"理"，即阐释好中国形象的时代

本质，如何描画新时代中国形象之"象"，即探索出中国形象的呈现方式，共同构成了中国国际传播能力建设面临的急迫问题。

"理"是"象"的基础，是坚守的价值和稳定的叙事，保证"象"不会偏离本质；"象"是"理"的外化，是价值的载体和叙事的媒介，促使"理"被传播和被理解。一段时期以来，国际传播工作要么侧重"理"、轻视"象"，导致缺乏表达工具和传播媒介，陷入"有理说不出"的困局；要么聚焦"象"、忽略"理"，缺乏价值支点和逻辑力量，导致"说了传不开"的尴尬。回答好国际传播的时代之题，需要洞察"理"与"象"的辩证统一，尤其是在充分认知国际舆论场多元主体和复杂关系的前提下，明晰中国故事的历史逻辑和世界方位，提升自身传播能力、创新国际传播理念、推动国际舆论格局变革。在夯实中国之"理"价值立场的同时，加强"象"的创新，加快构建中国话语和中国叙事体系，推动构建信息时代人类文明传播和交流的共同体。

具体而言，实现"理"与"象"的辩证统一，在实践上，既要深入总结党的十八大以来党的新闻舆论工作的成功经验，尤其是以媒体深度融合为特征的新型主流媒体建设，持续巩固壮大主流舆论，为系统应对国际舆论环境变化锻造内力；也要推动传播场域的国内传播与国际传播同构，这是加强国际传播能力建设的重要基础。在理念上，要推动国际传播思维升级，实现新闻传播与信息传播同构，进行学科、学术和话语的系统化创新，为国际社会提供超越传统国际传播的新范式；在方式和内容上，要实现国际传播方式转变，让艺术传播与文化传播同构，遵循国际传播规律，提高传播艺术，并将国际传播能力建设与更好推动中华文化走出去、增强中华文明传播力影响力相结合，增强不同文明的情感共鸣，深化文明交流互鉴。

三、建构国际传播学自主知识体系

在全面建设社会主义现代化国家新征程上，答好国际传播的时代之题，肩负起加强国际传播能力建设的历史使命，需要系统设计，久久为功，处理好目标的短期性与长期性、工作的理论性与实践性、视野的本土性与全球性等一系列问题。对于高等教育特别是新闻传播学研究者而言，回答国际传播的时代之题，最根本的就是深入学习贯彻习近平总书记重要讲话精神，加快建构中国自主的知识体系，用中国理论阐释中国实践，用中国实践升华中国理论，助力实现国内传播与国际传播、新闻传播与信息传播、艺术传播与文化传播的同构。

建构国际传播学自主知识体系，要坚持以马克思主义为指导，立足中国实际，推动国际传播学科体系、学术体系和话语体系发展创新。在学科体系方面，立足新文科和新工科建设，聚焦多学科交叉，充分融合新闻传播学、艺术学、区域国别学、外国语言文学、计算机科学等，打造跨学科发展新空间和跨学科知识生产新平台，实现从新闻传播到信息传播的范式跨越，积极应对国际传播的深度媒介化与虚实同构新生态。在学术体系方面，坚持马克思主义立场观点方法，总结中国共产党百年对外传播经验，汲取中华优秀传统文化资源，借鉴其他国家有益理论资源，从历史与当下、本土与世界、技术与文化、科学与艺术、语言与区域的互动出发，推动交叉研究和前沿创新。在话语体系方面，阐释和传播以中国式现代化、人类文明新形态、人类命运共同体、全人类共同价值等为代表的一系列标识性概念，打造融通中外的新概念、新范畴、新表述。以自主知识体系为根基，中国特色的国际传播理论就有潜力发展成为具有真正国际视野、包容性价值、引领性影响的国际传播理论新范式，更加充分、鲜明地展现中国故事及其背后的思想力量和精神力量。

作为信息传播研究领域的学术重镇和服务国际传播能力建设的国家队，中国传媒大学近年来致力于以信息传播新范式引领国际传播学科和平台建设，通过融合发展信息传播理论和全面布局区域国别研究推动学科发展，通过高质量建设和高标准运行国家舆情实验室系统提升国际传播资政服务能力，通过创建人类命运共同体研究院等战略科研平台创新国际学术交流新模式，通过开设"国际新闻传播后备人才"硕士班、"国际传播博士、硕士白杨班"等打造国际传播人才培养新高地。立足"系统治理、创新驱动、交叉融合、特色发展"的办学理念，中国传媒大学正以服务国家战略和建构自主知识体系为己任，努力为答好国际传播的时代之题提供智慧。

视频天下：语言革命与国际传播秩序再造[*]

语言是人类社会交流和传播的基本工具。持续的语言革命是人类历史上信息传播得以不断突破时空限制，推动文化交融和文明互鉴，进而打造人类命运共同体的重要驱动。从有声语言的诞生到文字语言的创造，从以电影和电视为代表的视听语言的滥觞到以短视频和直播为代表的视频语言的兴盛，再到未来基于智能VR的独立性、立体化视频语言的普及，每一次语言革命的发生、每一种语言体系的独立，都推动着基于这种语言形态的信息传播新秩序的形成。当然，语言革命的发生并不是依次替代的关系，而是不断叠加、不断超越、不断融合的历史进程。

一、从有声语言到文字语言：文明传播的变迁

在人类诞生的鸿蒙之初，身处地球各区域的人类聚群而居，在逐渐进化的过程中，基于不同生存环境和协同劳动的需要，最终形成了音符与意义相结合的声音符号体系这一在有限时空内进行具身性交流的语言工具。有声语言的诞生，是人类实现从动物传播向人类传播巨大飞跃的重要标志，也是人类传播思想的起源。

基于人体发音器官进化而形成的有声语言，因其主体伴随性、转瞬即逝

---

[*] 本文原载于《现代传播（中国传媒大学学报）》2022年第1期（总第306期），被《新华文摘》2022年第6期全文转载，系国家社科基金重大项目"网络文化安全研究"（项目编号：19ZD12）的研究成果，收入本书时略有删改。

性和空间偏向性,无法跨越时空的藩篱,因而在人类不同群落共同生活劳作的过程中,逐渐形成了鲜明的地域性、社会性和差异性特征。这些特征决定了人类社会在早期个体远距离流动、有声语言记录无法实现的情况下,只能在特定群落的内部时空进行传播,跨区域、跨群落、跨语言的信息传播只是偶然状态。

随着文字语言的兴起,有声语言获得了新的书写载体,也因"述而不作"或"身后腹语"[1]而实现了跨时空传承。后来,尽管受益于全球化进程,有声语言在空间范围内得到极大拓展,但其部落化和差异性特征仍延续至今,需要借助储存介质和翻译工具才能实现跨语言和跨文化的交往。显而易见,在借助有声语言进行传播与交流的时代,人类散居在地球不同区域,探寻各自文明的发生轨迹,在几乎难以实现远距离和跨时空传播的前提下,奠定了人类不同文明的多元共生、多线并进的演进格局。

文字语言是具有特定能指与所指关系,可保存、可复制、可携带的符号系统。它第一次让人类在信息传播过程中,可以借助身体之外的语言符号克服时空障碍。它与有声语言互为补充,共同完成人类社会的信息传播。文字语言相对独立,拥有自己的生成能力和演化规律,形塑了人类的抽象思维。它第一次让人类掌握了记录和保存信息的传播技能,促进了文化的传承与发展。相对于有声语言的主体伴随性和视频语言的高度融合性而言,作为一种独立体系的文字语言可能是一种过渡性的存在。

文字语言具有文化差异性、传播地域性和时间偏向性。在人类文明史中,无论是借助手写技艺还是依托印刷机械和电子通信技术,文字都是主导性的语言体系,扮演着交流、阐释、书写和记忆的功能性角色,进而借助不同的时空倾向参与形塑着不同的文明形态。[2]借助不同的物质载体和交通工具,文字语言实现了跨越时空的远距离传播,从而形成了具有一定空间规模的区域性文字语言传播秩序。这一秩序的形成经历了两个阶段:一是古文明帝国阶

---

① 彼得斯.对空言说:传播的观念史[M].邓建国,译.上海:上海译文出版社,2017:1-2.
② 张虹.文字传播与文明:基于两种文字系统的起源、发展和特征[J].新闻战线,2019(2):39-41.

段，借助文字语言形成特定的文化认同和文化圈，如基于汉字的中华文化圈和以朝贡体系为代表的礼仪秩序；二是现代国际传播秩序阶段，即依托迅速发展的印刷、航海和电信等技术，借助报纸、杂志、通讯社、电报和广播等具体媒介，宣告了传播大众时代的到来，推动了以殖民帝国为核心的现代国际传播秩序的形成。例如，领先完成以蒸汽化和电气化为代表的两次工业革命的英国，就因掌握通信技术和拥有交通网络，在全球构建起一个以英语为官方语言的殖民时代国际传播秩序。

虽然文字语言借助多种媒介技术有效促进了跨时空交往，但也呈现出书写传播或印刷传播的局限。限于对知识素养和传播载体的要求，文字语言在提升人类社会交往的逻辑性和组织性的同时，呈现出压缩人类传播的多样性和开放性的倾向。文字借助可移动的媒介载体虽然空前地拓展了传播的物理疆域，在打破口语阐释权威体系的同时，扩大了社会的知识阶层，但创造了新的信息栅栏和知识垄断，尤其是无法满足广大民众的多样化、多向度、立体式的传播需求。加拿大经济史学家哈罗德·伊尼斯（Harold Adams Innis）虽然从审美的角度将文字视为一种视觉形态[1]，但这一二维平面的视觉语言显然打破了人类在生物学意义上平衡的感官生态，尤其是将视听分离、将视觉压缩，进而塑造了延续至今的口语与书写的二元论，也为后来的更具感官整合性的影视语言，以及更具身体立体性的视频语言的兴起埋下了伏笔。

如今，文字语言已经经历了从篆刻到软笔到硬笔再到键盘的多个书写或输入阶段。如果说在电影与电视主导的电子视听时代，文字语言还借助印刷媒介呈现出某种分庭抗礼之势，那么，在人类传播向无障碍移动互联和智能VR转型的当下，文字语言则面临着十分尴尬的境地，即可能成为视频语言的附庸。回顾历史，从键盘敲出第一个文字起，文字就已不再是传统意义上的文字，而是转化为一种数字化的视觉符号；展望未来，文字的功能将慢慢转

---

[1] 陈海.伊尼斯四大媒介形态的审美趣味[J].南京邮电大学学报（社会科学版），2019（4）：59–66.

换，文字将让出主导地位，进而融入一个立体和智能的视频语言体系。

二、从影视语言到视频语言：国际传播的转型

（一）影视语言与工业时代的垄断秩序

在第二次工业革命的背景下，基于电子技术发明更新而诞生的影视语言（又称"视听语言"），使人类拥有了更加多样化的体外语言符号系统。影视语言是人体视觉能力和听觉能力的电子化延伸，打破了有声语言和文字语言之间割裂的时空偏向，呈现出跨语言融合的初步尝试，也为更具整合性和融合性的视频语言的诞生奠定了基础。在一个面向大众传播的时代，影视语言的崛起驱动着一个国际传播垄断秩序的生成。

顾名思义，影视语言根据传播载体和传播方式的不同，可主要分为电影语言和电视语言。作为人体视觉、听觉以及空间感觉的整体化延伸，电影语言是一种诞生于19世纪末20世纪初、成熟于20世纪三四十年代的，以直观、具体、鲜明的形象，以及声音和文字等综合符号传达含义的艺术语言，具有强烈的艺术感染力。电视语言主要延伸了人体的视觉和听觉，诞生于20世纪二三十年代、发展成熟于五六十年代，是以声音、影像、文字等多种符号作用于观众视听器官的一种综合性语言系统，拥有广泛的传播力、影响力、渗透力和引导力。影视语言很快被应用于国际传播实践，并因其高度封闭的专业性和高度复杂的技术体系等特征驱动着国际传播走向垄断秩序。

影视语言的垄断性是一系列历史因素复杂互动的产物，主要表现在如下五个方面：第一，高度专业的语言体系，以构图和光效等为要素的电视画面语言和作为综合艺术语言的电影语言，均需要专业训练才能掌握，并以此来构造复杂的视觉形象，因而影视语言在很大程度上区隔了传播者与接收者；第二，高度集中的技术体系，主要表现在制播系统和传输系统（包括电影院线和广电网络）的集中化管理和垄断化运行，在全球范围内，只有国家授权的公共媒体机构或拥有强大资本能力的私营媒体机构或电影公司才能够建设和运营这一庞大的技术体系；第三，高度复杂的技术手段，突出表现在影视

制作技术的高度专业性，从技术的设计、制造和维护，到设备的系统性运用，再到行业标准的建立，都需要系统性的专业培训和长期实践；第四，高度科层化的组织手段，集中体现在影视机构内复杂化的部门分工和层级化的管理权责，以及影视管理机构在频谱分配、标准设计、内容审核、效果评估上的垄断性权威；第五，高度统一的传受关系，特别是专业、复杂且封闭的内容生产体系，结合中心化的传输体系和同质化的接收体系，往往给予广大受众较少的参与空间和解码权利，甚至将受众仅仅作为或转化为广电传播效果或电影票房评价中的结构性数据。[1] 简言之，与影视产业崛起相伴随的是高度专业化、垄断化的语言体系，以及强大的资本投入能力、技术保障能力、内容生产能力、受众控制能力和文化同构能力。

在此基础上，工业时代的影视垄断秩序突出地表现为国际影视传播的美国中心格局。在第二次世界大战结束之前，英国依凭殖民时代的帝国传播秩序，在国际传播方面几乎可以与作为新兴大国的美国平分秋色。第二次世界大战结束后，国际政治经济秩序的主导权由英国转移至美国，美国凭借其日益强大的经济实力和科技实力，依托已经成熟并广泛运用的影视技术，逐渐建构起具有全球垄断性的影视产业。以三大电视网为代表的电视重工业、以好莱坞为代表的电影重工业，都曾是美国主导全球影视产业的支柱性力量。这一主导权的建立，一方面依托冷战时期美国协助重建欧洲的马歇尔计划，以及利用发展传播、跨文化传播等知识涵化机制对广大发展中国家的同化战略；另一方面通过美式流行文化产业的高技术水准和本土化策略，绑定和拓展全球娱乐内容市场，打造着符合文化消费利益最大化的标准化视听产品链，并驱动着更多本土化的地方性影视中心的崛起，如印度的宝莱坞和尼日利亚的诺莱坞。除此之外，值得注意的是，源自美国的影视工业在培育全球受众标准化的内容品位的同时，也系统性地传递着美式价值观，塑造着跨越文化差异的不同代际受众，尤其是每个时代年轻人的流行文化倾向，因而带有同化全球媒体文化的潜在效力，在历史上导致了众多发达国家和发展中国家以

---

[1] 麦奎尔.受众分析[M].刘燕南，李颖，译.北京：中国人民大学出版社，2006：13.

文化保护主义为原则,对美式文化帝国主义的反思、批评和抵制。因此,在工业时代,上述本土化和全球化逻辑的互动共同塑造了一个标准化的全球市场和一个稳固的美国霸权。

用电影传递价值观、用电视输出意识形态成为美国文化软实力的核心,也是这一垄断秩序下视听传播的语言格局。美国借此设定影视传播的行业标准乃至准入规则,向外输出媒体制度、运营模式、专业知识体系和文化消费习惯,并借此牢牢掌控着国际话语权。在新一轮语言革命进程中,美国不仅继续捍卫既有的传播秩序,更在努力争取新的主导权。

(二)视频语言与信息时代的开放秩序

20世纪90年代以来,随着数字技术和网络技术的兴起,上述垄断秩序出现松动的趋势。在媒体融合的背景下,影视语言的使用变得愈加开放且多元,一种将语言使用权从剥离到归还的统合性、综合性语言正在诞生并普及,那就是视频语言。主要作用于人的视觉并兼具综合感官效应,视频语言呈现出显著的符号综合性、形态融合性、场景多样性和意义共享性等特征。在这个语言革命的过程中,人类社会也逐渐走出固定已久、积习已深的垄断传播格局,在本土和国际层面朝着一个开放的传播秩序进行着历史性转型。

这一转型包含两个相互衔接的阶段:影视语言从垄断走向开放,视频语言从泛化走向独立。

1. 影视语言从垄断走向开放

第一,视频语言的创造和使用不再囿于传统的影视门类,而是随着互联网的发展,不断趋向主体的多元化和传播的扁平化。互联网作为新兴的传播媒介,为视频语言的多样化尤其是二次元转向提供了平台。视频内容的制作和传播也因此进入一个PGC、UGC、PUGC,以及更具整合性的AGC[①]等共生的新生态。第二,在数字压缩技术的支持下,传统影视在生产和传输领域

---

① 廖祥忠.从媒体融合到融合媒体:电视人的抉择与进路[J].现代传播(中国传媒大学学报),2020,42(1):1-7.

的物理局限被打破，有限的频谱空间可以承载更多的内容资源，数字化存储和解码的载体变得更加多元和便携，这在很大程度上赋予了影视生产更多的自主权，并挑战着垄断性的传输渠道，形成了众多横向的传播网络，以及离散的、群集化的影视消费文化。第三，从接收端而言，随着可移动的、可存储的、网络化的终端的流行，依托于电视网络的线性产消机制和依托于院线网络的集中化消费模式遭遇增长瓶颈，如何有效回应群体化乃至个性化的信息消费需求成为一个广大而立体的视频产业面临的崭新课题。第四，随着社会信息化进程的加速和深入，信息产业兴起为新的经济门类和社会范畴，传统的影视产业需要在新兴技术架构下，尤其是在以互联网为代表的信息基础设施上，重新定位自身的行业属性和功能范围，主要表现为运用网络技术拓展视听传播的接收边界，孵化内容产业服务新兴的网络视听需求，以及战略应对快速崛起的互联网平台公司，后者将在更长一段时间内扮演重组整个视频生态的新兴垄断者角色。换言之，在开放的秩序下，传统影视产业与网络视频产业并驾齐驱，为后来的资本化和平台化的深度融合发展埋下了伏笔。

在全球化背景下，世界各国的视频产业呈现出更加深入的互联与融合，一方面表现为各国视频产业依然在全球市场延续着美式垄断格局，借助新兴互联网平台进一步加剧了消费主义对视频语言和视频传播的渗透；另一方面孵化出区域性的新传播主体，以及更加具有自主性的产业发展政策，以欧洲发达经济体、金砖五国为代表的新兴经济体，以日本、韩国为代表的东亚经济体等都展现出充满内生增长力和区域影响力的视频发展新动能，推动构建了一个多中心、开放式的全球视频产业新格局。与此同时，来自互联网的视频传播新动能正在增量和存量两个方面解构和重组着曾经的垄断秩序。

其中，中国以其庞大的内部市场、快速的技术革新和稳定的发展政策，塑造出一个自给自足、守正创新、普遍服务的影视产业，激励着互联网企业不断进入和升级网络视听服务，从而造就了覆盖大屏小屏、打通网上网下的大视频生态。与此同时，在文化走出去和媒体走出去政策的强力驱动下，中国影视产业不断借助政府之力或市场之手，向众多发展中国家提供着技术方案和内容产品，在服务地方产业发展繁荣、推动国际市场多元化进程、提升中国视频产业认知度方面取得了阶段性的突破。需要说明的是，这一国家化或民族性的表述并不是在一个开放秩序下重建或返回一个垄断格局，而是凸显出孵化自中国市场的一种视频产业的新式而多元的发展道路。这一道路以普遍性、包容性、开放性和创新性为主要特征，是内化了对工业时代影视格局垄断性的反思和超越的中国经验，为视频天下时代的到来奠定了认知论基础和实践性根基。

随着数字化和网络化进程的加快，国际传播全面呈现出传播主体多元化、传播平台社交化、传播语言视频化的三大转向。原先由特定专业机构乃至特定国家垄断使用的影视语言，成为各国共享的资源和人人共享的权利。在这个基础上，一个视频天下的新秩序逐渐拉开帷幕。

2. 视频语言从泛化走向独立

视频语言是身体全部感官的系统性延伸，是融合了有声语言、文字语言和影视语言的综合性语言系统，并将在未来发展成为一种支撑虚拟与现实同构进程的融合性语言体系。

在视频天下时代，有声语言因其建基于人体内在发音器官而具有主体伴随性，将继续发挥其价值和作用并与视频语言融为一体。文字语言将被整合进这一新的语言体系，逐渐退出主导性的语言地位。影视语言因其使用者的垄断性和中介性被不断解构，整体将日渐式微，但其传播主体依然拥有专业的生产力，并被特定群体和组织所需要。当即时视频通信无处不在时，鸿雁传书将走进故纸堆；当视频化信息可以海量存储时，纸质文档的价值将逐渐弱化；当视频语言培育的具象立体思维已成定式时，文字语言培育的抽象线性思维则可能式微。随着视频语言日渐流行，未来，人类将面临文字语言何为、价值何在的困扰。今天我们经常遇到的提笔忘字、欲说忘言的窘境，也许是视频语言时代中文字语言即将遭遇窘境的隐喻。视频语言因其立体性重新激活了人类借助以视觉为主的综合感官系统进行传播的天性，但以强大的连接力、计算力和环境的构造力，突破了人类之初视觉传播的身体边界和时空局限。对于国际传播而言，这一融合时代的视频天下秩序是对信息时代开放秩序的延伸和超越。如果说开放秩序的本质是多样化和互联性，那么天下秩序的本质则是共生性和互构性，塑造这一天下秩序的是一个基于全面互联、立体融合、万众创新的智能化视频传播环境。未来，当无障碍高速移动互联网成为基础设施，智能制作、传输和呈现系统成为传播平台，智能VR将成为无缝连接虚拟与现实的界面环境。在这套立体视频技术的支撑下，人类将进入一个在今天被称为"元宇宙"的虚拟与现实同构的新时代。届时，身处不同时空场景的群体或个人，将可借助智能化和立体化的视频传播场景，突破时空障碍和语言隔阂，进而推动全方位的文化交融和文明互鉴，塑造着以人类命运共同体为内核的新式全球化认同。

智能视频对构建人类命运共同体这一国际传播新秩序的贡献主要表现为三个方面：首先是实时互联所构造的物理意义上的高度连接性和精神意义上的高度相关感，以智能VR为代表的元宇宙环境将在全时空场域打造一个没有疆域和文化边界的内容景观和关系生态；其次是数据计算所搭建的所有人服务所有人的智能产消平台，数据化的需求被计算化的产制所满足，尽管存在多种多样的回声室，却显著地突破了过往影视传播目标的模糊性和服务的单向性；最后是智能环境下的视频语态表现出丰富的、有机的多模态性，这既是对垄断时代标准化影视产业的否定和颠覆，也是对后来基于互联网的多元但混杂的视听产业的修正和超越。在上述意义上，视频天下秩序就是一个基于视频这一智能时代的最强流量池、最大数据库和最立体场景所构造的一种服务最广泛的国际传播和跨文化交流需求，同时借助计算科学而尊重群体和个体差异的新式全球传播体系。

简言之，在工业时代，影视的专业制作和大众消费曾经参与塑造了美国的全球垄断格局；在信息时代，数字化和网络化的视听传播呈现出去中心化的全球开放趋势；在正在到来的智能时代，独立的视频语言和立体的视频传播将助力虚实同构和无界交往，超越文化差异和语言区隔，国际传播将最终走向一个视频天下的新秩序。在智能媒体为环境、虚拟与现实走向同构的未来，以智能VR为代表的视频语言，将超越既往的语言体系、媒介载体和内容业态，成为社会媒介化进程中的信息传播新形态。基于此，视频传播将成为国际传播的流量生产力和秩序转换者，在赋权大众传播创新的同时瓦解着传播大众的工业垄断旧秩序，在下沉信息技术应用的同时推动着一个人人共群、共场、共景新秩序的形成。智能化、立体性的视频传播越来越接近人类原始，回归一种自然的信息传播和文明交往状态，使天涯咫尺、意义共生、地球同村、命运与共成为可能。

综上所述，伴随着语言的革命，人类社会的传播形态也发生着历史性变迁。语言的革命既超越又重塑了时空，推动着人类社会进行着从部落化到非部落化到重新部落化[①]，以及未来的虚实同构的新部落化的转型。借助无障碍移动传输和智能 VR 技术，立体化、沉浸性的视频传播将让人类回归鸿蒙之初，重新激活人类借助视频语言进行传播和交往的天性。诉诸人体全部感官的系统性传播革命，即便滥觞于传统影视的工业化发展历史，也要直到智能 VR 时代到来时，才彻底发生。

三、中国国际传播的视频化转型

未来已来，我国正处于国际传播大转型的关键时期。我们必须基于已有发展势能，抓住这个历史机遇，高度重视视频语言在加强和改进国际传播工作中的作用，实现国际传播的视频化战略转型。这一视频化转型植根于中国蓬勃发展的视频产业及其多元创新势能，能否推动这一本土势能向国际传播领域全方位延伸决定着中国国际传播视频化转型的成败。

截至 2021 年 6 月，中国的网络视频用户规模达 9.44 亿，占网民整体的 93.4%，短视频用户规模为 8.88 亿，占网民整体的 87.8%，网络直播用户规模达到 6.38 亿，均保持了高速的增长态势。[②] 从长视频到短视频到中视频，再到多样态的流媒体和虚拟现实技术，视频传播在中国呈现出全时空、全领域、智能化、全龄向的发展新势能。全时空指的是视频传播对工作场域和生活场域的系统化渗透；全领域指的是视频传播在主导传统媒体场域的同时，扮演

---

① 麦克卢汉. 理解媒介：论人的延伸 [M]. 何道宽, 译. 北京：商务印书馆，2000：2.
② 中国互联网络信息中心. 第 48 次《中国互联网络发展状况统计报告》[R/OL]. (2021-08-27) [2021-09-15]. https://www.cnnic.net.cn/n4/2022/0401/c88-1132.html.

着社会媒介化和信息化的中介性角色，尤其体现在短视频和直播平台的多功能拓展上；智能化指的是信息计算机制或者说算法中心逻辑对视频传播供需关系的自动化匹配；全龄向指的是视频传播平台将全部年龄层——包括数字原住民和跨代际的数字移民——作为链接和服务的对象，并为真正意义上的大众参与提供了接口、界面和工具。

基于上述势能，源自中国的视频传播平台体系依托技术优势、国家战略和市场策略，不断走向全球，向世界各国提供优质的公共信息产品和公共传播平台。例如，基于苹果应用商店和谷歌应用商店的统计数据，截至 2021 年 10 月，来自中国的腾讯、TikTok 和爱奇艺的三款视听产品均进入全球使用量前十位。[①]TikTok 的全球月度活跃用户在 2021 年 9 月达到 10 亿，比 2020 年 7 月增长 45%。[②] 尽管依然面临着国际传播固有市场格局和意识形态对立的结构性困境，源自中国的视频传播平台的国际传播却在坚守伦理高位的前提下，在下沉式、智能化技术服务的加持下，取得了来自国际市场和国际用户的广泛认可。这一方面表现为传统媒体，如新华社和 CGTN 在海外市场的网络搭建和服务拓展；另一方面表现为新兴数字平台，如 TikTok、爱奇艺、优酷、腾讯等在全球市场的区域化创新发展，进而形成了与源自美国的数字平台系统的并驾齐驱之势，甚至导致了有关平台地缘政治[③]的政策和学术争论。

在全民参与国际传播的视频时代，中国可以借助国际传播技术范式向视频传播转移的历史契机，发挥数据驱动、算法治理、泛媒功能、大众创新等比较优势，引导国际传播走向视频天下的全球传播时代。

[①] TikTok. Tencent video among top 10 apps in lifetime consumer spends[EB/OL]. (2021-10-18)[2021-10-23]. https://www.techinasia.com/youtube-ahead-tiktok-consumer-spends-live-steaming-apps.

[②] Statista. Number of Monthly Active Users (MAU) of TikTok worldwide from January 2018 to September 2021[EB/OL]. (2021-10-13)[2021-10-22]. https://www.statista.com/statistics/1267892/tiktok-global-mau/.

[③] GRAY J E. The geopolitics of "Platforms": the TikTok challenge[J]. Internet policy review，2021，10(2): 1-26.

就数据驱动来说，与传统影视产业依托的小规模数据集，尤其是来自传统受众调查的数据不同，基于快速普及的互联网基础设施和数字应用平台，视频产业迅速发展成为大数据的重要生产力，成为最具活力的网络化、社交化和智能化生产力。这一角色的达成与中国本土的两个基本国情存在着深度绑定关系：一是改革开放以经济发展为先导，强调信息传播技术在经济信息化和社会媒介化方面的主导性作用，因此给予互联网发展一个宽松的内部政策环境；二是庞大的人口基数在数字化移民的过程中迅速转型为大数据生产力，并借助互联网平台的网络效应打造出规模空前的数据量级，以其活跃的网络行为滋养和提升着平台的算力。简言之，宽松的政策环境和庞大的用户规模驱动着视频传播的数据化转型，而基于大数据的智能算法正在成为视频内容和视频服务的主要生产力和新把关人，智能技术在生产、存储、分发、使用和评价环节的全流程应用已经或将成为未来视频产业的新常态。基于此，以视频传播服务为先导的互联网平台型企业快速实现了跨国拓展和全球经营，运用优秀的算法技术和强大的算力成为智能时代全球数字平台的创新增长点，并服务于世界范围内多元虚拟社群的建设和运行。

就泛媒功能来说，视频传播已经突破影视或视听行业的身份区隔，成为信息娱乐、数字经济、公共服务和国家治理的重要基础架构，突出表现为"视频+"的全领域应用。虽然在全球范围内，社会的平台化[1]进程正在快速推进，互联网平台的基础设施化步伐显著加快，但在中国，这一进程更加迅速和广泛，视频产业的多边属性也表现得更加明显。基于这一平台化潜力，一方面，智能化的视频传播充分融合了传统的影视行业，将有力推动构建中国国际传播的大视频格局和大视频战略；另一方面，网络化的视频传播平台携其庞大的流量基础和优异的计算能力，将为多样化的国际交往（如外交和贸易）提供全方位的视频服务和数据支持。这一泛媒化或中介化（intermediary）[2]的角色

---

[1] DE KLOET J, POELL T, GUOHUA Z, et al. The platformization of Chinese society: infrastructure, governance, and practice[J]. Chinese journal of communication，2019，12(3): 249–256.

[2] POELL T, NIELORG D, VAN DIJCK J. Platformisation[J]. Internet policy review，2019，8(4): 1–13.

转型将有效融入基于视频平台的国际传播新秩序。

就大众创新来说,这是定义视频传播国际秩序的最突出特征,也是奠定视频天下时代的最基础原则。从时代变迁的视角而言,如果说属于美国人的工业影视时代是等级制和垄断性的,那么属于中国人的视频天下时代则是扁平化和公平性的,后者所释放的大众创业、万众创新的传播与发展潜能是历史空前的。不管是快手的下沉式、地方性拓展,还是抖音的精英式、全球化增长,都依托于传统媒体之外的大众生产力。这一生产力主要依托两种新型的视频传播机制:一个是庞大的自媒体生态及其形成的多元化网络社群;另一个是蓬勃发展的 MCN 机构,后者扮演了一个介于机构媒体和个体用户之间的流动的生产力组织者角色,是大平台之下的小平台。

基于这一全民视频、人人视频的创新动能和视频语言的文化可通约性,源自中国的视频平台正在走出去的过程中,在全球范围内创造着新的人人互联的视频传播景观。以 TikTok 为例,这一数据化、社交化、本土化的平台不仅快速收获了跨地域、跨文化的庞大用户群,更为熟习工业影视单线传播和网络视听集中接收的全球受众提供了一个开放性、计算性、互动式、定制化的另类视频传播环境,并以其卓越的算力和智能化机制,持续将全球用户转型为视频传播时代的产消者。在这个意义上,中国依托数据驱动、算法治理和大众创新等优势,将有可能引导世界构建一个视频天下的新秩序。

因此,蓬勃发展的视频传播平台为加强和改进我国的国际传播能力建设带来了全新的历史性机遇。视频作品的多模态性、视频语言的超文化性、视频传播的跨平台性、视频接受的全场景性、视频处理的大数据性,以及视频文化的多次元性,将驱动一个基于大众创新和全民参与的中国国际传播视频化发展新阶段的到来。只有在视频传播的助力下,中国故事和中国声音的全球化表达、区域化表达、分众化表达才能有效落地,增强国际传播的亲和力和实效性,也才能更好地从理念走向实践。

在中共中央政治局就加强我国国际传播能力建设进行的第三十次集体学习上,习近平总书记指出,要"初步构建起多主体、立体式的大外宣格局",进而"构建具有鲜明中国特色的战略传播体系"。在这个大格局和大体系建设

的过程中，视频语言应成为一个核心的战略要素，视频传播应成为未来的战略目标。强化基于视频语言的供给侧设计及结构性改革，必将推动媒体融合持续走向深入，也必将为中国的国际传播开辟新蓝海。未来，在视频语言形塑的虚实同构环境中，一个跨越全球的视频传播共同体将会逐渐形成，并将有力推动人类命运共同体的构建。

总体国家安全观视阈下网络文化安全的内涵特征、治理现状与建设思考[*]

党的十九届五中全会指出,要坚持总体国家安全观,统筹传统安全和非传统安全,把安全发展贯穿国家发展各领域和全过程,防范和化解影响我国现代化进程的各种风险,筑牢国家安全屏障。近年来,互联网、移动互联网的技术赋能和全面渗透,深刻改变着传统文化艺术的创作生产、传播交流和消费接受,同时催生出新兴的文艺样态,形成了全新的网络文化景观。网络文化丰富了人民群众的精神文化生活,但不友好、不健康、不文明的网络文化给国家主权空间、意识形态、法律法规、道德伦理和价值观引导带来了安全隐患,衍生成为非传统安全,对总体国家安全产生威胁。对此,本文以总体国家安全观和网络强国建设为重要指引,剖析网络文化安全的内涵特征,梳理我国网络文化安全的治理现状和成效,并对未来如何提升我国网络文化安全治理能力提供思考建议。

一、网络文化安全的内涵特征

网络文化安全属于非传统安全领域,既具有传统文化安全的诸多特征,又因为其特殊的文化传播环境、传播能力、传播生态、传播受众而呈现出鲜

---

[*] 本文原载于《现代传播(中国传媒大学学报)》2021年第6期(总第299期),收入本书时略有删改,周建新、范敏、张苏秋、林卫国、程天缔等对本文也有贡献。

明的特点。网络文化安全问题不仅附着于网络文化本身,影响网络文化自身的健康发展,还极易产生感染效应,引发传统文化安全问题。深刻认识和理解网络文化安全的内涵特征,是科学处置网络文化安全问题的重要前提。

(一)网络文化安全的内涵

网络文化安全是在互联网平台巨大重构力的基础上,衍生出的覆盖于文化艺术创作生产、传播与消费全过程、全要素的文化安全形态。捍卫网络文化安全,核心任务是明确互联网时代维护本国本民族文化主权的途径,筑牢互联网时代执政党意识形态阵地,满足互联网时代人民群众健康精神文化生活的需要。[1]

根据研究,网络文化安全内容可细分为以下四个方面:在政治安全上[2],应牢固树立"四个意识",坚决做到"两个维护",把加强党的领导贯穿于网络文化建设的全要素、全过程、全方位,确保党的领导贯到底纵到边,确保网络阵地安全可靠。在文化安全上[3],应自觉传承和弘扬中华优秀传统文化、革命文化和社会主义先进文化,确保网络文化生态积极健康有序,确保网络文化内容营养丰富、正能量充沛。在价值观安全上,应积极培育和践行社会主义核心价值观,把社会主义核心价值观融入网络文化建设各方面,转化为广大网民的情感认同和行为自觉。在网络空间主权安全上,应坚决维护网络空间的管理权,打击境外非法势力网络犯罪和图谋,积极开展对外合作,营造人类网络文化安全共同体。此外,网络文化安全的内涵还可从其他角度予以分析和解读,如技术、伦理、法律、金融等角度下的网络技术保障安全、网络文化伦理安全、网络个人隐私保护、网络立法执法、网络金融诈骗等。[4]

---

[1] 胡惠林.中国国家文化安全论[M].上海:上海人民出版社,2005:2.
[2] 姚伟钧,彭桂芳.构建网络文化安全的理论思考[J].华中师范大学学报(人文社会科学版),2010,49(3):71-76.
[3] 潘一禾.文化安全[M].杭州:浙江大学出版社,2007:28.
[4] 宋红岩,汪向红.近十年国内外网络文化安全研究的评述与展望[J].中州学刊,2016(6):168-172.

(二)网络文化安全的特征

诸多文化安全问题在传统文化环境下业已存在,但之所以将其归属为网络文化安全范畴,是因为网络文化安全问题在互联网传播环境下呈现出新特征、滋生出新问题,用传统的文化安全观念和思维很难准确认识和把握。经总结,网络文化安全问题在形态、演变和影响群体方面呈现出全新的特点。

1. 虚实相生的形态特征

网络文化安全问题的范畴既涵盖政治、经济、文化、教育等多个宏观领域,又与公众的日常生活息息相关,在场景与空间上横跨虚拟与现实,"你中有我、我中有你"[①]。

首先是领域边界虚实相生。互联网巨大的信息互联互通功能与许多传统安全领域都有交叉,很难厘清归属边界是传统安全还是非传统安全,并且彼此交互震荡、相互转化。例如,在 2012 年西亚和北非的动乱中,美国操纵网络社交媒体煽动民众,继而引发该地区持续的政治动荡和军事冲突,使其陷入空前分化的历史时期。再如,美国谷歌公司作为一家文化科技创新公司,其推出的"谷歌地图"(Google Earth)深受全球网民的追捧,很多青年网民甚至将使用"谷歌系列"产品看作一种文化时尚和身份认同。但该应用却引发了国家机密泄露的安全问题,因为用户可以通过谷歌地图轻易获取英国法斯莱恩海军核潜艇基地停靠的导弹核潜艇与核弹头储存的位置信息,严重威胁传统国防安全。[②]

其次是场景边界虚实相生。网络文化安全问题的场景既有精神层面也有现实生活层面,物质与现实领域彼此交叠、互动流转,造成的问题真假难辨、难以掌控。例如,借助互联网的虚拟空间实施的网络色情、金融诈骗、线上赌博、信息侵害等"网络黑产"行为并不止于虚拟空间,这些组织者利用互联网的娱乐性和隐匿性为其掩护,实则在线上和线下均建立了分工精细的产

---

① 臧翔宇,田芝健.网络文化安全伦理问题的疏导与管控[J].南通大学学报(社会科学版),2016,32(2):151-156.
② 刘兴华,李冰.国际安全视域下的网络文化与网络空间软实力[J].国际安全研究,2019,37(6):73-103,155.

业链条，通过各种"变现手法"，非法牟取经济暴利。[①] 因此，网络文化安全问题治理非常复杂，通常需要综合考察线上线下各个环节。

最后是空间边界虚实相生。在万物互联人人皆媒、"全球一网"的情形下，网络文化安全问题具有跨国别、跨文化、跨地域、跨种族等特征[②]，传统的文化主权、民族主权问题实现了跨时空流动，构成了互联互通状态下的"命运共同体"。网络谣言、意识形态渗透、反政府运动、网络黑客、恐怖主义、技术泄密等各种网络威胁，既是安全问题，又是网络文化问题，这些问题是世界各国所面临的共同挑战。例如，网络黑客和恐怖组织曾利用互联网等社交媒体，兜售恐怖主义理念；美国长期利用其在互联网技术和传播方面的优势，向世界各国推行文化霸权和所谓"民主""自由"等"普世价值观"，通过网络"文化代言人"宣扬"崇美""媚美""跪美"理念[③]，导致其他国家的传统文化主权和民族主权受到严重威胁。

2. 显隐交织的演变特征

网络文化安全问题在发生和发展过程中呈现出"战时"和"平时"两种交叠状态，蛰伏时风平浪静、难以察觉，爆发时迅雷骤变、呈星火燎原之势。

首先是问题引爆点显隐共存。网络事件通常具有潜在性，冰山一角之下往往暗流涌动，但导火索难以侦查、预警和研判，网络事件的蝴蝶效应日趋多发。比如网络谣言，有些网络谣言带有浓重的政治色彩，直接针对中国编撰各种阴谋论，有些谣言通过编造或者夸大个体遭遇和相关事件，企图激发公众的非理性情绪，进而达到政治化解读的目的。这些网络谣言最初只是在网络各个圈层之间传播，其中少部分在复杂导火索的引爆下，短时间内就能

[①] 中传人类命运共同体研究院.网络黑产协同治理研究报告［R/OL］.（2020-11-29）［2021-02-23］.https://mp.weixin.qq.com/s/mwSQDXFTx3d3MkUoDZnJQg.

[②] 潘一禾.国家文化安全的"非传统"研究［J］.文化艺术研究，2011，4（2）：1-13.

[③] 钟声.大搞文化霸权，威胁全球文化安全［EB/OL］.（2022-11-01）［2021-02-23］.http://world.people.com.cn/n1/2020/1101/c1002-31913996.html.

积攒巨大能量，"破圈"而出，导致了强烈的网络舆情危机。①

其次是传播路径显隐交织。技术驱动、网民参与建构的动态特点，造成网络文化安全议题一旦触发，问题就会呈现点线面交织、栈道与陈仓交融的多渠道、多路径的传播扩散态势。例如，互联网遍布各类主流媒体和自媒体，在人人都能发声的时代，大量信息和话题通过网络迅速传播发酵。互联网还分布着各种文化圈层，相关信息可以快速在各类"圈子"中传播扩散。除此之外，当前网络社交媒介中还充斥着虚假账号机器人，在这些"技术傀儡"的助力下，信息通过代码和算法就可轻易大面积转发。2016年的"通俄门"事件调查结果显示：俄罗斯军方曾在美国大选期间及之后，利用数千个虚假账户在脸书、推特等社交媒体上发布上百万条精心炮制的推文，影响了近半数选民，干预了大选结果。②

最后是影响效果显隐交织。网络文化具有互动性、开放性、共享性、突变性等特征，信息传播呈现不确定性和非线性状态。网络文化安全事件产生的破坏影响在时间、空间和程度上或明或暗、难以评估，有的如"死火山"暂时休眠，但在长期演变中有突发的可能，造成多种安全风险叠加，给网络文化安全治理带来了巨大挑战。例如，武汉红十字会物资分配问题重新引发了公众对2011年"郭美美事件"的讨论，大量关于红十字会的谣言引爆网络。"郭美美事件"已过去十年，对于好像只有数秒记忆热点的互联网来说，似乎已太过久远。当相似的网络事件再度爆发时，人们才能觉察，网络文化安全事件产生的破坏影响难以彻底消失，有的只是表面上的暂时休眠，这些影响在某些关键节点上，仍有复发的可能。

---

① JAVIS J.Our problem isn't fake news. Our problems are trust and manipulation[EB/OL]. (2017-06-12)[2021-02-23]. https://buzzmachine.com/2017/06/12/prob-lem-isntfake-news-problems-trust-manipulation/.

② JAVIS J. Our problem isn't fake news. Our problems are trust and manipulation[EB/OL]. (2017-06-12)[2021-02-23]. https://buzzmachine.com/2017/06/12/prob-lem-isntfake-news-problems-trust-manipulation/.

3. 多元交叠的群体特征

尽管当下网络文化的建构与消费主体是城市青年人，但是互联网强大的渗透力、传播力和影响力已经让其受众范围呈现出覆盖城乡、区域、年龄、性别的多元交叠特征。

首先是建构主体日趋多元。随着移动互联网的普及，网络文化创造的便利化和低门槛化，使参与塑造网络文化的主体呈现多年龄段和城乡鸿沟缩小的趋势。自媒体改变了原有的信息传递方式和社会组织架构，使人人都有机会参与文化建设和社会发展。以抖音和快手等短视频媒体为例，当下越来越多的普通人成为网络大V，有着数量庞大的粉丝群，网络媒体使其有机会获得话语权，以远超过其原有社会关系的能量，深度参与网络文化构建。

其次是消费主体日趋多元。互联网无限的平台集成功能和巨大的市场空间，提供了多元、前沿、创新的消费理念、消费方式、消费产品，形成了一种众声喧哗的流行文化和时尚潮流，为各类人群所追捧。相关数据显示，截至2020年12月，我国网民规模为9.89亿，互联网普及率达70.4%，"健康码"助9亿人通畅出行，短视频用户规模为8.73亿，网络购物用户规模达7.82亿。[①] 可以说，网络已成为人们生活中不可缺少的工具之一。

最后是价值认同主体日趋多元。随着代际更迭迅速，尤其是互联网原住民逐渐成长为父辈，城乡区域全民互联的状态指日可待，不同文化主体之间的观念矛盾与价值冲突将在互联网中激荡碰撞，但也会因此而建构认同，多元并存。《中国数字乡村发展报告（2020年）》显示，我国乡村信息基础设施建设不断完善，农业农村大数据建设初见成效，农业生产数字化水平不断提高，乡村治理数字化水平大幅提升，乡村信息服务更加完善，智慧绿色乡村建设稳步推进。[②] 在互联网进入农村之前，大众媒体是农民价值观构建的主要载体；随着乡村振兴战略的实施，当下新媒体短视频，如快手和头条等媒介，

---

① 我国网民规模达9.89亿 你享受过哪些网络红利［EB/OL］.（2021-02-03）［2021-02-22］. https://baijiahao.baidu.com/s?id=1690633710637069500&wfr=spider&for=pc.
② 农业农村信息化专家咨询委员会.中国数字乡村发展报告（2020年）［R/OL］.（2020-11-28）［2021-02-21］. http://12316.agri.cn/files/宣传推介/中国数字乡村发展报告（2020）.pdf.

成为农民群体价值观构建的主要载体。这意味着，互联网是一个多元价值并存的场域，建构多元认同的价值理念可能成为破题的关键。

二、我国网络文化安全治理的现状与成效

新时期以来，在总体国家安全观的指导下，国家对于网络文化安全的重视程度前所未有，在体制改革、制度设计、法律颁布等层面持续发力，专门成立了中央和国家网信管理部门，出台了大量的政策文件。《中华人民共和国民法典》《中华人民共和国数据安全法（草案）》等相关法律法规的陆续出台，为网络文化安全治理提供了坚强的政治保障和制度支撑。从效果上看，网络文化治理现代化水平显著提升，在维护政治安全、文化安全、价值观安全等方面取得明显成效，为新时期我国网络文化健康有序可持续发展提供了良好的环境。

（一）政治安全层面：网上网下同心圆行稳致远

2016年4月19日，习近平总书记在网信工作座谈会上强调，为实现中华民族伟大复兴的目标，我们应凝心聚力，网上网下要形成同心圆。这就要求党的领导不仅体现在线下舆论场，更应贯穿于网络空间文化建设的全要素、全过程、全方位。

首先是把握全要素，即对网络内容的创作者、传播渠道、传播受众等要素进行精准把控。党的十八大以来，我国不断强化网络安全顶层设计和总体布局，基本确立网络强国战略思想，形成以《网络安全法》为核心的法律法规和政策标准，持续开展"净网""剑网""清源""护苗"等系列专项治理行动，相继发布《中华人民共和国网络安全法》《国家网络空间安全战略》《云计算服务安全评估办法》《App违法违规收集使用个人信息行为认定方法》《关于做好个人信息保护利用大数据支撑联防联控工作的通知》等法律法规和政策条例，为网络文化安全治理提供了法理依据。

其次是抓牢全过程，即对网络文化的人才培养、内容生产、审查监管等

过程实现全流程管理。2016年,中央网信办、国家发改委、教育部等6部门联合印发了《关于加强网络安全学科建设和人才培养的意见》,持续推进网络安全学科发展和专业建设,有效提升网络安全细分领域的创新人才培养质量。2020年,中央网信办、国家发改委等12个部门联合发布了《网络安全审查办法》,重点审查我国关键信息基础设施领域中,运营者采购网络产品和服务可能存在的潜在风险等安全问题,进一步强化对网络文化的过程管理。

最后是覆盖全方位,即对网络阵地的安全维护实现全方位保障。2020年国家互联网应急中心发布的报告显示,境内外敌对势力曾多次有组织、有目的地针对我国党政机关等单位发起分布式拒绝服务攻击(DDoS攻击),向我国重要行业领域发起高级持续性威胁攻击(APT攻击),且攻击活动在重大活动和敏感时期愈加猖獗。① 但在我国网络治理行动的持续高压下,大量DDoS攻击资源被迫向境外迁移,很多单位通过部署防护设备或购买云防护服务等措施,加强自身防护能力。随着网络安全知识的宣传普及,重要行业部门和广大社会群体的网络安全意识得到提高,相关部门网络安全技术研发能力得到提高,网络文化安全危机研判机制不断健全,网络文化安全应急响应也在探索中得以完善,逐步实现了网络文化安全的全方位保障。

(二)文化安全层面:网民民族文化认同感迅速提升

文化认同是一种集体无意识的身份认同,是一个国家和民族得以存在和发展的根基和关键。随着国家对网络平台不断开展净化不良文化内容治理行动,提升网络文化产品的文化内涵和文化品质,优质网络文化产品日趋增多,得到了"网络原住民"的关注和喜爱,他们在网络文化产品的收看与消费中,提升了民族文化认同感与社会主义文化自信。

首先是"润物无声",积极弘扬中华优秀传统文化。2020年备受年轻一代追捧的视频弹幕网站哔哩哔哩(B站)播放了央视老版四大名著电视剧,视

---

① 国家计算机网络应急技术处理协调中心.中国互联网网络安全报告[M].北京:人民邮电出版社,2019:15.

频上线后就受到了网友的欢迎、点赞与热议。此外，其他互联网平台也根据自身特色，陆续推出一系列弘扬中华优秀传统文化的优质内容。例如，李子柒等"网红"将饮食、竹编等中国传统工艺和短视频等形式结合，引发了国内外网友的讨论；各大博物馆通过抖音直播带货，积极宣传文化创意产品，让中华优秀历史文化遗产"活起来"。这些优质的网络内容引发了海内外民众的热烈反响，极大地提升了网民的民族认同感。

其次是"致敬英雄"，大力弘扬革命文化。一方面，加大对戏谑革命英雄等低俗网络内容产品的监管与惩处力度。近年来，一些网民信奉历史虚无主义，妄图通过扭曲、剪切、拼贴、戏谑等方式，改变历史常识、颠覆英雄形象、消解革命精神。随着国家网络监测和治理能力的提升，用法治捍卫英雄尊严将更加精准迅速。另一方面，创作生产更多弘扬红色文化与革命精神的网络视听精品内容。国家广电总局等相关部门通过内容引导、质量管理、政策扶持等多项举措，不断提升网络视听精品内容创作生产水平，全方位、多层次、立体化地展现中国共产党领导中国人民不懈奋斗的伟大历程和伟大成就。

最后是"与时俱进"，持续传播社会主义先进文化。随着媒体融合不断推进，我国网络视听内容涌现出一大批高歌时代主旋律、繁荣先进文化、书写重大题材、讲好中国故事的精品内容，聚焦"举旗帜、聚民心、育新人、兴文化、展形象"的使命任务。例如，讲述中国经济社会发展史的《辉煌中国》、领略祖国大好河山的《航拍中国》、展现国家级战略的《一带一路》、全景式反映农业现代化进程的《大国根基》、探讨中国创新成长及引领世界影响的《创新中国》、展现改革开放三十年背景下奋斗拼搏故事的《中国故事》等。这些视听内容上线互联网后，迅速引发网民的热议，受到追捧。此外，随着智能技术的不断发展，许多优质网络内容还以互动剧、沉浸式内容、竖屏短视频等新形式出现，进一步激发了新时代文化表达的创造力与创新活力。

（三）价值观安全层面：社会主义核心价值观持续引领

我国网络文化安全治理坚持以社会主义核心价值观为引领，遵循网络的基本传播规律，不断加强主流舆论的引导作用，已取得显著成果。

首先是确立社会主义核心价值观的引领地位。其主要表现为三个方面：一是持续增强以"官媒"为代表的主流媒体在网络舆论场的参与度和影响力，积极宣传社会主义核心价值观；二是大量生产符合主流价值观、艺术审美、社会正能量的网络文化精品内容；三是切实推行对网站和网民的追责制，从源头遏制有悖社会主流价值取向的不良信息散播。

其次是强调社会主义核心价值观的教育功能。当前，互联网已成为意识形态较量的主阵地，对民众的价值观念产生重要影响，网络空间已成为当代青年的重要活动空间。近年来，相关部门利用网络开展对青少年价值观的培育活动。例如，教育部通过打造一批具有广泛影响的社会主义核心价值观主题教育网站和网络互动社区、开展高校校园网络文化建设专项试点工作等，充分发挥校园网络的育人引导功能。① 同时加大对不良网络内容的治理与惩罚力度，如2020年上海市"扫黄打非"办联合上海市委网信办、上海市文旅局对B站进行约谈，责令其全面排查儿童"邪典"动画、违规使用音视频、游戏暴露角色等违法违规内容。②

最后是提升社会主义核心价值观的认同程度。近年来，境外敌对势力通过互联网疯狂推销其意识形态，国内违法乱纪分子利用网络制造文化垃圾，各种错误思潮与产品纷纷涌入我国网络平台。近年来，我国政府对一些事件有力有序的处理，使我国网民民族自豪感、文化认同感大幅上升，进一步提升了网民对社会主义核心价值观的认同度。

三、关于我国网络文化安全建设的思考与建议

虽然我国在网络文化安全治理方面取得了阶段性成果，但面对复杂的国际国内、线上线下形势，网络文化安全建设仍面临诸多威胁和严峻挑战。其

---

① 袁贵仁.把培育和践行核心价值观融入国民教育全过程［EB/OL］.（2014-02-24）［2021-02-23］.http://www.moe.gov.cn/jyb_xwfb/moe_176/201401/t20140106_161850.html.
② 哔哩哔哩被约谈和责令限期整改2周［EB/OL］.（2014-02-24）［2021-02-22］.https://baijiahao.baidu.com/s?id=1686679995226834934&wfr=spider&for=pc.

原因主要有两方面：一是网络文化安全作为非传统安全，其自身的多元内涵与复杂特征增加了网络文化安全问题的治理成本和治理难度；二是在风云变幻的国际格局和加速膨胀的西方科技寡头的影响、垄断、抑制下，网络空间早已"硝烟弥漫"，成为各方传播意识形态、抢夺文化话语权、建立世界新秩序的新阵地和主战场。对此，我们应立足总体国家安全观，切实加强网络文化安全保障能力和治理能力，多措并举应对日趋复杂的网络文化安全挑战。

（一）全面加强国家网络文化安全保障体系建设

网络文化安全保障体系建设是提高网络文化安全治理能力的基础保障。加强国家网络文化安全保障体系建设就是要强化系统思维，在法治建设、制度建设的前提下加强网络文化安全治理。

首先是建立党委统一领导、党政齐抓共管、部门各负其责的网络文化安全领导体系。实践经验表明，从国家层面建立统一领导的网络文化安全治理体系能有效应对信息化时代网络安全的脆弱性。目前世界主要国家和地区相继推出战略部署，如美国政府组建"网络司令部"并推出"进攻型互联网自由战略"；日本政府斥巨资研制"网络武器"并炮制"防御—进攻"网络安全战略；俄罗斯将"信息战"定为"第六代战争"；欧盟奉行"集聚型"网络安全战略等。[1]

其次是建立网络文化安全法治体系。继续细化相关法律法规，逐步推动数字治理有法可依，扩大网络文化治理的覆盖面，构建法律规范、行政监管、行业自律、技术保障、用户自治相结合的网络文化治理体系。产业数字化、服务数字化、管理数字化成为未来网络文化治理的趋势，《中华人民共和国民法典》《中华人民共和国数据安全法（草案）》《网络信息生态内容治理规定》等法律法规的相继出台和实施，为数字化网络治理提供了必要的保障，让网络安全治理既有法律制度保障，又有信息科技手段做支撑，逐步提高数字治

---

[1] 廖丹子."多元性"非传统安全威胁：网络安全挑战与治理[J].国际安全研究，2014（3）：25.

理合法性和治理效能。

最后是坚持系统观念。紧扣总体国家安全观，系统谋划、统筹推进落实网络文化安全战略，培育党性觉悟高、业务能力强的人才队伍，搭建系统、全面、持续的总体国家安全工作平台，打通覆盖范围广、应急反应快的线上线下监管渠道。认真学习提炼新时代中国特色社会主义现代化治理理论，及时总结国内优秀管理经验，广泛吸取国外科学治理案例，探索适合新时代中国特色社会主义国情的网络文化安全治理模式。

（二）建设发展积极健康的网络文明

网络文明建设是提高网络文化安全治理能力的核心内容。网络文化内容是网络文化治理的主要对象，加强网络文明建设就是从网络文化内容的生产、传播、监视等环节出发，规范并引导网络文化生态的健康可持续发展。

首先是建立常态化网络文明建设机制。推动网络文化教育常态化机制化，让中华优秀传统文化、革命文化、社会主义优秀文化根植于网络空间的"血液"中，保证网络文化生态系统可持续运转。加强媒介教育，提升网络用户媒介素养，规范健康网络信息传播路径。中国互联网络信息中心（CNNIC）发布的第47次《中国互联网络发展状况统计报告》显示，截至2020年12月，我国网民构成中，受过大学专科及以上教育的网民群体占比为19.8%，还有大量的网民只有高中及以下的学历。[①] 这说明了网民媒介素养教育培育提升的必要性、紧迫性，同时客观警醒网络文明生态建设是一个长期的过程。

其次是强化正面引导。继续推进媒体融合和数字化建设，打造一批新型主流媒体，发挥网络意见领袖的舆论引导作用。网络意见领袖是在互联网空间具有较强信息扩散和舆论引导的新媒体机构或用户，他们既可能是某种专业领域的专家学者，又可能是社会娱乐领域的公众人物。充分挖掘网络红人的正向价值元素，发挥其正能量引导作用，对于积极健康的网络文明生态建

---

① 中华人民共和国国家互联网信息办公室.第47次《中国互联网络发展状况统计报告》[R/OL].（2021-02-03）[2021-02-17]. http://www.cac.gov.cn/2021-02/03/c_1613923423079314.htm.

设而言具有重要意义。

最后是完善优秀网络文化安全管理数据库建设。梳理网络文化种类、网络话语特征、网络文化事件触发机制和网络受众行为惯例，建立并完善网络舆情监控数据库。网络传播时代是大数据时代，基于数据挖掘、智能算法等大数据技术的信息追踪、处理能力非常强大，能够有效帮助网络管理者迅速定位信息的源头和去向，数据库的语义分析技术还能够自动识别信息的危害性。建立并完善网络文化安全管理数据库，有利于极大地提高网络文化安全治理的时效性和准确性。

（三）构建网络文化安全应急处突综合治理机制

网络文化安全应急处突综合治理机制是提高网络文化安全治理能力的内生动力。治理是手段，不是目的，网络文化安全治理是为了营造风清气正的网络文化。建立网络安全应急处突综合治理机制，就是要做好事前防控，减少事中或事后治理的不确定性。

首先是主动做好源头防控。建立网络平台自查自纠机制，切断风险危机的传播源头，完善预警预案，防患于未然。应急预案是应对各种突发事件的第一次凭依[1]，针对网络文化安全可能出现的不同层面、不同类别的危机与突发事件，仔细研判其可能出现的独特性和规律性，充分参考或设定基础数据、风险分析与预测、危机发生形势与趋势等情况，规划设计出应急预案体系的基本架构。

其次是逐层逐级排查梳理。建立健全多层次网络文化安全保障体系和风险等级管理制度，打造系统完备、集中高效、处置灵活的专项应急处置机构体系。自中华人民共和国成立以来，我国应急管理体系建设和发展经历了三个阶段，分别是以单灾种应对为主的管理体系、以"一案三制"为核心的应急管理体系、以总体国家安全观为统领的应急管理体系[2]，但仍存在全社会风

---

[1] 邱霈恩.加强应急管理基础体系建设探略[J].云南行政学院学报，2013，15（1）：84-87.
[2] 闪淳昌，周玲，秦绪坤，等.我国应急管理体系的现状、问题及解决路径[J].公共管理评论，2020，2（2）：5-20.

险意识和危机意识淡薄等问题。网络文化安全作为非传统安全领域，具有虚实相生、显隐交织等特征，相关部门需要专门制定科学合理、自上而下、由中央到地方分级分类的风险处置体系。

最后是及时进行网络纠纷化解。强化突发重大网络安全事件处置预案编制和演练，不断丰富风险实践经验，对各种网络风险事件分类施策、精准拆弹。《突发事件应对法》明确规定"统一领导、综合协调、分类管理、分级负责、属地管理为主的应急管理体制"，为处理突发重大网络安全事件提供了根本依据。但网络世界瞬息万变、错综复杂，这就需要在应急管理实践中提高各阶段各环节责任主体的风险化解能力，包括应急准备能力、综合治理能力、快速反应和决策能力等。

（四）推动建设全球网络空间共同体

建设全球网络空间共同体是提高网络文化安全治理能力的重要内容。从互通有无的全球化时代逐渐过渡到互利共赢的共同体时代，网络文化安全治理离不开全球人民的共同努力。

首先是弘扬社会主义核心价值观。排除争议、凝聚共识，构建网上网下同心圆，推动中国智慧、中国文化和"人类命运共同体"理念的全球传播。习近平总书记指出，"维护网络安全不应有双重标准，不能一个国家安全而其他国家不安全，一部分国家安全而另一部分国家不安全，更不能以牺牲别国安全谋求自身所谓绝对安全"①。网络文化安全建设应协同线下社会文化安全建设，一道致力于树立正面积极的文化形象和国家形象。

其次是利用网络媒介扩大中华文化的国际传播。讲好中国故事的同时引进国外好故事，提高国际话语权和认同感。利用网络媒介传播技术，做好点对点、点对面的口碑传播。充分利用在线聊天、社区论坛、博客、微博客、视频分享网站等社会性网络服务（SNS）的广泛应用，鼓励网民在AIM、Facebook、Blogger、Twitter、YouTube、Wikipedia等全球知名网站上营造口

---

① 习近平.在第二届世界互联网大会开幕式上的讲话［N］.人民日报，2015-12-17（2）.

碑圈子。①

最后是熟悉并使用好国际互联网治理规制。争取在安全开放的网络空间里推动全球协同治理，在网络文化安全领域深化合作，在改革中求创新，在开放中谋共识。网络空间被称为最特殊的全球公域，其跨地域性势必导致一国进行网络治理时产生效果外溢，进而侵犯他国主权，因此在无法标注网络空间边界时，各国的网络空间治理政策不仅应当在法理层面维护自身主权，也需要在实践层面重视其公域属性。②因此，寻求全球范围的网络安全治理合作，熟悉国内外网络治理相关规则制度势在必行。例如，微软于2017年提出《数字日内瓦公约》和《网络安全技术协议》，法国于2018年提出《网络空间信任和安全巴黎倡议》，欧洲议会于2019年通过《网络安全法案》，以及英、美等27国于2019年发表《网络空间负责任国家行为问题声明》等。

（五）构建网络文化安全技术体系

构建网络文化安全技术体系是提高网络文化安全治理能力的关键条件。尤其在数字化时代，基于大数据分析技术的网络舆情监控、人工智能推送等新兴技术是辅助网络文化安全治理的时代利器。

首先是依法加强网络文化空间治理。构建自主创新、安全可控的网络文化安全技术体系，开展融合媒体传播和网络文化安全技术攻关，加强网络文化交流安全意识和技术创新的紧密融合，保障网络文化传播安全。

其次是开展网络文化空间治理技术创新。瞄准信息内容安全、媒体融合安全、数据资产保护、大数据处理安全、隐私保护，积极利用区块链、人工智能、5G等新技术，深化关键技术攻关，构建清朗的网络文化空间。

最后是开展网络文化安全保障技术创新。面对网络监听与攻击、内容篡改与伪造等威胁，加强对抗与防护技术研究，建设可信身份、可信内容、可信传播等应用技术体系，取得核心技术突破，保障网络文化传播安全有序。

---

① 林敏，江根源．议程融合视域下国家形象的网络传播［J］．当代传播，2011（6）：34–36．
② 陈炜昊．全球公域视阈下的网络空间治理与中国网安政策［J］．网络安全技术与应用，2020（11）：1–3．

当今世界正处在百年未有之大变局,面临世界之变、时代之变、历史之变,世界秩序加快向新秩序切换,世界进入动荡变革期。而互联网、大数据、云计算、人工智能等进一步加剧了网络文化内容生产、传播、消费、使用的复杂化,其产生的文化安全问题也更加棘手。这就更加要求我们从总体国家安全观的高度提升网络文化安全的建设能力和治理能力,建立系统集成的网络文化安全体系。这是国家治理体系和治理能力现代化建设的重要组成部分,对建成法治国家、文化强国、教育强国、人才强国、健康中国、数字中国、平安中国具有重要意义。

媒介与社会同构时代国际传播人才培养必须着力解决的三大问题*

移动互联网的快速普及正在加速着全球化的历史进程。政治上的孤立主义和经济上的保护主义虽然造就了"逆全球化"的时代征候，却无法压抑人类社会文明互鉴和文化交融的内在需求。全球互联互通的高速移动互联网正在成为推动构建人类命运共同体的新平台和新机制。在这个前提下，推动基于文明互鉴和文化交融的新全球化，是大势所趋、人心所向，不是哪个国家、群体或者个体的退群主义可以阻挡的。

在媒介与社会一体同构、传播驱动全球秩序重构的背景下，中国作为新全球化进程的重要倡导者和新引擎，对国际传播人才的需求和培养，比以往任何时期都更加迫切和重要。以信息传播理论为引领、以跨文化传播能力为核心、以创新社会责任体系为保障的国际传播人才，是新全球化重要的推动性力量和传播使者。打造一支优秀的国际传播人才队伍将有力促进中国文化精神融入世界，驱动 21 世纪的新全球化行稳致远。基于此，本文认为，在媒介与社会同构的时代背景下，国际传播人才培养必须着力解决信息传播理论的范式构建、跨文化传播能力的全面提升和社会责任体系的系统再造三大问题。

---

* 本文原载于《现代传播（中国传媒大学学报）》2021 年第 1 期（总第 294 期），被《新华文摘》2020 年第 7 期全文转载，收入本书时略有删改。

一、信息传播理论范式的系统构建

作为国际传播人才培养的基础理论之一，新闻传播理论正在经历着从概念到理论再到方法的全面转型。从历史上来看，新闻传播理论聚焦于传统媒体和新兴媒体的专业化实践，形成了比较垂直而系统的学科化理论体系。随着媒介与社会一体同构进程的深入，新闻传播在社会信息流量池中的比例逐渐缩小，内涵更广的信息传播兴起为新的理论范畴，基于信息传播的媒介化生存社会正在形成。与此同时，加速的信息技术革命正在创造着人类社会传播与交往的无限可能，为处于媒介化社会的人们提供了多元的生活空间和个性化的生存方式。在信息传播技术革命重构人类社会传播生态的背景下，在全球互联互通从线下向线上系统转移的过程中，传统新闻传播理论对当下和未来的信息传播和媒介生态提出的新问题、新挑战难以给予有效解释和回应。新闻传播理论转型为信息传播理论的必要性和迫切性正日益显著。面向未来社会的信息传播理论将成为媒介与社会同构的时代背景下国际传播人才培养的新理论范式。本文试图从本体论、认识论、价值论和方法论四个维度探索这一理论范式的构建路径。

（一）本体论

信息传播理论范式的构建聚焦从融合媒体到智能媒体再到媒介与社会一体同构的历史进程，其研究对象要超越传统媒体与新兴媒体的二元划分，关注人类社会传播从传播小众到传播大众，到大众传播，再到如今的个性化传播的大转型。信息传播理论不再以媒介作为学科边界，而是以媒介作为环境，以媒介化作为学科理论范式转型的切入点。在这个意义上，融合媒体以及未来的智能媒体不仅是传统新闻传播理论话语中的媒介或中介，而且是信息基础设施和社会的操作系统，技术融合、人人融合、媒介与社会融合是其本质特征。①大数据、云计算和人工智能是这个操作系统的主要构成部分,可计算性或可编程性是这个基础设施的技术特征,并驱动着一个个性化传播时代的到来。因此,信息传播理论范式的构建需要首先瞄准这一新技术生态,关注信息传播技术的迭代更新对媒介与社会一体同构的系统性影响,尤其是对传播内容边界的拓展。在这个新生态中,新闻仅仅是信息的一个构成部分,更泛化和更多元的信息将主宰人们的移动化、数字化和智能化生活。

(二) 认识论

信息传播理论范式的构建需要立足科技思维,超越单一的技术工具主义,将技术作为理论和环境。虽然早在大众媒体时代之初,技术的向度就以机械复制时代②的隐喻定义着人类历史上一个新的传播时代的到来,也以无远弗届的想象加持着一个全球化电子帝国的形成。然而,高速移动互联网在全球兴起却将人类社会的媒介化推向了一个新的阶段,作为新型基础设施的信息传播技术对社会信息系统的重构也在加速进行。第一,技术作为理论应成为信息传播理论范式搭建的重要支点。这不仅是对技术重要性的认知,更是对以技术为核心研究对象的相关理论的全面融合。技术哲学、网络空间安全、基础设施和平台化研究等相关理论可以用来创新传统的新闻传播理论,为构建信息传播理论的新范式服务。③第二,技术作为环境是媒介化社会的主要表征。曾经内嵌于社会逻辑中的技术力量开始全面主导社会进程。在这个转化过程中,技术逻辑的中心化和弥散化是主要特征。社会正在被技术重构,技术突

---

① 廖祥忠.从媒体融合到融合媒体:电视人的抉择与进路[J].现代传播(中国传媒大学学报),2020,42(1):1-7.
② 本雅明.机械复制时代的艺术作品[M].王才勇,译.北京:中国城市出版社,2002.
③ 技术哲学,聚焦于对技术的社会进程的解构,分析技术本身的政治和文化倾向,将有助于新闻传播理论突破单一的技术客观性迷思,思考技术的生产性和建构性作用;网络空间安全,致力于研究网络空间内的信息安全问题、技术解决方案和治理体系创新,将有助于新闻传播理论进入更加复杂和跨学科的互联网研究场域,拓宽对技术问题的认知;基础设施和平台化研究,关注信息传播技术的基础设施化和大型互联网公司主导全球数字平台的趋势,致力于从文理结合的角度,研究以大数据、云计算和人工智能为代表的信息传播技术的新特征,以及相应的组织、制度和政策问题,将有助于信息传播理论更好地与传播生态的变革绑定。

破"迷思"①，开始全面渗透日常生活。在过往的新闻传播理论中，技术往往被视为第二位的或者派生性的存在，也经常被放置于"技术决定论"的批判性话语中。然而，如今的信息传播技术已经超越了工具角色，成为社会的底层架构和操作系统。信息传播理论范式的构建必须充分认识到这一技术环境的基础性作用，将技术逻辑和技术文化内化到研究的设计中，融合到信息传播理论的创新话语里。

（三）价值论

信息传播理论范式的构建需要因应新的技术趋势和内容生态，确立新的价值基点，并积极回应以科技较量和文化比拼为主要内容的国际传播新问题。长期以来，面对以媒体融合和媒体走出去为特征的中国传媒变革，基于效果和媒介体制研究与判断而衍生的传统新闻传播理论，其服务面向和理论创新的价值旨趣一直游离不定，没有有效聚焦。一方面，这源于引入的西方传播理论的非普适性，及其对丰富多样的中国传播实践的解释力和引导力的匮乏；另一方面，则是理论研究对实践领域的有意或无意的遮蔽，导致了理论话语与实践话语的严重脱钩，从而加剧了学界和业界的认知隔阂。因此，信息传播理论新范式的构建迫切需要确立三个新的价值基点：第一，全面把握全球范围内有关信息传播的基础理论脉络和前沿创新路径，找寻中外学界关于信息传播研究的对话合作基础，尤其是在信息传播科技领域达成更多共识，形成创新合力；第二，充分理解世界文化多样性及其在信息传播领域的具体体现，立足自身文化传统、话语体系和实践基础，推动信息传播理论的本土化创新，比如围绕中国传媒制度和传播实践，建设具有中国特色、世界一流的中国传媒学派；第三，深刻认识信息传播理论范式的构建不仅要服务于以媒体深度融合为核心的中国传媒改革和以提升国际传播能力为核心的文化软实力建设，而且要参与推动数字中国建设和构建国内国际双循环等国家战略，

---

① MOSCO V. The digital sublime: myth, power, and cyberspace[M]. Cambridge: The MIT Press, 2004.

并最终服务于实现"两个一百年"奋斗目标。总而言之，在价值论层面，构建信息传播理论新范式需要树立国家站位、拓宽全球视野、包容多元文化、扎根本土实践。

（四）方法论

信息传播理论范式的构建强调研究方法的融合创新，尤其是用自然科学方法研究人文社会科学的重大问题。面对庞大的社会数据集和以量子计算为代表的新科技，传统的人文社科研究方法正变得黯然失色，并尝试着进行自我革命。近几年来，曾经泾渭分明的社会科学方法论、解释学方法论和批判的方法论正在走向深度整合，质化研究和量化研究的独立性变得不再显著。基于样本的统计分析正在走向大数据方法，曾经活跃在线下的民族志方法正在走向线上和经历数据化，多种方法结合使用将成为信息传播理论研究的常态，借助技术的力量实现研究范围和研究深度的双重拓展。以计算传播学为代表的基于方法论创新驱动的理论创新正在呈现爆发增长的趋势，传统新闻传播学走出长久以来的"内卷化"[①]态势的历史机遇正摆在我们面前。然而，上述的局部性创新和拓展仍然无法回应一个媒介与社会加速一体同构时代的到来。信息传播理论范式的搭建亟须自然科学方法在人文社科领域的系统应用。

事实上，传统的新闻传播理论本身就是跨学科的产物，一个多世纪以来其不断地从哲学、文学、历史学、艺术学、政治学、社会学、经济学、心理学、系统科学、通信科学等学科汲取养料，最终形成了建制化的学科体系。然而，随着信息传播技术革命和媒介与社会一体同构进程的加速，新闻传播理论面临创新乏力、解释力不足的发展瓶颈，更无法有效指导媒介与社会同构时代的国际传播人才培养。在新文科建设赋能学科融合的背景下，我们要意识到新闻传播学术史上的跨学科大多是在传统文科体系之内，而新文科建

---

① 李金铨.关于传播学的新思考[M]//洪浚浩.传播学新趋势.北京：清华大学出版社，2014：14.

设要求突破这一传统文科边界,将文科和工科的相关知识创新集纳在一起,系统回应媒介化社会的新问题和新挑战,助力于搭建中西之间理论沟通的新桥梁。这是系统构建信息传播理论范式的时代背景和逻辑起点。

二、跨文化传播能力的全面提升

目前,我们正处在一个全球化危机频发和新全球化重启叠加的时代。在这一背景下,全球性或区域性文化冲突此起彼伏,民粹主义、种族歧视大行其道,传统媒体的国际传播被不断紧张的地缘政治关系绑架,民族文化传承与世界文化交融面临着前所未有的巨大挑战。以中国为例,脱贫攻坚的伟大胜利无法改变部分西方国家和媒体对中国的怀疑乃至敌视态度,根深蒂固的意识形态对立仍然主导着国际传播的认知框架,诸多跨文化偏见和冲突亟待解决。与此同时,虽然仍然存在着遍布全球的数字鸿沟,但基于移动互联网的全球互联互通已成定势,文化交往和文明互鉴需要超越威斯特伐利亚体系建立以来以民族国家为主体的国际传播框架,进入多元主体和多维互动的立体式传播新阶段,全球传播业已成为一种全时全域的沉浸式存在,互联网上的每一个个体都成为构建人类命运共同体的参与者。正如中共中央办公厅和国务院办公厅印发的《关于加快推进媒体深度融合发展的意见》所指出的,要"逐步构建网上网下一体、内宣外宣联动的主流舆论格局",传统上"内外有别"的对外传播准则必须要调整适应到"内外互动"或"内外融合"的新语境和新常态上来,如此才能真正"打造全媒体对外传播格局,讲好中国故事,传播中华文化"。①

媒介与社会同构时代,国际传播人才培养需要一方面传承传统优势内容,包括信息传播理论和多语言交际能力;另一方面拓展能力范畴,既要夯实民族文化认同感和理解力,扎牢文化之根,又要懂得文化共情,实现从新闻传

---

① 中共中央办公厅 国务院办公厅印发《关于加快推进媒体深度融合发展的意见》[EB/OL].
(2020-09-26)[2020-11-05]. http://www.gov.cn/zhengce/2020-09/26/content_5547310.htm.

播到信息传播再到情感传播的重要转向,全面提升跨文化传播能力。有学者提出跨文化能力包含知识、技能和态度三个要素[①],而跨文化传播能力包含动机、自我和他者知识、对不确定性的忍耐力等三个关键要素[②],也有学者认为优秀的跨文化传播者至少在认知上需要具备友好性、可信度和坚定性[③]。笔者认为,在推动构建人类命运共同体的全球传播大转型的语境下,国际传播人才的跨文化传播能力提升需要聚焦认知、知识和技能三个层面。

(一)深刻认知民族文化和世界格局

国际传播人才的跨文化认知能力包含三个关键维度。第一个是文化自信维度。这是基于扎实的文史功底从而对民族文化的深刻体认,目的是解决国际传播人才培养中的民族文化缺失问题,如此才有对世界史多样性的开放理解,以及对超越文化差异乃至文明等级论的创新思考。当然,文化自信不是自我中心,更不是文化自大,而是对自身文化传统及其多样性和延续性的高度认同与遵从,是"从文化自觉到文化自信、文化自强再到文化伟大"[④]的精神轨迹。中国传统文化和传统思想价值体系对理解当今中国发展道路和全球化进程的启发性是跨文化传播的基础认知能力。第二个是百年未有之大变局的世界史维度。其中既包括对西方中心主义世界史叙事的持续反思,尤其是西方世界自工业革命以来,以殖民主义和帝国主义等不平等结构所搭建的世界体系在世界金融危机的冲击下正在面临衰退,也涉及对以中国为代表的新兴经济体如何结合本土的政治智慧和悠久的文化传统,探索独立自主的可持

---

① What is intercultural competence? In Global Perspective Project, GCULEAD [EB/OL]. [2020-11-03]. http://www.gcu.ac.uk/media/gcalwebv2/theuniversity/centresprojects/globalperspectives/Definition_of_Intercultural_competence.pdf.
② 8.4 Intercultural Communication Competence[EB/OL]. [2020-11-06]. https://open.lib.umn.edu/communication/chapter/8-4-intercultural-communication-competence/.
③ SPITZBERG B H. A model of intercultural communication competence[M]//SAMOVAR L A, PORTER R E. Intercultural communication: a reader. Belmont: Wadsworth, 1997: 388.
④ 姜飞,姬德强.发展中的中国国际传播思想及其世界意义[J].出版发行研究,2019(11):70-76.

续发展道路，并为处于危机中的全球化提供新的想象空间和政治经济动能。第三个是以"和而不同"为旨归的文明交流互鉴维度。长期以来，跨文化传播研究聚焦于文化价值导向或文化深层结构的比较，从而发展出"霍夫斯泰德六维度"等代表性的理论范式，将人类社会的多元文化放置在二元论的框架里，鲜有超越差异寻求大同的理论旨归。中国领导人提出的"人类命运共同体"理念恰恰是在整合中国传统天下观和西方现代化理念的基础上，希望超越差异和冲突，在一个互联互通的时代寻找命运共同的连接点。因此，优秀的国际传播人才需要在认识不同文化差异的前提下，以真诚、包容和开放的心态理解世界文化多样性，尝试着促进文化间理解，共建新全球化时代的全球共同体。①

（二）系统学习域外知识和他者经验

国际传播人才的知识体系需要由丰富的域外知识和他者经验构成，同时要充分吸纳以互联网思维为代表的技术文化知识，这是媒介与社会同构时代的国际传播对全知型人才的需求。第一，政治方面，要深入了解和充分学习不同国家和地区的政治文化与政治制度，以及历史视野中政治文化与政治制度的变迁轨迹，掌握世界政治文化的多样性；第二，经济方面，要熟悉市场制度诞生和发展的历史逻辑，了解不同国家和地区的经济政策与经济实践之间的互动关系，及时跟踪全球经济发展前沿问题，把握中国与世界在经济领域活动的核心问题；第三，文化方面，要敬畏多样性和差异性，用"文化间性"的视野吸纳"他者"的文明成果和文化经验，以"美人之美、美美与共"的精神与多元文化对话共生；第四，社会方面，要了解不同国家和地区的社会群体在民族、种族、性别、代际和日常生活方式等方面所展现出的独特性，深入理解其中的群体动力，深化对民心相通的重要性的认知；第五，还需要充分了解世界媒体制度的多样性，从传媒的规范理论到比较媒体制度研究，

---

① 李怀亮.从全球化时代到全球共同体时代［J］.现代传播（中国传媒大学学报），2020，42（6）：1-5.

都应成为国际传播人才的必修课。面对互联网重构全球传播生态的现实，国际传播人才培养也要跟上技术文化的转型步伐，尤其是最具代表性的参与文化、共享文化和圈层文化，高度关注网络虚拟社会的构建与二次元文化等文化新阵地。作为互联网原住民，未来的国际传播人才将是二次元文化的建构者和传播者，他们的行为方式、认知方式、情感方式、思维方式将决定跨文化传播的方向，乃至构建人类命运共同体使命的成败。

（三）全面提升共情能力和沟通水平

媒介与社会同构时代的国际传播人才培养需要着力提升文化共情能力和二次元沟通水平。对外传播一方面是信息的传播与知识的分享，另一方面是跨文化的情感互动或情感传播，后者反过来会加持前者的传播效果。因此，"讲好中国故事"一方面是知识型的讲"好的中国故事"，涉及如何结合中国文化立场和国际受众需求组合中国故事元素；另一方面是"讲好"中国故事，超越听懂和看懂的理性主义逻辑，实现跨文化的情感共鸣，从而传递一种温度，达成情感世界的愉悦。李子柒的短视频在海外社交媒体上的流行恰恰证明了充满人文温度和情感互动的视频作品更容易突破文化的边界，在最大化传播效果的同时承载着跨文化共情的使命。

与此同时，随着以 TikTok 为代表的移动社交媒体在全球市场内的快速渗透，二次元文化在国际传播中所展现出的优秀的跨文化传播能力正在得到人们的广泛关注。未来的国际传播人才本就是互联网时代的数字原住民，也是在二次元文化中成长起来的原生的跨文化传播者，其更熟悉互联网思维和平台化思维[1]，更熟悉如何在文化脱域的背景下进行跨文化互动。随着互联网成为全球传播的新阵地和主阵地，国际传播人才培养要高度重视二次元文化在国际传播中的破界作用，着重培养以短视频、社交媒体、算法推荐新闻等为代表的新技术应用能力，拓展以共享、共情、共建为特征的跨文化传播沟通

---

[1] 史安斌，童桐.世界主义视域下的平台化思维：后疫情时代外宣媒体的纾困与升维［J］.对外传播，2020（9）：4-7，1.

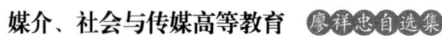

能力，用符合国际受众，尤其是互联网原住民接收、转发和再创作喜好的方式，创新数字内容的设计、制作、宣发和营销能力。

综上所述，以信息传播和文明交流为己任的国际传播人才需要具备开放包容的全球视野，能够用全球思维解决本土问题，用全球共情理解他者视野。只有实现从新闻传播到信息传播再到情感传播的理念和实践转向，才能有效促进跨文化理解，共同构建跨文化共识。

三、社会责任体系的系统再造

在媒介与社会加速一体同构的进程中，虚拟社会与现实社会的边界正在进一步模糊，虚实社会同构将成为这一时代社会形态的重要特征。在这一新社会形态下，高速移动互联网是新型传输基础设施，大数据、云计算和人工智能是新的内容生产力。不断智能化的全媒体环境正在以强大的算力和复杂的算法主导着人类社会交往方式的变革。然而，缺乏系统管制、责任主体缺失的算法往往在流量逻辑的驱动下一味讨好用户，在不断生产和推荐同质化内容的同时塑造着用户对于平台的高度依赖关系，让互联网上的每一个个体深陷在过滤泡和回声室里。除此之外，算法霸权还使得人的因素在技术变革中的作用变得愈加渺小。自动化虽然大大提升了信息传播的生产力，但也异化了人机关系，使得人的主体性面临前所未有的危机。互联网是人类社会作茧自缚吗？这一伦理问题的追问正在驱动着人们对责任和规制问题的系统性思考。目前，全球社会正处在一个传播伦理危机和重构的历史转折点上，也正在经历信息传播向价值传播的重大转型。

这一新社会形态和大转型呼吁国际传播人才培养要传承现实社会中的家国情怀和媒体责任，以坚强的政治定力和优秀的传播能力，在虚假信息、文化偏见、政治抹黑和极端情绪影响网络舆论主阵地的当下，引领夯实主旋律，积极维护国家形象和国际信息传播的良性秩序，为全球可持续发展提供可靠的信息来源和可信的传播平台；同时，要求国际传播人才持续提升自身的数字素养，包括数据素养、算法素养和人机伦理等，以有效应对和主动把握虚实社会同构语境下信息传播所带来的全球性的数字伦理危机。国际传播学会（International Communication Association）将2021年会议的主题确定为"社会关怀"（care），也是希望在剧烈变迁的媒介环境中，确保传播促进社会公正。在这个意义上，国际传播人才的社会责任体系的系统再造已经迫在眉睫，成为虚实社会同构语境下的前沿性问题。因应新社会形态和传播大转型，媒介与社会同构时代国际传播人才的社会责任体系至少应包含以下三个方面。

（一）专业精神

国际传播人才培养要高度重视如何在融合媒体和智能媒体的环境下弘扬从业者的专业精神，重组专业能力结构，重建从业者的专业权威，以确保被虚假信息和情绪聚集影响的社会大众能够回归到有正能量和有秩序的信息环境中。为了达到这一目的，国际传播人才培养需要树立两种专业精神：第一，面对以社交媒体、搜索引擎和算法推荐内容为代表的信息获取平台的崛起，专业从业者应具备更优秀的事实甄别力和信息生产力，以及长期以来形成的确保信息有序的职业操守。人人媒体时代释放了大众传播的巨大潜力，算法成为智能媒体时代的第一生产力，但两者均不能替代以职业传播者为主体的媒体机构的真相和权威生产机制。只有接受过专业教育和严格培训的信息传播从业者或称"知识生产者"[1]，与其他领域的专业工作者（如公共卫生专家）以及算法的生产者（如科学家和工程师）进行合作，才能共同成为信息秩序重建的支撑性力量。换句话说，让人控制算法、让算法传递正能量、让正面声音主导社会舆论是专业精神的核心内涵。第二，纵观历史，专业媒体人才本就具备优秀的多平台、多渠道和多终端的调整适应能力，如今在主要互联网平台上制作优质内容的人才和团队也大多来自传统专业媒体机构。这一事实表明，即便在众声喧哗和算法霸权的媒介与社会同构时代，专业媒体人才

---

[1] 龙小农.知识生产者：记者社会角色的另一种想象[J].现代传播（中国传媒大学学报），2018，40（8）：26-33.

的专业能力仍然有着不可比拟的优势，其只需要更好地认识新技术特征，更好地内化互联网思维，更迅速地调整应对策略，做好数字化、移动化和平台化转型，就可以推动主旋律主导算法，领衔守护一个良性的可持续发展的信息传播秩序。

（二）数据素养

虚实社会同构语境下，国际传播人才除了对传统专业能力的继承与发展，还需要持续提升以数据素养、算法素养和人机伦理等为核心要素的新技术素养水平。一个超越专业能力的数据素养概念理应成为国际传播人才社会责任感的重要组成部分。其中，数据素养指的是对大数据和云计算作为社会信息系统新基础设施的高度认知和应用能力。数据化确实可以解决人类社会转型的诸多理性和感性问题，在面对重大公共危机事件时也发挥了重要的监测、预警和服务功能，更极大地驱动着媒体融合的进程和舆论环境的转变。然而，大数据本身并非无所不能。如果没有法律和道德的规范，数据的收集和使用会产生类似侵犯隐私的社会伦理问题。国际传播人才需要识别和理解大数据发展的阶段性，更需要懂得数据化的长处和短处，以更好地指导自身基于数据的信息传播工作。除此之外，算法正在以其空前的生产力驱动着人类信息传播和交往方式的变革，但算法本身并非十全十美，其既有对人的主体性的驱离，从而进一步加剧人的异化，也有偏见性或者倾向性的内容生产，在增加用户黏性的同时消解了公共讨论空间。国际传播人才的算法素养要求其深刻认识到上述问题，并尝试进行干预，合理匹配人力和算法，在发挥算法生产力优势的同时，避免产生伦理危机。随着人工智能技术推动的"赛博格"时代的到来，人与机器的边界亦变得愈加模糊。更好地借助智能技术解放和发展生产力是第一准则，但也要提升人对自身主体性的清醒认识，从而在"科技向善"的前提下实现人机合力。未来的国际传播人才既要从政策层面积极推动相关规制体系的建立，也要从实践层面实现对人的主体性的张扬，避免成为算法的奴隶。

（三）家国情怀

在实现"两个一百年"奋斗目标和中华民族伟大复兴的宏大政策指引下，国际传播人才应具备深厚的家国情怀。中国的崛起既是对新全球化的重要驱动，也是自身发展动力和文化传承使然。作为专业的信息传播者和具备高水平数字素养的全媒体人才，国际传播人才要深刻认识到，包括媒体融合在内的一系列变革都是达成上述历史宏愿的重要手段。全媒体建设和智能媒体发展本身很重要，但更重要的是参与到国家的现代化建设和中华民族伟大复兴，乃至国际信息与传播新秩序的重建中来。在这个意义上，国际传播人才所承担的是向中国人民和世界人民讲好中国故事的历史责任。因此，国际传播人才既要超越单一的专业和行业身份，将自身定位于国家发展政策的大版图，也要立足家国情怀这一民族文化之根和时代发展之魂，与国家共振、与时代共频、与人民共情。如此，媒介与社会同构时代的国际传播人才才能真正扮演起历史赋予的关键角色。

四、结语

媒介与社会同构时代的国际传播人才培养是一个系统工程，不可能一蹴而就，但我们已经站在一个新的历史起点上，处在一个媒介与社会加速一体同构、跨学科知识创新的新时代，需要即刻出发。新文科建设恰恰兴起于这一学科边界消弭、技术再造传播的新语境中。新文科的本质内涵是高等教育在面对新科技、新媒介和新平台所引发的社会新现象、新问题和新变化时的一次认知重启，是为了进一步理解当下社会并把握人类发展趋势所进行的跨界思考与专业生态重构，要坚持"人文为体，科技为用，艺术为法"，推进交叉学科融合发展。就新闻传播学科而言，更深层次的变革在于技术强权对思维模式和教育方式的系统性革新，融合驱动与交叉创新是其动力特征，重大的知识创新将会更多出现在交叉学科领域。

新文科建设要求我们尽快实现新闻传播理论向信息传播理论的全面转型，为媒介与社会同构时代的国际传播人才培养创新话语体系和理论范式。推动构建人类命运共同体要求国际传播人才具备优秀的跨文化传播能力，以满足全媒体对外传播格局建设的需要。媒介与社会同构的趋势呼吁国际传播人才再造自身的社会责任感，从专业精神、数据素养、家国情怀等方面提升社会关怀水平。除此之外，国际传播人才培养还是一个社会工程，需要高校联合各类社会力量共同打造一个开放、立体、多元的创新教育和实践平台。

从媒体融合到融合媒体：电视人的抉择与进路*

一、引言：技术与社会视野中的电视媒体

媒体融合是一个过程，而不是结果。从媒体融合到融合媒体，这既是我们正在经历的技术进程，也是电视人需要认清的发展分期。在3G、4G和5G迭代升级的技术革命逻辑中，融合的主体和路径均发生了颠覆性的变化。如果"融合也许还有下半场"①，那么这个"下半场"将以融合媒体为主导，进而为智能媒体时代的到来孕育技术、市场和组织条件。

在推进媒体融合向纵深发展②的新时期，电视人需要高度重视这一过程以及每个阶段所呈现出来的技术变革潜能，从而有效定位自身所处的历史坐标，整合系统内外资源，在加速的技术革命中重塑自身的主体性。正如过往的人类传播史所呈现的，媒介的迭代是呈加速度进行的，如果没有一个前瞻性的视野，任何社会、群体和个人都会被急速变迁的媒介环境边缘化。与此同时，与社会的长期互动使得任何一种媒介都内化了丰富的社会基因，在漫长的人

---

* 本文原载于《现代传播（中国传媒大学学报）》2020年第1期（总第282期），被《新华文摘》2020年第7期全文转载，系国家社科基金艺术学重大项目"网络文化安全研究"（项目编号：19ZD12）的研究成果，收入本书时略有删改。

① 央视副台长孙玉胜：视频融合的路径与方法［EB/OL］.（2019-12-03）［2019-12-10］.https://www.cctvppzg.com/Info/detail/cat_id/46/c_id/49/ id/1356.html.

② 习近平：推动媒体融合向纵深发展 巩固全党全国人民共同思想基础［EB/OL］.（2019-01-25）［2019-10-31］.http://www.xinhuanet.com//politics/leaders/2019-01/25/c_1124044208.htm.

类传播史中展现出跨越时空的影响力。

这一既面向未来又立足历史，既聚焦技术又包容社会，既欢呼革新又关注传承的多维的、审慎辩证的历史逻辑，是理解从媒体融合到融合媒体的历史性转变的关键视角，是综合把握电视媒体从权威消解到权威重构过程的核心脉络。这一技术与社会的互动关系对于我们理解中国电视的融合发展进程有着重要意义。

1983年，第十一次全国广播电视工作会议确定了"四级办电视"的方针。从此以后，"扬独家之优势、汇天下之精华"[1]成为中国电视人对自身历史使命和社会责任的定位，也是电视从边缘走向强势[2]，并作为国家主流媒体全面登上历史舞台的精神气质。近40年来，电视作为电子媒体时代的主导性媒介，先后经历了全面建设、转型整合和融合发展三个历史阶段。电视媒体在改革开放的历史进程中扮演了宣传者、教育者、组织者和娱乐者等多种角色。中国也从电视大国逐渐走向电视强国。[3]

本文聚焦于融合发展这一新语境，即在技术和市场驱动下，在传媒业的裂变与重组中，电视媒体从媒体融合加速转向融合媒体的动力机制逐渐形成。随着融合进程的加快，电视的传统优势已经消失。在AI领衔、5G驱动、VR崛起的融合媒体时代，如何全面勾画媒体融合的全景图，如何深刻把握媒体融合的本质，如何审视电视业的转折、责任与发展进路，是当下电视人必须直面的重大命题，也是理解中国电视转型逻辑的理论起点。

二、媒体融合的全景图

自从尼古拉斯·尼葛洛庞帝（Nicholas Negroponte）和伊契尔·索勒·浦尔（Ithiel De Sola Pool）[4]等人提出并发展这个概念以来，"媒体融合"（media

---

[1] 该提法最早由时任广播电视部部长的吴冷西同志提出。
[2] 常江. 中国电视史[M]. 北京：北京大学出版社，2018：3, 196.
[3] 赵玉明. 新中国广播电视事业的特点[J]. 新闻与写作，2005（11）：25.
[4] DE SOLA POOL I. Technologies of freedom[M]. Cambridge: Belknap Press, 1983.

convergence）就成为网络化时代各种媒介多功能一体化发展的代名词。然而，纵观全世界，这个过程进行得并不顺利，也并不平衡。在不同的时空中，媒体融合往往与媒体分化（media divergence）并存，并呈现出辩证发展的关系。① 技术与市场创新往往受到更为复杂的社会信息系统的过滤和影响。换句话说，媒体的分化与整合一直是历史的一体两面，在不同的历史时期呈现不同的面向。20 世纪 90 年代以来，从政策上的调整和机构上的整合，到基于"互联网上半场"的接收终端、传输平台以及业态融合，再到如今基于 5G 和 AI 技术的智能媒体新生态建设，我们可以发现，融合是创新与坚守的辩证发展过程，矛盾的主要方面随着技术、人才、资本、政策等主要因素配置方式的变化而变化。

基于此，本文将媒体融合发展的全景图划分为三个时期，即媒体融合期、融合媒体期和智能媒体期，并针对每个时期进行了阶段划分，以展现在技术与社会互动背景下，新旧媒体此消彼长和相互渗透的融合过程（见图 1）。

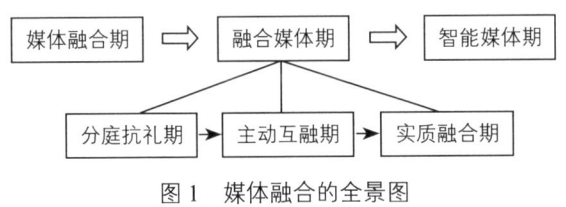

图 1　媒体融合的全景图

（一）媒体融合期

这一时期大致可以设定在 2001 年至移动互联网问世之际。方兴东等将这一时期定义为互联网发展的 2.0 时期。② PC 端能跑视频是其主要技术特征。这也是电视媒体在保持自身增长势能的同时，参与媒体融合进程的起步阶段。

---

① SPARVIERO S, PEIL C, BALBI G. Media convergence and deconvergence [M]. Berlin：Springer, 2017.
② 方兴东，潘可武，李志敏，等. 中国互联网 20 年：三次浪潮和三大创新 [J].新闻记者，2014（4）：3-14.

随着带宽的不断扩容，互联网先后可以传送承载文字、图片和视频等信息形态，多呈现方式、多媒介成为当时传媒业的新业态。平面媒体和广播电台广泛触网，在实现内容上网的过程中尝试网络化转型。网上读报成为新的现象，网络广告的雏形开始出现。

网络视频在2005年后开始兴起，视频传输和泛在接收成为互联网给电视媒体未来融合发展埋下的伏笔。可以说，得益于技术和市场的双重驱动，网络新媒体顽强生长，摸索前行，从无到有，由小到大，扮演着视听产业的增量角色。

与此同时，电视牢牢占据存量优势，傲然独立于媒体之林。凭借强势覆盖和优质内容，电视媒体呈现出稳定乃至加速的增长态势。有线电视数字化大幕开启，数字革命拓展了电视的内容空间和服务功能，大幅提升了节目质量；中央电视台黄金时段广告招标被视为中国经济的风向标；中国传媒第一股"电广传媒"引领了电视向资本密集型产业转型；"超级女声"等娱乐节目的崛起成为中国社会的新文化现象；省级卫视市场洗牌催生了电视新贵，对央视的主导地位形成挑战；在汶川地震等重大事件中，电视媒体扮演着核心的议程设置和社会动员者角色。如此众多的历史事实夯实着电视人在社会舆论乃至娱乐文化中的主导地位。凭借市场主导优势，电视媒体扮演着强势角色，几乎可以视互联网于无物。

然而，随着互联网不断扩容提速，顺应技术大势的网络新媒体迅速俘获了大量用户，尤其是年轻群体。电视媒体不得不重新审视网络媒体的存在，并尝试向网络化延伸。通过成立附属性的新媒体部门，电视媒体启动网站建设和推动电视节目上网。此时，虽然电视上网只是一个附加动作，但媒体融合的理念却在中国传媒业中发酵，为随后的融合媒体时代的到来奠定了认识论基础。

简而言之，在媒体融合期，电视媒体仍呈现稳定的增长态势，依然保持着独立而完整的内容制作、传输和用户接收技术体系，拥有专属的传播空间和特定的传播方式，其主流媒体地位不可撼动。此时的媒体融合，只是电视媒体向PC端的延展，向互联网的单向接入，也就是"简单等同于建立网络终端，把互联网平台作为电视内容的延伸播出端"①。电视虽然开始拥抱互联网，但只把互联网视作它的补缺。

（二）融合媒体期

这一时期大致始自 2008 年，以以 3G 为代表的移动互联网的兴起为起点，持续到 5G 的全面普及与应用。之所以以 2008 年为起点，源于传媒业内部一个新的权力格局的形成。"如果从研究和叙事的完整性上看，以 2008 年作为研究年代的止点似乎更为科学"，因为"电视的这种强势地位是从 2008 年开始受到新兴的互联网媒介的全面挑战"。②3G 出现后，移动互联网发展进入快车道，开始逐渐打破媒体融合的传输瓶颈。2009 年，无线传输协议新标准（802.11n）的启用，大幅提升了 Wi-Fi 的传输速率。新旧媒体间的技术界限在传输平台和接收端开始出现消弭的迹象。此时的网络新媒体由大变强，电视媒体不再保持增长势头，开始出现衰弱的趋势，融合媒体的大幕由此拉开。

这一时期如果细分，可大致分为三个阶段：

首先是分庭抗礼阶段。这一阶段大体可以设定在 2008 年到 2014 年，也就是截止到 4G 牌照的发放和正式商用。在这个阶段，新旧媒体间的边界依然清晰，分庭抗礼的格局显而易见。

一方面，电视媒体依然保有庞大而完善的技术体系，以及相对稳固的收视和广告市场份额。在基于高速移动互联网的多屏世界正式到来之前，电视依然是视频消费的主要平台。国家工商总局的数据显示，"2014 年，我国四大传统媒体的广告收入之和为 1994.63 亿元，超过互联网广告收入的 1540 亿元"③。其中，电视广告收入超过 1100 亿元。虽然增长势头不再，甚至第一次出现负增长，但电视媒体依然坐拥传统媒体的资源优势和权威地位，在即将

---

① 王晓红，谢妍.中国网络视频产业：历史、现状及挑战 [J].现代传播（中国传媒大学学报），2016，38（6）：1-8.
② 常江.中国电视史 [M].北京：北京大学出版社，2018：3，196.
③ 李婷.传统媒体广告收入还有多少 [EB/OL].（2019-04-11）[2019-12-20].http://www.bbtnews.com.cn/2019/0411/294686.shtml.

到来的广告收入断崖式下滑之前,与迅速勃兴的网络新媒体形成了中国传媒业的均势格局。

另一方面,以社交媒体、视频网站为代表的网络新媒体如雨后春笋般崛起,借助3G网络的普及而迅速迭代更新,培养并收获了以二次元群体为代表的数字原住民。在分庭抗礼的格局中,在传统媒体的自娱自乐中,网络新媒体以空前的增量潜能、横向的重构性力量,在传统媒体之外搭建起数字时代的新传播生态和新基础设施,并激发了后来的传统媒体自我革命。

值得注意的是,在这个过程中,平面媒体和广播媒体率先迈出了融合的步伐,在互联网和移动端异军突起之时,赢得了在网络空间中与电视媒体平起平坐的地位。传统主流媒体内部的白热化竞争,更加剧了传媒业的裂变与重组。

此时,电视业增长势头不再,网络新媒体的发展趋势迅速上扬。如果说,在互联网发展早期,电视与网络新媒体因为传统权威和传播新贵的立场差异而互相看不起,那么随着互联网表现出空前的用户收割力,电视业不得不在单一的广告商业模式面临危机时放下身段,平等乃至尊重地看待这一新崛起的媒介平台。电视台开始审视并重视新媒体平台建设,开始关注需求侧驱动的供给侧改革。① 此时,省级卫视间的距离开始拉大,有的省级卫视先行先试,巧妙利用网络平台,实现优势互补、相互促进,赢得了发展空间,为行业转型探索了新路,有的省级卫视则固守电视、缺乏创新,开始走向衰弱。

分庭抗礼的格局所揭示的是一个新秩序的到来,即在互联网面前,一切媒体都是平等的。3G技术的广泛应用使得传统媒体意识到机遇和挑战对所有媒体都是公平的,即如何运用互联网思维重组或搭建自身的生产、传输和接收体系。作为电子传播时代的新媒体,也是"地球村"最早的想象性媒介,电视媒体曾展现出变革性的力量,但在高速移动互联网到来之际,却因发展惯性和既有优势,表现得有些裹足不前:既淡漠了收视群体的代际更替和族群差异,

---

① 嵇美云,支庭荣.互联网环境下媒体融合的瓶颈及策略选择[J].现代传播(中国传媒大学学报),2016,38(11):5-7,15.

又在快速而庞大的用户迁移过程中，失去了与以二次元文化群体为代表的数字原住民的有机关联，为后续基于收视率的单一商业模式的瓦解埋下了隐患。互联网虽然兴起于传统媒体体系之外，但将迅速重组存在已久的媒体格局。

其次是主动互融阶段。这一阶段以2014年以来4G的快速普及为前提。在此基础上，移动终端成为大众传播的主渠道，高质量、多样化音视频传输成为新常态。面对不断崛起的网络新媒体，尤其是以微信为代表的社交媒体平台所展现出的空前的内容整合力、渠道统治力和用户黏附力，媒体融合开始从技术议程和市场议程转变为国家议程和国家战略，具有更高的决策度和更强的动员力。这一由上而下的媒体融合政策，驱动着中国电视业进行以互联网思维为主导的流程重构和平台再造，迈向移动端成为其不二选择。

收视群体的代际更迭，收视率和广告收入的断崖式下跌，使得电视媒体意识到亟须弥补技术短板，借助移动互联网拓展传输网络和用户规模，将互联网尤其是社交媒体平台和移动客户端作为新渠道、新终端和新主场。2018年以来，随着5G概念的注入，以"转换传播渠道、转变表达方式、转变生产机制"① 等为代表的融合新思想层出不穷，传媒业态也日新月异，新旧媒体间的迭代重组空前加速。面对瞬息万变的传媒业，电视人不得不为生存而战，通过业态创新纷纷寻找未来的转型发展空间。媒体融合进入深水区，一系列结构性矛盾只有通过自我革命才能得到最终解决。

与此同时，技术和资本驱动的互联网产业以其打破等级的空前强大的连结性优势，重组了人类社会的互联方式，也积累了庞大的数字原住民和移民用户群体。例如，2011年诞生的微信在4G技术的加持下，迅速突破了传统社交媒体的技术和功能边界，融合了社交网络、网上支付、电子商务等多样化功能，在绑定用户的同时成为进入互联网世界的重要入口。然而，庞大的互联网平台需要关系和内容来填充，前者可以依靠社交媒体，后者则需要丰富而多样的内容生产力。瞬间崛起的UGC内容往往因粗糙且无序，难以满足

---

① 裘真.仅留11人办报！新京报为何全员转型到新媒体？[EB/OL].（2019-12-11）[2019-12-12].https://mp.weixin.qq.com/s/fmJ9_Oz3P1ttVCXZHONjeQ.

网络用户从影视观赏经验中延续而来的优质内容消费需求。于是，内容创新和人才队伍成为网络新媒体可持续发展的瓶颈，亟须大量优秀的传媒人才输入，以提升内容生产力。同时，内容无序、伦理失范将网络新媒体置于社会信任危机的漩涡，亟须正能量的输入和监管体系的保障。于是，电视媒体与网络新媒体相融合，人员的跨界流动、内容的相互采撷、平台的互相借力成为新常态。

主动融合的结果是双向的。电视人的融入提升了网络新媒体的内容质量，网络新媒体的技术平台拓展了电视的传播边界。"你中有我，我中有你"从理念开始走向现实，媒体融合的观念开始深入人心。随着国家广电总局等部门对网络视频规制力度的加大、针对性监管政策的出台，网络新媒体从无序开始走向有序。

当前我们身处的这个阶段，电视人兵分两路：一路开拓互联网平台，将内容和服务落地移动端，甚至以移动端为导向重组自身的组织结构和生产体系；一路依然维护着自己相对独立的内容生产、传输和接收体系。换言之，这个时期的特征是电视媒体的双体系运行，存量的延续和调整同时发生。虽然两个体系同时存在，但这一阶段不会持续太久，因为无论是技术还是市场和受众都已准备好迎接传媒大变革的到来。

最后是实质融合阶段。这一阶段将以 5G 技术的普及为首要特征。当下，实质融合尚处于萌芽期。随着带宽扩容、网速提升、网费降低，高速移动互联网正在取代重资产的电视传输网，成为媒体内容的唯一传输平台。电视媒体的传统商业模式将进一步走向衰落。PC 端和移动端将实现统一，网络新媒体的平台性和生态性特征愈加明显。

进入实质融合后，媒体融合将由表层进入深层。5G 的快速布局将催化和加速接收终端的融合和传输平台的统一，进而倒逼供给侧的内容生产革命，以及媒体生产流程的系统性重组和组织结构的重构。各方合力将促成融合媒体的出现。在这个过程中，电视媒体将仅仅保留前端的内容生产系统，相对独立的技术传输体系和接收体系将不复存在。电视台现有的组织结构和运行模式将受到重大冲击。

在这个融合媒体的新生态里，主导电视成为融合媒体的是人人融合、思想融合和媒介互融三个过程。人人融合指的是人才的跨屏跨平台流动；思想融合指的是打破新旧媒体对立观，全面融入互联网思维；媒介互融指的是打破行业壁垒观，一切基于互联网平台及其多边平台经济。① 由此，与这个新生态相伴随的，是一个新秩序的诞生。

互联网在其上半场所爆发出的生产力既产生了效率也制造了混乱。随着以电视为代表的主流媒体大踏步将主战场移至互联网，尤其是移动互联网，其专业优势和职业责任迅速使得回归秩序、重建权威成为融合媒体的新局面。让正能量主导内容，让主旋律主导舆论，让公共服务主导平台，在守正创新中，智慧广电将成为国家数字经济总体战略的重要组成部分。②

综上，从分庭抗礼到主动融合再到实质融合，电视媒体经历了从被动应对到主动出击的战略转变，网络媒体呈现从量化扩张到质化提升的发展转向，双方开始交互共享资源，共同融入高速移动互联网的汪洋大海。以传输体系和接收体系融合为特征的融合媒体，开始强势主导未来的传媒业。

（三）智能媒体期

智能技术已经开始渗透进传媒业，成为媒体融合的新动能。那么，智能媒体是什么？具有哪些革命性的技术和传播特征？欧阳常林曾提到，5G将赋能视频传播，具体表现为传输端的扩容提速、生产端的创新融合和接收端的多样化场景等。在此基础上，笔者认为，真正的智能媒体不是技术加持，而是一场系统性的技术革命，是从接收端到传输端再到生产端的智能化重构。换言之，如果说，融合媒体是媒体在传输平台和接收终端的融合，那么，智能媒体主要是内容生产端的革命。

---

① "多边平台经济时代"会一直持续下去吗［EB/OL］.（2018-08-27）［2019-12-20］.http://www.dooland.com/magazine/article_1011797.html.
② 国家广播电视总局.关于促进智慧广电发展的指导意见［EB/OL］.（2018-11-22）［2019-12-20］.http://www.nrta.gov.cn/module/download/downfile.jsp?classid=0&filename=59bd365261704f1b9541f1b76f0e04eb.pdf.

早在 2018 年年底，笔者便提出了 AGC 的概念。AGC（AI Generated Content），即人工智能生成内容，将是智能媒体与融合媒体的本质差异。以 AI 全面介入传媒内容生产为标志，智能媒体将依托 AGC，全面整合 PGC 和 UGC，形成崭新的内容生产格局。通过 AI 技术的全面引入，整个媒体产业链条将实现全面智能化。

传媒产业链由内容生产端、传输和用户接收端构成。未来，5G 发力于传输，实现传输革命，解决高带宽移动统一接入；VR 作用于用户端，促进接收方式的革命性改变，以沉浸感和交互性来重构人与世界的交往格局；AI 将重组内容生产体系，并最终形成 AI+5G+VR 的智能媒体传播技术新格局（见图 2）。届时，智能媒体将与社会融为一体，并由此改变人类的生活传播方式。

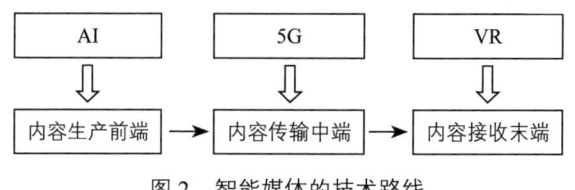

图 2 智能媒体的技术路线

当前，我们正处于智能媒体的孕育期，也可以称为智能媒体的石器时代。在智能媒体搭建的传播环境中，传媒业将彻底被重组，传统电视台的组织结构和生产模式也将不复存在。与社会其他部门一样，电视已经不在互联网之外，新旧媒体之争已经成为历史。未来，电视将脱胎换骨、涅槃重生，走向与移动互联网的全面而系统的融合，成为媒介与社会一体化的重要支撑性力量。人、机器与社会将无缝互联，社会的自动化和智能化水平将得到极大提升，媒体将全面改变世界，一个社会媒介化的时代即将到来。

三、媒体融合的本质

媒体融合的本质是技术融合、人人融合、媒介与社会融合。这三个方面既是媒体融合的进阶性特征，也是指引着我们更好地寻找驱动媒体变革的主要因素，如"媒体互动的新方式、媒体技术的新融合、媒体产品的互相依赖与交叠等"①。

（一）技术融合

技术融合的实质是技术标准和技术体系的融合，是媒体融合的根基。所有的传统媒体都必须直面当代技术强权所带来的结构性重组，顺应技术强权语境下的媒体融合大逻辑是硬道理。在这个融合过程中，任何一个孤立的技术体系都不可能独立存在，必须围绕信息生产、信息传输和信息接收效能的全面提升，围绕社会整体媒介化和智能化的需求而打破既有边界，做出相应改变。

工业化时代的各类媒体往往因分工不同而充满领地意识。媒体机构是内容生产者和传播者，技术是中介和工具，受众是市场。这种分化的传播思想虽然成功塑造了各个领域的专业意识，但也扎起了围栏，埋下了隐患，让传统媒体在信息时代卸不下来自历史惯性的思想包袱，甚至逆潮流而动，只希望在新的媒介生态中找寻一处避风港或避难处。但"青山遮不住，毕竟东流去"，传统媒体只有适应技术更迭的频率，跟上技术革命的步伐，才有生存和发展的空间。随着 AI+5G+VR 主导的智能媒体时代的到来，所有媒体形态终将融入智能媒体的大生态之中。

（二）人人融合

未来，传媒人将不再有行业之分，也将不再有机构之别和身份之异。随着技术标准的统一和媒体产业链的打通，传媒业将合在一起、融为一体。同时，互联网成功赋权社会大众，使其成为内容的生产者和传播者。随着整个社会信息化进程的加速，传统上分而治之的媒体格局将无法适应从数字化到网络化再到智能化生存的新人类群体。互联网高度的连接性拓宽了人们获取信息和社会交往的空间边界，泛在性和沉浸性成为人们对传播的新需求和新愿景。

---

① 廖祥忠. 何为新媒体？[J]. 现代传播（中国传媒大学学报），2008（5）：121-125.

与此同时，基于互联网尤其是移动互联网的各类应用，从电子邮件到聊天软件，从搜索引擎到社交媒体，从游戏动漫到虚拟现实，从长视频到短视频，从门户网站到智能算法推荐，各类新兴媒介形态空前地拓展了人们的认知边界，也成功赋权个体用户，使其成为内容的生产者、加工者和传播者。这正是亨利·詹金斯（Henry Jenkins）所欢呼的网络时代的"参与文化"（participatory culture）①。

随着电视人和新媒体人走到一起，职业传播者与社会大众走到一起，人类的智力资源前所未有地汇合在互联网上。人人融合、人人皆媒时代的到来，使得大众的智慧开始聚合，真正的大众传播开始显示其力量。

（三）媒介与社会相融合

首先，万物皆媒、万物互联智联。媒体的分类将不再按照新与旧、主流与非主流的简单差别，而是以连接性为根本标准，从而回归到媒体概念的本源。"基于感应原件的各种智能物体与新传播技术的交互融合，将推动物体'媒体化'。"②在高速移动互联网的驱动下，人类社会的连接性达到空前的广度和深度。媒体无所不在，成为社会的新基础设施。③如果说以电视为代表的传统媒体拓宽了人类认知未知世界的视野，那么互联网所带来的则是人类与未知世界的全面的物理连接，虚拟空间与现实空间实现融合。随着智能穿戴设备、智能音箱、智能家居的快速普及，物联网从技术神坛走进日常生活，成为人们思考何为媒体的新起点。在这个意义上，媒体不再是一个单独的社会部门，而是智能时代的基础设施和生态环境。

其次，媒介即社会、社会即媒介。媒介与社会一体同构，这是"智能"的根本含义。5G 的成熟和普及，将加速媒介与社会的一体化进程。届时，全

---

① JENKINS H et al. Confronting the challenges of participatory culture: media education for the 21st century. An occasional paper on digital media and learning[EB/OL].[2019-10-31]. https://www.macfound.org/media/article_pdfs/JENKINS_WHITE_PAPER.PDF.
② 柳杰."智媒人才"：5G 时代宣传文化人才新要求［J］.中国记者，2019（9）：126-128.
③ PLANTIN J C, PUNATHAMBEKAR A. Digital media infrastructures: pipes, platforms, and politics[J]. Media, culture & society, 2019, 41(2): 163-174.

社会都将思考何为媒体、如何与媒体产生关系,这将成为一种新的思想现象。对每一个社会个体而言,媒介不再是一种介质,不再是虚拟环境,而是生存的现实环境。高速移动互联网系统性介入社会运行,从数字化生存到智能化生存,个体生活和社会结构将会发生颠覆性变化。融合打破了行业和社会的边界,无界社会的时代开始到来。

四、电视人的抉择与进路

面对传媒大变局,作为传统媒体的代表,电视人表现出奋进、守护、彷徨、离席等复杂的态度和行为。然而,技术所创造的新传播环境驱使乃至倒逼着电视人在思想和行为上进行自我革命,作出历史性抉择,并思考未来的发展进路。

(一)要改变思路,高度重视技术驱动力,直面技术强权

信息传播技术创新重构了人与社会的连接方式,并以不可阻挡之势,对传统媒体的技术模式进行颠覆。这一霸权式的力量驱使电视人必须进行自我反思和自我革命。电视人要充分意识到,"掌握现代传播科技是'智媒人才'的必修'基本功'"[①]。在技术强权的驱动下,未来的智能媒体时代将依托AI+5G+VR的新技术体系。

AI的应用将彻底改变媒体内容端,全面重组内容的制作流程。智能化的信息采集和分析将成为新的生产力,以更精确和更灵活的方式满足着社会大众对于多样化内容产品的需求。

5G的普及将极大拓展电视的传播容量,提升传输速率,统一传输平台。受带宽限制而分化的传播渠道将在5G平台上融合为一体,驱动着前端的生产融合和终端的接收融合。

VR的渗透将系统颠覆内容的消费习惯。全息媒体将极大扩展内容消费的

---

① 柳杰."智媒人才":5G时代宣传文化人才新要求[J].中国记者,2019(9):126-128.

空间维度，塑造用户的全方位体验，并驱动着 AI 生产的全息化和全程化。

三方相互推动、互相借力，在打破传统媒介物理边界的同时，缔造着万物皆媒的新时代和媒介与社会一体化的新生态。在这里，专业与大众、大屏与小屏、人工与智能的边界将逐渐消失，智能传播将以自动化机制满足不同屏幕背后的流动性的观看需求。VR 将彻底摧毁大屏与小屏，带来收视观感新革命。因此，电视人务必深刻理解这一由技术驱动的变革趋势，摒弃传统思维，抛弃领地幻想，勇于迎接挑战，主动拥抱新技术，充分利用新技术平台所拓展的传播空间及其所容纳的多样化的传播样态，争取搭上正在到来的 AI+5G+VR 的高速列车。

（二）要看清现实，清醒认识媒体融合的本质和阶段性特征

媒体融合不再是传统媒体的网络化延伸，也不仅仅是接收终端的融合以及传输系统的统一，而是从生产到传输再到接收的系统性重构，是社会媒介化和媒介社会化的双向进程。因此，在认识技术、人和社会融合为一体的变化趋势中，电视媒体不能延续孤立的技术模式和封闭的行业思维，而是要用高速移动互联网来重组自身的传输体系，用虚拟现实技术重构接收端，用人工智能技术改造生产端，以满足融合媒体和智能媒体时代的视频观看需求。

在此基础上，电视人必须看清从媒体融合到智能媒体的路线图，定位自身所处的时代坐标，提前谋划，占据技术创新、内容生产和服务提升的优势位置，把握住当下所处的主动融合期的历史机遇。只有立足技术前沿和自身优势，电视媒体才能有的放矢，有所作为。媒体大变革前夜，技术革命浪潮汹涌，留给传统电视人的时间已经不多了。

（三）要换位思考，高度重视和主动融入二次元文化

在从传播大众向大众传播[①]转型的过程中，电视媒体需要高度重视社

---

① 廖祥忠. 未来传媒：我们的思考与教育的责任［J］. 现代传播（中国传媒大学学报），2019，41（3）：1-7.

会结构的变化。信息找人替代人找信息，成为传媒业必须进行的理念转向。在一个人人皆媒的传播环境中，在二次元文化中成长起来的年轻人是互联网时代的原住民。他们既是内容的主导者，也是市场的主导者，更是未来社会的中坚力量。然而，他们的行为规范、文化特征、群体心理，却是当下许多电视人的知识盲区和视野盲点。只有开放接纳和主动融入二次元文化，精准分析和把握他们的心理特征，才能找到并贴合未来传媒业的发展方向。

与此同时，电视观众的年龄虽然日益走高，但数字化移民和智能化生存也在这个群体中快速发生。例如，老年人掌握移动端，将会成为用户市场新的增长点。研究发现，2012年以来，"老年网民数量增长130%，老年人触网速度是整体移动互联网普及速度的1.6倍"。[①] 此外，老年人与青年人在网络活跃度方面并没有呈现出显著差异，形成了移动互联网的重要流量池。因此，我们要高度重视各类网络群体的心理和文化特征，让技术和服务离受众更近，扮演好手段和目的这一双重角色。

（四）要守正创新，传承好电视人独特的媒体基因

正如本文开篇所说，与社会的长期互动使得任何一种媒介都内化了丰富的社会基因，在漫长的人类传播史中展现出跨越时空的影响力。人类传播史既是技术的迭代史，也是内涵和精神的传承史。简而言之，传媒业的发展就是充分利用不同历史阶段的符号和技术创新来赋能人类的传播行为，拓展传播空间，构建传播共同体。因此，在技术与人、技术与社会的互动逻辑中，我们既要看到技术的强权逻辑，也要发掘中国电视蓬勃发展近40年来所积累和提炼的独特的媒体基因和传播优势。

首先，电视人拥有忠诚的品质，将高度的社会责任感写在了自己的基因里。自这一职业诞生以来，电视人在阐释国家方针政策、回应社会发展需求、

---

① 崔鹏.腾讯发布《老年用户移动互联网报告》：老年人仍面临手机使用障碍［EB/OL］.(2018-05-09)［2019-11-14］.http://www.sohu.com/a/231049569_115565.

塑造国家内外形象等方面尽职尽责。在为党和国家服务的过程中，电视人锻造了严明的纪律性和坚定的大局观。对党和国家的绝对忠诚镌刻在电视人独特的社会基因里，有效捍卫着中国社会舆论生态的秩序。

其次，电视人拥有精湛的视频制作技术，这是重资产、重装备的电视工业的重要特征和核心遗产。正如孙玉胜所说，视频是传播的最高形态，娱乐是视频的原始属性，却不是媒体影响力和话语权的来源；长短视频各有所长，但视频的品质才体现出主流媒体的专业能力。①5G 拓展了高速移动互联网的传输能力，为视频消费从低质进化到高质带来了机遇。伴随着对高质量视频的需求增长，电视人专业的视频拍摄和制作技术将在移动端得到有效施展。

最后，电视人拥有深厚的家国情怀。在改革开放的春天里，中国的电视业蓬勃发展，与思想解放、市场经济和全球化深度绑定，为国家建构和民族认同制造着文化仪式，为中华民族伟大复兴塑造着社会心理基础。通过电视与国家和民族发展的宏大愿景相连，已经成为中国这个"想象的共同体"的内在传播机制。

守正创新、初心延续。这些独特的基因正是当下融合媒体和未来智能媒体最为需要、最为珍贵的品质。正如"学习强国"App 所展示的，技术创新和主流媒体可以有效结合在一起，使得主流声音能够借助移动端拓展传播力和影响力；与此同时，一个集理论学习、新闻资讯与公共服务等功能于一体的平台式客户端满足了当下混杂的信息环境中社会大众对于传播有序的期待。因此，用主流声音主导网络平台、用主流价值观主导内容，是可期的，也是可行的。

借鉴"学习强国"的创新经验，电视人应保持并尽快将上述独特的社会基因注入融合媒体的血液，写入智能媒体的大脑，为融合媒体和智能媒体发展保驾护航，让其传播正能量、弘扬精气神。如果电视人能牢牢抓住技术变

---

① 央视副台长孙玉胜：视频融合的路径与方法［EB/OL］.（2019-12-03）［2019-12-10］.https://www.cctvppzg.com/Info/detail/cat_id/46/c_id/49/ id/1356.html.

革的机遇，带着电视人特有的基因大踏步迈向融合媒体主战场，开辟新的发展空间，做媒体融合的积极推动者和重要参与者，那么，如今的电视人，也将是未来社会权威信息的发布者、媒体公信力的守护者、网络社会秩序的维护者、虚拟空间精神家园的守望者。

论"电子大字报"的传播特点、社会危害及应对之策*

近年来，我国互联网使用人数激增，甚至超过了西方发达国家，网民在社会生活中扮演着越来越重要的角色。然而，一些网站的许多页面上却充斥着大量造谣、侮辱和谩骂的帖子，有的甚至还有图片和视频。网络本来是一个人们互相表达不同观点、相互交流的公共场所，这些帖子的存在，就好像一座干净整洁、环境幽雅的公园，因为乱倒的垃圾不断累积，变成了一个臭气熏天的垃圾场。读罢这些帖子，如同食蚁吞蝇，大倒胃口。在此，笔者将这种帖子统一定义为"电子大字报"。所谓"电子大字报"，是指利用数字媒体技术平台，以胡乱捏造、讽刺恶搞和诋毁谩骂为主要内容和目的，通过电脑、移动多媒体终端向用户传播的文字、图像、音/视频等信息。

现代网络在数字技术的推进下得以高速发展，基于社交服务的各种网络在线产品也高度普及，包括论坛、博客、播客、SNS社交网站、视频网站和微博在内的电子网络领域呈现一派欣欣向荣之景。与此同时，互联网时代的个人化传播崭露头角，自媒体特色得到鲜明体现。这些给现代人搭建了信息交流的无障碍平台，也在一定程度上维护了社会的公平正义。但是，如果这种网络交流演变成侮辱谩骂、人身攻击等恶意发言行为，就不仅逾越了道德和文明的底线，而且为现代法律所不容。

---

* 本文原载于《现代传播（中国传媒大学学报）》2012年第3期（总第188期），收入本书时略有删改。

据媒体报道，上海某幼儿园园长刘某在某知名网站论坛发现自己被指名道姓地写入"幼儿园全体教职员工要求集体罢免腐败、变态园长事件""幼儿园园长可谓罪孽深重""幼儿园惊人事件"的帖子，特别是被冠以"罪孽深重""腐败""变态"等字眼。这使刘某的工作和生活受到了严重的影响，刘某一怒之下向发布帖子的网站投诉要求删帖，并向法院提起了名誉权侵权诉讼。更有甚者，目前网络游戏里有一群人打着"专业代骂"的旗号，到处招揽生意，只要你支付一定数量的虚拟货币，指定要骂的人，他们就会24小时在线不停地谩骂，语言肮脏，直到把这个人在网游社区的名声搞臭，而且此"生意"十分兴隆。

这些事件的发生，值得我们深思和反省。网络技术的发达，虽然在一定程度上给人们的社会生活带来了便利，但有时却可能充当了助纣为虐的角色，导致没有底线的情感伤害，并引发社会的诚信危机。

一、"文字大字报"与"电子大字报"

"文革"中出现的"文字大字报"就是以文字作为传播内容主体、以纸张作为传播介质，粘贴在大街小巷的墙壁上，形式上类似于今天的海报。作为"大鸣、大放、大字报、大辩论"的"四大"之一，"文字大字报"是特殊年代里的一种政治表达，也是当时阶级斗争的一种特定形式。自北京大学的聂元梓等人贴出所谓的"第一张马列主义大字报"开始，大字报的狂飙在"文革"期间席卷全国。"横扫一切牛鬼蛇神""我们要文攻武卫""东风吹，战鼓擂，现在世界上究竟谁怕谁？不是人民怕美帝，而是美帝怕人民""宁要社会主义的草，不要资本主义的苗"……诸如此类的"文字大字报"用口号性、标语性甚至带有暴力色彩的语言引发了现实世界里的街头围观，形成了街谈巷议，其发动群众的传播效果呈现初期的区域化、行业化的局部性特点，一部分有影响力的也会传至全国，形成全局性的整体表达。这种大字报的传播内容以政治性为主，进行派别性的划分和批判，后来从揭露隐私开始，深挖历史问题，成为政治斗争的工具。一些扭曲事实、颠倒黑白的大字报，动辄上纲上线，漠视法制和道德，故意诽谤栽赃，打击报复，给社会生活带来了十分恶劣的负面效应。

"文革"中的"文字大字报"制造出了一个又一个悲剧、一桩又一桩冤案，包括曾任国家主席的刘少奇在内的许多人被大字报诬陷为"叛徒""特务""走资派""反动学术权威"等，他们一个个被打倒在地，妻离子散、家破人亡。2012年两会期间，开国元勋贺龙将军之女、原中国军事科学院军事百科研究部部长、77岁的贺捷生在政协小组的讨论会上以亲身经历讲述了网络帖子冒充自己写父亲贺龙的大字报的事情，贺捷生在发言最后哽咽坦言："我已经成了老人，再也不愿意沉默下去。我敢以人格担保，那张所谓的大字报，完全是在伪造！"贺捷生认为，这些大字报颠倒黑白、祸国殃民，能引起新的恐慌，造成情感伤害，令人深恶痛绝。①

"文革"中的"文字大字报"是一个灾难深重的历史教训，其释放出的巨大的消极和破坏作用让国家和人民付出了惨痛的代价。正因如此，"文革"之后，党和国家对此作出了深刻的历史反思。1980年1月中旬，在中共中央召集的干部会议上，邓小平同志指出：这个"四大"的做法，作为一个整体来看，从来没有产生积极的作用。随后，根据大多数干部和群众的意见，党中央提请人大常委会和全国人大审议，取消了其在《宪法》中的有关规定，"文字大字报"遂退出历史舞台，成为历史的遗迹。

如果说，在"文革"中盛行一时的"大字报"主要依赖于以文字为主体的纸质传播，那么"电子大字报"就是利用论坛和微博等工具进行全息化的电子信息发布。进入视听综合的电子传播阶段，信息发布从内容、途径到形式都发生了质变，传播内容不再仅仅使用文字语言，图像、声音与文字三位一体的电子内容仿佛插上了数字化的双翼，特别是在三网融合的大势驱动之下，电子媒介以及各种网络应用产品以无限的可能性，成为信息社会中最有力的传播工具。在这样的情况下，一个相对于现实世界的数字化世界便"真实"地展现在

---

① 贺龙之女呼吁彻查网络大字报曾遭诬陷［EB/OL］．(2012-03-10)［2024-04-20］.http://news.xinhuanet.com/politics/2012-03/10/c_122816242.htm.

我们面前。信息的量态呈现，一方面更为迅捷、生动和丰富，另一方面也更为繁杂、模糊和混乱。一些流行的网络语言，如"发帖""跟帖""灌水""拍砖""沙发""飘过""人肉""围观""水军"等，对此作了绝好的注脚。

"电子大字报"与"文革"中的"文字大字报"并无直接关联，但从实际现象上看，其诋毁性质、暴力色彩和社会危害甚至更胜于后者。人们不禁感叹，网络谩骂是一种社会悲哀，"电子大字报"的存在使网络变得野蛮起来，污染了现今的网络环境，使网络应该体现出来的公平与文明变味。在这里要特别指出的是，网络技术的跃进在揭露社会问题、反对官场腐败等方面屡有建树，并且成为新形势下民意诉求的一种有效载体，但是不能因此就忽视"电子大字报"的网络密集现象。如何正确认识和对待"电子大字报"，应该引起有关部门和公众的足够重视。"电子大字报"与其他网络产品一样，其草根性、平民化的特点，尤其是匿名性的网络发布形式，给网络安全带来了极大的隐患是一个不争的事实。在互联网各大网站、社区、论坛以及博客、微博上，我们常常可以看到网民的大量围观形成"一边倒"的舆论潮流。很多网络信息缺乏实证，用所谓的"标题党"蛊惑人心、博取眼球，很多网民在某个信息点的刺激下，失去理性思考，冲动而盲从，大量地转帖发帖，使得"电子大字报"快速流行，产生了背离人心、完全负面的影响。

二、"电子大字报"的传播特点与社会危害

"电子大字报"有别于真正体现民意诉求、揭露社会问题的帖子，释放出的完全是负面消极的传播效应。尼葛洛庞帝就曾经这样描述虚拟世界："虚拟实在能使人造事物像真事物一样逼真，甚至比真实事物还要逼真。"[①] 数字世界的过度化传播，已经引发了一系列问题。不论"电子大字报"的传播形态和传播方式发生什么样的变化，其实质仍然是一种公众舆论。既然是公众舆论，就有一定的原则和责任。著名的传播学者麦奎尔曾指出："这种框架意味着媒

---

① 尼葛洛庞帝.数字化生存[M].胡泳，范海燕，译.海口：海南出版社，1997：140.

介组织也是社会机构。在不同程度的自愿和明确承诺下,这种社会机构履行着直接盈利目标之外的特定重要公共任务。无论媒介有没有承认这点,在开放社会中的民意通常都会期待(整体)媒介在信息、宣传与文化上为公共利益服务。"① 显而易见,违背了社会公共利益,挑战道德良知与民主法制的底线,将为任何社会所不容。当前,"电子大字报"进行负面传播,所引发的社会危害不容忽视。

(一) 传播的聚变与盲从

随着个人化的人际传播的加强,"电子大字报"的自媒体力量逐渐显示出来。个人化发布几乎没有门槛设限,通常文字粗糙松散,随意性比较大。"电子大字报"可以使公众在网络上持续围观,将现实生活中人们的街谈巷议纳入网络空间,集聚性强,传播迅捷,火力很猛。2003 年的"非典"事件已经过去将近十年,但在 2012 年 2 月,河北保定的刘某在完全不了解保定市某医院规章制度的情况下,为了提高自己网站的点击量,提高自己网站在群众中的知名度,凭借着自己的小聪明和臆想将该医院的病人发热归类于"非典",并且在自己的网站上公布。该信息被许多门户网站、知名人士和普通网民转载围观,混淆了广大群众的视听,给社会带来了很严重的不良后果,极大地影响了公众的正常生活。刘某随后受到了保定市公安部门的严厉查处。这样的例子不胜枚举,比如还有一些关于地震等灾难的传言。

出于恶意的"电子大字报"往往以博"眼球"的姿态,将事件变小为大,引爆事态发展突变而非渐进,所以又被称为"病毒式传播"。这种核聚变式的"病毒式传播"大大推动了"电子大字报"的快速流行,迎合了图像转型年代受众的特点,只要有一个所谓的"外部事件",就势如破竹、一触即发。论坛的发帖、转帖、评帖与微博的层层转发就像一个雪球越滚越大,信息量无与伦比。由于网络匿名的特点和网络传播的自由化,"电子大字报"的盲目性不言而喻。

---

① 麦奎尔. 麦奎尔大众传播理论 [M]. 崔保国, 李琨, 译. 北京: 清华大学出版社, 2006: 155.

(二) 信息的泛滥与失真

"电子大字报"对内容的要求是要呈现一定的惊爆点——私密性的泄露，俗称"爆料"，这便有了噱头和卖点。为了制造噱头，许多人不惜以"标题党"自居，耸人听闻，制造出"乱花渐欲迷人眼"的假象。信息发布方式的简单便捷，使某些人的宣泄情绪和表达欲望强烈，大量虚假的、浮躁的、重复性的、低级趣味的垃圾信息泛滥，同时淹没了许多有效信息。自媒体的自由传播状态，欠缺"把关人"的筛选与核实，让公众真假莫辨。就像20世纪初期"黄色新闻业"的兴起一样，信息报道的准确性不被尊重，一些用户缺乏独立思考，不负责任地转发信息，再次加剧了其负面影响。

与传统的报纸、广播、电视等媒体不同，"电子大字报"所置身的这个"网络空间好比是一个不需要护照、没有边防检查站的'数字化王国'，这种自由使语言这把双刃剑的两面都得到了扩展：在增强人类收集和利用信息能力的同时，为编辑、传播、操纵虚假信息提供了更先进的工具、更隐蔽的手段"①。信息的泛滥和失真都带来了"信息的不可知论"，与整个社会的发展、文明的进步背道而驰。

(三) 道德的削弱与变异

在虚拟的数字化世界里，匿名虽然建构了某种自身的民主和自由，但往往也在这种名义之下解构了他者的民主和自由。对他者的牺牲，成就了自我，道德沦丧与落空，实乃以一种倾向掩盖了另一种倾向。"在电子大字报上也大量充斥着'文革式'的谩骂、侮辱、诋毁和造谣，这些非理性的言论往往具有偏激性、夸大性、煽动性、攻击性，混淆视听，让人真假难辨。"② 有些网帖还善于利用人们的同情心和美好善良的人性，以弱者心态在网络上大搅浑水。凡是与"宝马女""官二代"等关键词沾边的事件都容易刺激大众的神经，从而引发其对事件的持续关注。与"电子大字报"的勃兴不同，这几年基层官员

---

① 易重华.“电子大字报”同样是脆弱的[J].学习月刊，2009(17)：43-44.
② 易重华.“电子大字报”同样是脆弱的[J].学习月刊，2009(17)：43-44.

们的日子不太好过,稍有不慎,他们便会沦为被攻击的"靶心",被别有用心地泼上污水,如果没有适当的规范和引导,政府的公信力就会受到严重冲击。

让人诧异的是,有人出于非道德目的发帖,却也有人轻易被欺骗利用,成为恶性传播的帮凶。在"郭美美微博炫富"事件中,事主郭美美杜撰了"中国红十字会商业总经理"的身份发表微博,网友的转发跟进、大量围观,字里行间充斥着嫉妒、羡慕或谩骂,每转发一次就为事主增加了一定的人气和知名度,使其知名度大大提升,并引发了一场不可收拾的闹剧。自此之后,中国红十字会的各级部门就处于舆论的风口浪尖,连正常工作的开展都受到了很大的影响。更有甚者,2011年浙江杭州的一位男性编辑以失足少女的身份开设微博,揭秘个人隐私,受到杭州警方的查处。同样在2011年,"广州一母亲跪地爬行乞讨救子事件"在某论坛上获大肆炒作,事后证明竟是一起人为策划事件。"电子大字报"的道德水准如果像这样失去了最后的底线,那么整个社会的公信力都会受到质疑。

(四)思考的断层与消解

"电子大字报"以一种先验的姿态介入受众的视野,具有快餐式和碎片化的接受特征与消费特征,只需人们作出直接的浅层反应和快速的更新,拒绝和阻碍人脑连续地、流畅地、深度地思考,长此以往,它将使我们的感情淡漠、思想消解。著名相声演员马季去世后,网上有许多人骂他是应声虫,说他破坏了相声,还有人说他在"文革"期间打过侯宝林,经事后澄清,这些都是以讹传讹的"莫须有"事件,但很多不知情的网友仍在那里骂得热火朝天。

根据媒介系统依赖理论的说法,"认为一个人越依赖于通过使用媒介来满足需求,媒介在这个人生活中所扮演的角色就越重要,因此媒介对这个人的影响力就越大"①。媒介对人的影响是通过内容来实现的,不管何种形式的"电子大字报",经过灌输和放大,都容易让人进入游戏般的颠覆和娱乐般的消

---

① 巴兰,戴维斯.大众传播理论:基础、争鸣和未来[M].曹书乐,译.北京:清华大学出版社,2004:315.

解，快感之上、行动之下，人的心灵大为异化，从而成为扁平的和单向度的人。2011年3月，日本海啸发生之后，中国的许多网民通过邮件、QQ和微博等收到了一张据说是来自BBC的核辐射扩散图片，图片显示中国的许多地方将遭受辐射，网友疯狂转发，引起了大面积的恐慌，并引发了极为荒唐的"抢盐潮"。事后经证实，这张图片完全是子虚乌有，却给社会带来了极大的危害。网络缺乏规范和监管，使得"电子大字报"几乎没有发布的成本，可引发的结果却总让人难以买单。

三、"电子大字报"的应对之策

时任广东省委书记汪洋在同网友进行在线交流时曾说："网络，应该是网民参政议政的重要场所、享受幸福生活的'虚拟家园'，而不是谩骂攻击的'角斗场'。批评要有批评的制度，揭露要有揭露的规则。在网上无端欺负弱者、恶意侮辱他人，不是文明进步的表现，也不会享受到真正的幸福快乐。"[1]"电子大字报"的传播往往伴随着情绪的宣泄和过度的放大，非理性的一面非常明显。古人讲凡事要"三思而后行"，其实我们在生活中为人处世的方方面面尚需谨慎，更何况在虚拟的网络世界中呢？有人说，"电子大字报"的盛行预示着社会文化的解体，是文化低迷的重要表征。如果公众继续缺乏理性对待，网络继续监管缺位，那么上述说法将不再是耸人听闻的言论。世易时移，对"电子大字报"必须从以下四个层面进行合理的监督和管理，只有这样才能营造出一个绿色清新的网络世界。

（一）政府

面对网络上异常肆虐的"电子大字报"，政府的文化、广电等相关部门要加强监管，抑制其高发和密集的态势。美国新闻评论家李普曼在《公众舆论》

---

[1] 汪洋.推动网络信息公平 避免弱势群体"失声"[EB/OL].（2011-07-04）[2024-04-20]. https://news.sina.com.cn/o/2011-07-04/220722755222.shtml.

中提道:"如果没有某种形式的审查制度,这个世界就不可能存在严格意义上的宣传。为了进行某种宣传,就必须在公众与事件之间设置某些屏障。"① 对于政府来说,这种"屏障"就是一种安全防护盾牌,把假、大、空甚至是低俗的负面元素从公众视野中隔离出去,使数字空间获得净化。另外,政府要针对实际情况,积极寻求法律途径规范"电子大字报"的发布和使用,强制其进入法治化轨道。要对现有的电子信息发布法规进行梳理和整合,尽快建立健全符合实际情况的法律法规,并做到有法可依、有法必依。对此,行业主管部门与执法部门应该大力协作,实现对"电子大字报"现象的纠错能力和追责能力的双提升。

(二)行业

传媒行业,尤其是互联网行业,应该以高度负责的态度进一步加强行业自律,采取必要的管理措施和技术措施,肩负起为青少年和全社会提供安全健康的网络环境的历史使命。在传播的链条上,各类网站是最为有力的传播者和传播载体,拥有极高的便利性和渗透力。对于互联网企业来说,在拥有相当权利的同时,必须承担相应的义务,否则就是危险的特权。"电子大字报"的发布媒介,要充分发挥"把关人"和"议程设置"的作用,对恶劣信息进行筛除和屏蔽,对非法首发用户进行限制,对恶意发布信息的 IP 地址建立黑名单制度。在网络上发言的个体可以拥有心理和情绪上的自由,但网站必须站在一个客观理性的立场上,充当政府进行审核的一把"尺子",充分发挥"第一线"的作用。传媒行业要在保证信息准确和快速的基础上,尽量避免信息的过于消极和过度放大,要化解矛盾而不是激化矛盾,万万不可煽风点火,对受众作出误导。

(三)发布者

网络的进步与发达及自媒体时代的来临,使我们每一个人都有参与网络

---

① 李普曼.公众舆论[M].阎克文,江红,译.上海:上海世纪出版集团,2006:32.

的机会。这对于信息的发布者来讲是一个道德问题。没有基本的道德衡量，虚拟空间里大量充斥着网络黑客、网络暴民以及所谓的"水军"，就没有任何诚信和责任可言。加强道德修养，是每一个公民恒其一生的课题。面对现实世界是这样，面对网络世界也是如此。每个人在享受着网络便利和自由的同时，都不应该放下自我的道德律令。网络技术与网络文明是相辅相成的，二者缺一不可，而网络文明建构在个人文明的基础上。面对数字化的网络世界，每个人都应该捡起一块现实世界里的"遮羞布"，不乱说、不胡说，"电子大字报"就无处躲藏。遨游在网络世界里，如果每一位现代公民都能做到"有没有交通警察，都能红灯停、绿灯行"，那网络文明的时代就真正来临了。

（四）受众

"谣言止于智者"，谎言并非坚不可破。"电子大字报"是谁发布的、在什么情况下发布的、是如何发布的、怎样去还原真相，这些都是受众需要思考的问题。从现代传播的视角来看，受众对"电子大字报"的接受体现着一种高度的媒介自觉和媒介素养。媒介素养的概念起源于近代西方传播学的研究成果，一般指人们面对各种媒介信息时所应具备的选择能力、理解能力、质疑能力、评估能力、创造能力、生产能力以及思辨的反应能力，而媒介素养的最高目标指向这样的层次：能够充分利用媒介资源以完善和鞭策自我，积极参与和推动社会进步。数字化技术所构建的网络空间发展迅速，人们对它的适应和驾驭还有一个过程。"由于大众传播的普及、信息传播技术的飞速发展，现代人的认识能力即'虚拟环境'大大扩张……然而，与此同时，现代人对这种'虚拟环境'的验证能力则（相对地）大大缩小了。"[1] 因此，提高受众的媒介素养，是应对"电子大字报"负面传播的万全之策。不造谣、不信谣、不传谣，理性发帖、转帖，远离污蔑和谩骂，只有这样，我们才能有效地在具体实际中创造、传播和接受信息，并正确地判断和评估其意义和作用，促进社会的进步与发展。

---

[1] 张国良. 传播学原理 [M]. 上海：复旦大学出版社，2004：51.

数字媒体艺术

激发古典诗词的时代魅力*

近年来，中华优秀传统文化的传播方式不断创新，古典诗词从文献与书本中走上荧屏，以生动新颖的方式走向大众，最近开播的《2022中国诗词大会》便是其中代表。

古人曾说"不学诗，无以言"，古典诗词是中华优秀传统文化之思想观念、人文精神、道德规范的重要载体，是世界了解中华文明的一扇窗口。做好古典诗词的当代传播，让古典诗词与时代同行，对赓续文化根脉、讲好中国故事具有重要意义。

古典诗词的生命力穿越时空经久不衰，其中原因除了文辞韵律之美，还有常读常新的文化内涵以及真切动人的情感体验。这也意味着，这份共情是助推古诗词传播的重要入口。《2022中国诗词大会》选取的"少年""出发"等节目主题词，搭建出一个个思接千载、沟通古今的通道，让古典诗词的美学内涵走进当代人的审美世界。

古典诗词的感染力不仅来自作品的艺术造诣，还来自作者的人格魅力和传诵者、演绎者的风采。《2022中国诗词大会》既展示了诗词创作者的人生，也展示了演绎者的故事。节目邀请的非遗传承人、空军飞行员、缉毒警察、搜救犬训导员等时代传诵者，用自己的故事诠释古人的诗意、诠释古典诗词的力量。

当前，数字技术的进步和媒体融合的环境为中华优秀传统文化提供了更

---

* 本文原载于《人民日报》2022年03月15日第13版，收入本书时略有删改。

多元的展示路径、更广阔的传播空间。期待看到更多节目在古典诗词传播与立体沉浸、影像互动等视听技术的结合方面进行更深入的思考和更具新意的探索，让古典诗词走入更多人的视野。

文化传承必须注重与时俱进，如何在内容至上、深挖内涵的前提下用好传媒技术，准确生动地提炼、展示中华优秀传统文化，是我们需要在传播实践中持续探讨的话题。希望有更多优质的内容、精彩的创意、活化的手段被应用到文化记忆赓续传播之中，进一步推动中华优秀传统文化创造性转化和创新性发展。

风，起于青萍之末*

——写在中国数字媒体艺术教育 20 年

"风，起于青萍之末……春夏秋冬，无穷变幻；急旋缓舞，姿态万千。"2006 年，我引此赋为专著《数字艺术论》收卷。如今，作为数字艺术核心的数字媒体艺术专业教育，距《数字艺术论》初创之时已近 20 载，"起于青萍之末"的数字艺术展现出日渐成熟之美。我回首往昔深感欣慰，展望未来信心满怀。

20 年前，在社会步入数字化的大背景下，许多艺术形式受到了数字技术的渗透与感染。人们开始用鼠标代替画笔，把数据当作颜料，在无形的纸张上绘制出绚丽多彩的图画。数字技术的创作过程抛开了传统的工具，承载创作的媒介也日益多元。数字媒体就像一颗饱含能量的种子，落地发芽，转瞬间便已蔚然成荫。我深刻意识到，这是科学与艺术相互融合的新机遇，在下一代媒体形态面前，要抓住时代变革的契机。

带着新观念的冲击、沿着新学科的需求指向，经过几年的探索与实践，我于 2001 年在中国传媒大学科学艺术系筹建了艺术设计专业数字影视制作方向，开始招贤纳士、组建团队。师生上下一心、奋发图强，很快将数字媒体艺术教育从最初的影视制作扩展到了网络多媒体及游戏设计等新兴领域，并设计了完整的课程体系，积攒了不少教学实践经验。随之而来的是 2003 年，数字媒体艺术专业应运而生。在数字媒体艺术专业初创时期，我时刻有着一

---

* 本文原载于《艺术教育》2017 年第 16 期，收入本书时略有删改。

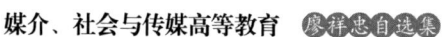

种紧迫感:要跟时间赛跑,更要跟技术赛跑。最初,对于"数字媒体艺术"的概念与教学方法,许多专家学者都表示不理解甚至反对。但我带领学院教师抱定"要相信未来"这个想法,决心走出一条适应时代发展的学科之路。因为时代在发生巨大的变化,新的想法就要被大胆地实践。许多改变世界的发明成果,都是先有结果,后有理论讨论。如今,事实证明,这条路完全走对了。

此后,数字媒体艺术专业在全国各地的高校中如雨后春笋般纷纷涌现。截至目前,全国有将近200所高校开设了数字媒体艺术专业。2013年,教育部适时成立了高等学校动画、数字媒体专业教学指导委员会,从各个方面促进中国新媒体教育的发展。2017年6月,《2017年中国大学生就业报告》(就业蓝皮书)在北京发布,数字媒体艺术专业荣升为"绿牌专业",即全国高校范围内就业率、薪资和就业满意度综合指数较高的专业,也是需求增长型专业。2017年3月,数字创意产业三大重点方向被纳入《战略性新兴产业重点产品和服务指导目录(2016版)》。这是继2016年数字创意产业首次被纳入《"十三五"国家战略性新兴产业发展规划》之后,该产业获得的又一项重要政策支持,体现了国家在政策上对数字媒体艺术专业的高度肯定。按照政策的规定,到2020年,中国数字创意整体产值将达到8万亿元。这个惊人的数字表明,数字创意已经成为实现中国梦的支柱产业之一,成为塑造中国形象的中坚力量。中国的数字媒体艺术专业历经近20个寒暑,为我国积蓄了大量的数字创意产业人才,他们正在成为这项崭新产业的主力军。

在国家推进"双一流"高校建设的大背景下,建设世界一流学科已成为中国众多高等教育机构的当务之急。我欣喜地看到,近20年来,我国数字媒体艺术专业教育一直瞄准国际发展的最前沿,不断提升专业教育的国际综合竞争力,已经具备冲击世界一流专业的基础,为国家"双一流"建设交出了一份颇有分量的答卷。

如果说过去20年,数字媒体艺术教育还处于摸索与发展阶段的话,那么未来20年,无疑是其腾飞与辉煌的阶段。从创业之初的筚路蓝缕、仅此一家,到如今的乘风破浪、花开遍地,数字媒体艺术专业的发展成果着实令人欣慰。

在 2008 年初智能手机远未普及的时候，我曾撰文指出："融合、融合、再融合。我们有理由相信，以数字媒体为核心、以网络手机为代表的新媒体，在激烈的媒体竞争过程中，必将脱颖而出，成为无与争锋的万能媒体终端，并引领时代潮流奔涌向前。"现如今，这个预言已成为现实。面向未来，5G、VR、人工智能、物联网、脑机接口、类脑科学等前沿科技扑面而来。对所有从事数字媒体艺术的人而言，当下仅是一个开始，从业者必须用海纳百川的精神面对这个领域。那时，数字媒体艺术将融入各行各业，融入人们生活的方方面面。与此同时，数字媒体艺术专业将脱胎换骨，派生出无数个新型专业，数字媒体艺术也将成为建构人类未来社会的元素和媒介。

动漫产业须政府扶持*

2004年以来，国家相关主管部门制定并实施了一系列促进动漫产业发展的政策，中国动漫产业迎来了黄金发展期，实现了我国动漫产业跨越式发展，并由此进入世界动漫大国行列，这与国家的扶持政策息息相关。首先，政策给予了动漫企业全方位的呵护，在产业政策、税收、技术、人才、资金投入、知识产权保护等方面大力支持，帮助动漫企业形成自有品牌和产业链，民间资本对动漫的投资热情越来越高。其次，在政策的引领下，动漫人才培养体系越来越完善，创新力越来越强劲。再次，在黄金时段禁播令等政策的强力推动下，我国的动漫产业从代工逐渐走向原创，原创作品受到广大观众的喜爱，"喜羊羊""功夫兔"等动漫形象深入人心。最后，国产动漫"走出去"的步伐正在加快，原创动画、漫画出口都有了飞跃性增长。这些现象表明，中国动漫产业生态环境发生的深刻变革，主要源自政府全方位的动漫产业扶持政策。

目前，我国原创动画每年有20多万分钟的产量，为实现由量变到质变打下了坚实基础。中国动漫产业面临的任务是向纵深发展，从"做大"到"做强"，以获得真正的国际竞争力。所以，政策和扶持资金应更具有导向性、前瞻性。因此，面对新的发展目标，扶持资金的策略重点也应有所调整，在"普降甘露"的基础上，进一步突出重点，把好钢用在刀刃上，集中优势兵力，利用政策和扶持资金的导向和推动作用，完成中国动漫产业由"量"到"质"的转变，实现"提升与跨越"。

---

* 本文原载于《红旗文稿》2012年第15期，收入本书时略有删改。

一、人才扶持策略

在动漫产业，高端人才的缺乏以及优秀创作团队的缺失，已经成为我国动漫产业由"大"转"强"最为关键性的制约因素。因此，政府的扶持政策必须首先进行人才及团队扶持。

（一）重点扶持两到三所高校

政府应全方位重点扶持两到三所高校，对这几所高校给予更多倾斜政策，在资金上每年给予每所院校相应贴补。学校利用这笔经费打造国际一流的师资团队，对学生进行全球化的实战训练，从根本上解决高端、复合型动漫人才的培养问题。

（二）建立校企联合培养机制

政府可以每年拿出一定的资金撮合高水平的校企对接，让高校的优质创新资源与动漫企业实现"无缝对接"。这部分资金主要用于动漫专业学生进入企业的入职培训和动漫企业的高级人才进入高校兼职教学，以及校企建设实习实战基地，以此增强动漫企业的原创能力，提高学生的实战能力。

（三）重点打造中国的动漫精英团队

美国动漫和日本动漫的实力、优势不是建立在个人基础上，而是建立在团队基础上。美国的动画公司皮克斯（Pixar Animation Studio）、日本的动画工作室吉卜力（Studio Ghibli）业务过硬、人员稳定、特点突出，能够长期保持作品的高水准。反观我国动漫企业，"小而全"的作坊式公司多，人员流动大，团队艺术、技术水平低，公司专精度不够，这些问题严重阻碍了优秀动漫作品的诞生。打造我国自己的动漫精英团队的具体做法是，在校企联合培养的基础上进行联合创作，双方利用各自的优势，在国家扶持资金的支持下，边生产、边挖掘、边培养人才，用5—10年的时间，打造出一支支扬名海内外的动漫精英团队。

（四）积极推进国家动漫精英人才计划

为了增强企业实力，韩国政府曾经派遣大量的"职业学生"到欧美、日本留学。我国也可推进针对动漫精英人才的扶持计划。具体做法是，每年遴选20名左右出类拔萃的从业人才，加入美国皮克斯、梦工厂（DreamWorks Studios）、日本吉卜力、Studio4℃等国际一流的动画企业或高校，进行为期1—3年的进修和实习，全面掌握国际顶级动漫企业的内部管理流程、艺术创作与技术手段等。这些具备丰富工作经验的人才回国之后，将点燃成千上万从业人员的创作热情，成为中国动漫产业蓬勃发展的火种。如果这个计划能够连续进行10年，我国动漫创作的整体能力将会有一个非常明显的提升。

二、原创拉动策略

（一）大力扶持动漫剧本

动漫质量的问题，很多出在剧本环节。我国几乎没有动漫剧本创作专业，也鲜有专门创作动漫剧本的编剧，大多动漫编剧是影视剧本的创作者。优秀的单集电视剧剧本创作费高达数十万元，而动漫剧本单集创作费少得可怜，相差几十倍。如此大的反差，很难吸引高水平的编剧进入动漫创作领域。由于长期缺少高水平的剧本，我们的动漫作品只能在幼年龄层次传播，无法拓展到"全年龄"维度。因此，建议成立中国动漫原创剧本扶持基金，每年扶持补贴百部优秀剧本，从源头上有效拉动动漫精品的创作。

（二）成立"国家动漫孵化中心"

1939年，加拿大政府主导成立了加拿大国家电影局，他们的动画部在大批海外艺术家的带领下，连续多次获得奥斯卡最佳动画短片奖、法国昂西国际动漫大奖等重要国际奖项，使"加拿大动画学派"后来居上，成为国际上重要的动画艺术流派，加拿大一跃成为举足轻重的动画艺术强国。

建议仿照加拿大国家电影局动画部的模式，成立"国家动漫孵化中心"，依托有实力的高校，每年投资相应资金，中心下设大师工作室孵化动漫项目，每个工作室可供一位大师长期展开创作。以良好的创作氛围，吸引动漫大师在中国展开1—2年的创作和研究。这些大师不但在此进行创作，还能够提高学生的创作水平及实战经验。通过创作促进实践型人才的培养，通过积累人才储备支持高端创作。在创作出优秀作品的同时，培育一批本土高端创作型动漫人才，使这些人才成为我国原创动漫行业的领军人物。

（三）加大动漫"走出去"的扶持力度

最近几年，我国的动漫"走出去"政策实现了不少突破，成果喜人，大量优秀作品进入欧美国家的主流频道播放，还有不少作品在国外重大节展上获得殊荣。例如，中国传媒大学学生创作的《纪念日快乐》在2012年东京国际动漫展上获得特别大奖，体现出国际动漫行业对中国动漫作品的最高认可。对于重要原创作品，应如何加强鼓励和扶持？在我国动漫"走出去"的环节上，可以仿照日本、韩国、新加坡等国家的做法，政府强力介入，把国内创作者的视线拉到国际舞台上，让创作者瞄准最高水准。另外，作品获奖之后，要使创作者获得足够的奖金投入新一轮的创作，使观众持续关注新的动漫作品。具体做法包括：第一，每年提供相应资金奖励在国外重要节展上获奖的中国原创短片，把中国创作者的视点引入国际舞台。例如，法国昂西国际动画节、东京国际动漫展、SIGGRAPH等具有标志性意义的节展，以此来培育具有世界影响力的艺术短片，使中国的动漫艺术走上国际舞台。第二，政府每年拿出一定资金购买一部分本土优秀原创作品的版权，帮助这些优秀作品进入其他发展中国家的播出平台，同时对进入西方主流频道播出的作品加大奖励力度，形成国产动漫"走出去"的洪流。

（四）以"大动漫"的视野拉动原创

我们处在一个新媒体时代，媒介在不断创新、融合，为"大动漫"提供了更广阔的产业格局，在未来发展中，数字媒体动漫大有可为。中国传媒大学的"功夫兔"系列动画是典型的网络媒体动画，入选了"国家动漫精品工程"。"功夫兔"的获奖一定程度上体现了我国十分重视这种新媒体形态的动画。前不久在文化部的指导下,"功夫兔"与多家原创动漫企业签署了共同打造国际动漫形象的合作意向书,为"功夫兔"走上国际大舞台打下了坚实基础。"功夫兔"的经验对其他原创动漫企业具有很强的示范效应,可以引领传统动漫创作团队跟上时代的节拍。

可喜的是,政府在最近的评奖过程中,已经开始重视数字艺术和新媒体动漫,在这方面还应当拿出资金,鼓励跨平台、跨媒介的原创动漫作品和动漫形象,对提出新的运营思路的原创作品格外予以表彰。

三、优化补贴和奖励策略

(一)补贴政策

按照国际惯例,动漫产业主要依靠衍生品来盈利,但中国目前的动漫制作状况决定了多数原创动漫在相当程度上依靠电视媒体的播出费用收回制作成本。这几年,国家广电总局严格执行限播令,大力扶持动漫频道,主要频道的动画片收购价格有了一定的提升,我国动漫企业获得了难能可贵的发展机遇,从而在很大程度上培育了原创动漫的市场。但是,目前电视收购价过低仍然是困扰企业发展的主要问题之一。中国大部分的动漫企业在发行阶段无法实现版权销售的最大化,电视台收购价整体偏低,动漫企业从播出方面仅能收回制作成本的20%—30%。许多企业只能依靠提高产量、降低质量来获得更多的收入,动漫企业缺少创新动力,从而形成了恶性循环。

政府应该设立动漫播出专项补贴基金,专门对央视少儿频道及四大动漫上星频道禁播令时段所播出的原创动画进行补贴。现行的禁播令主要针对黄金时间的播出进行了限制,这一专项补贴基金恰恰要锁定黄金时间播出的优秀原创作品,使一部优秀的电视动画片,加上地方奖励以及其他补贴,通过播出平台能够一次性收回成本。通过补贴资金的发放,我国动漫企业生存状况将得到根本性的改善,业内会有更强的创新意识和质量意识,以进黄金档为目标,节目质量较之前自然会有较显著的整体性提升。

（二）奖励政策

具体的做法是，重奖顶级优秀作品。从奖励的范围来看，以往我们的奖励策略是"普降甘露"，上百家企业都能得到相应的鼓励。这样做的好处是在产业初级发展阶段鼓励了整个行业的热情，论其弊端，则是范围过广，欠缺针对性，一定程度上削弱了奖励的效果。假设我们的奖励总金额不变，但缩小获奖作品的范围，每年只重奖 10 部最优秀的作品，在这种奖励方式下所产生的成果，必定是让有实力的企业把所有精力放在精品建设上。另外，政府有关部门可以考虑给优秀的动画项目提供贷款担保，韩国就有这样的先例。当然，担保的前提是项目要经过严格的论证、评估，这种方式能在一定程度上减轻政府的资金压力，又能解决优秀动漫企业资金短缺的问题。

美国、日本、欧洲等国家和地区的动漫政策是辅助性的。例如，德国的扶持侧重于中小型企业的培育，给创意企业减税，并提供各种便利条件；日本的扶持侧重于动漫出口，日本政府使用大量的日元购买本国动画版权，无偿提供给发展中国家播放，让日本动漫传遍世界；加拿大的扶持侧重于发展艺术动画，加拿大国家电影局组织世界各国的艺术家前来创作，费用由政府支付；韩国的扶持则是由政府出资建立文化产业振兴院、首尔动画中心等综合性服务机构，对动漫企业进行一条龙的产业辅导。跟这些国家相比，我国的人才扶持策略、原创拉动策略以及优化补贴和奖励策略等瞄准的是我国紧缺的三个元素：领军人物、创新团队和具有全球影响力的标志性作品。这三项策略的目标也很明确：与时俱进，调整动漫产业扶持策略的重点，集中资金的优势兵力，抓住扶持的关键环节，建立扶持机制，营造创新环境，在新媒体时代，在全球化的格局下，打通我国动漫产业的良性循环通道。

如果我们集中力量从以上三个方面入手，在发挥原有产业政策优势的基础上，提升扶持策略的实效性和针对性，确保好钢用在刀刃上，将会从根本上解决困扰我国动漫产业发展的核心问题，我国动漫原创能力会发生质的飞跃，从而实现中国动漫的强国梦。

数字媒体时代动漫的发展趋势*

近年来，在国家强有力的政策推动下，中国动漫产业乘势而起，一跃成为公认的朝阳产业。市场发展后劲十足，艺术创作渐入佳境，新生动漫文化呈现出一派大有作为的气象。但同时，如何使我国的动漫产业又好又快发展是必须思考的问题。我认为，只有把握住动漫艺术的走向，才能避免动漫产业走弯路。就其发展趋势而言，数字时代的动漫艺术具有以下三个方面的特征。

第一，动漫艺术本身正在由平面式向立体式、全景式、互动式、沉浸式、体验式方向发展。

动漫的崛起，不仅改变了文化生产与消费的基本形态，也改变了文化与艺术创造主体的思维特性，将鲜活灵动的诗性思维从文字系统的束缚中解放出来，使更加感性直观的图像获得了日益广阔的发展空间。随着网络信息技术的发展，特别是电话网、有线电视网、互联网"三网合一"技术的发展，高速、互动、多媒体的宽带网将逐步成为文化、艺术、娱乐的主流传播媒介。文化与技术的这种大汇合，让闪耀着时代科技之光的动漫艺术进入了一个全新的时代，为新型立体式、全景式、互动式、沉浸式、体验式的未来动漫艺术揭开了序幕。设想一下，凭借视频眼镜与电子肌肤，我们可以身临其境地追随孔子周游列国，真真切切地感受圣人门生向往的舞雩风凉与沂水甘洌；在一个人机互动的沉浸式动漫世界里，我们可以抬眼塞外弯弓盘马，低头江

---

* 本文原载于《求是》2010 年第 14 期，收入本书时略有删改。

南赏花品茶，或在"寻秦访汉"之类的虚拟现实界面寻根问祖……想象与现实之间那不可逾越的"感知真实之墙"，在数字动漫世界里即将轰然倒塌，这不仅标志着"虚拟现实"从幻想到娱乐成为可能，而且为人类的学习与生活开辟了无限的可能性。

第二，动漫艺术同行业结合而形成的建筑动漫、军事动漫、航天动漫、医学动漫、体育动漫、教育动漫等，将在各行各业中产生不可估量的产业价值，对国民经济起到巨大的推动作用。

现代数字技术不仅将动漫制作从繁重的手工劳动中解放出来，大大地缩短了动漫生产周期，而且为动漫的创意提供了超乎想象的多维空间，动漫艺术的内容也随之被拓展到了一个无所不能的"造梦世界"。事实上，动漫早已不只在文化娱乐领域独擅专长，在世界政治大事和个人生活学习中也得到了越来越广泛的应用。例如，体育动漫产业，其产品内容不仅包括和体育运动相关的影视动漫、报刊漫画等，还包括同体育竞技现场、竞技项目等相关的影像包装、视频虚拟、动态视觉设计等数字动画产品。北京奥运会开幕式的电视直播，就让全球40多亿观众目睹了中国动漫与体育共舞的风采。至于医疗、军事、教育等行业对动漫产品的需求，更是随着数字媒体时代生产力的解放而水涨船高。从世博园巧夺天工的规划设计，到登月工程超乎想象的模拟飞行；从美国总统竞选的网络动漫造势，到华尔街金融数据的模态分析；从动画试衣间的随心所欲，到数字发型师的精益求精……可见，动漫产业正经历从以"形象"为先导的传统动漫，向以"科技"为先导的大动漫产业生态系统过渡。这启示我们，动漫产业的艺术创新，还要考虑产业战略与生产重心的调整问题，一个健康的动漫产业链应当具有合理的生态结构。除动漫创意、动漫制作、动漫传播、动漫消费、动漫服务和动漫交流所构成的自循环体系外，还包括整个社会领域中动漫产业同其他产业构成的相互合作、共生共进、细致密合、科学合理的大生态系统。

第三，动漫艺术同新媒体如网络媒体、手机电视媒体结合所产生的网络动漫、手机动漫，必将彻底改变人类交流、娱乐的模式，同时将快速促进人类文化的大交流大融合。

动漫作为艺术，先天具有与科技相辅相成的共生关系，这也是动漫发展历程中从未偏离过的大方向。科技的每次跨越式变革，动漫艺术都站在最直接的受益者行列中。随着网络社会的崛起，追求综合创新思维的数字化生存，成了人类社会走向新时代最重要的标志之一。在这一历史性的大转折中，动漫艺术可谓无处不在。毫不夸张地说，铺天盖地的动漫浪潮正以包举宇内、吞吐八荒的气势，疾风骤雨般刷新和重绘着人类社会生活的现实图景，并令人吃惊地显示出了深广的文化建构意义和巨大的市场潜在价值。其中，手机动漫引起了人们的高度关注，手机广域覆盖成了动漫全球化最好的诠释。无论在什么地方，手机的网络都可以为你提供最新的动漫节目，世界上每天都在发生的事情和正在上演的故事，都能以动漫的形式呈现于手机视频的方寸之间，文字信息独步千年的历史将要被改写。

恩格斯在《咏印刷术的发明》的长诗中曾经对印刷术进行了热情的讴歌："你不也是神明？你赋予思想和言语以躯体；言谈话语本来随风飘散、无踪无影，你却用符号锁住了它的生命。"新生数字动漫适时打开了印刷文字的锁链，并用生动活泼的形象为人类文化的大交流大融合指出了新的路径。我们相信，我国的动漫艺术和动漫产业将伴随现代数字技术取得新的更大成就。

何为新媒体？*

何为新媒体？这是一个中外学界众说纷纭的话题。英国学者理查德·豪厄尔斯（Richard Howells）说："最可怕的事情莫过于静候作者对新媒体的论述。"新媒体研究之所以被视为学术畏途，在豪厄尔斯看来，至少有这样三个原因：首先，这是一个极具变化的领域，即使是最时兴的研究，到它成熟时就可能已经过时了。其次，这是一个全新的领域，所以已经树立起来的重要文本和经典文本还很少。最后，甚至是"新媒体"的定义还有待解决。[①]

我们已经清晰地看到，在当今媒体创造的所有热点中，媒体自身也成了热点中的热点，尤其是狂飙骤起的"新媒体"，乍一出场就以包举宇内的气势横扫六合、席卷八荒。一时间，何谓新媒体，何谓媒体革命，何谓媒体转型，新媒体奇观、新媒体全球化、新媒体产业化等有关新媒体的话题成了各种学术会议和高峰论坛的中心话语。但令人疑惑的是，究竟什么是"新媒体"？无论是学界还是业界，迄今为止，还没有一个达成共识或普遍认同的说法。

一、传统媒体时代的"新媒体"

现代意义上的"新媒体"诞生于何时，一直是个让学界伤透脑筋的难题。法国学者弗兰西斯·巴尔（Francis Balle）和杰拉尔·埃梅里（Et Gerard

---

* 本文原载于《现代传播（中国传媒大学学报）》2008年第5期（总第154期），收入本书时略有删改。

① 豪厄尔斯.视觉文化［M］.葛红兵，译.桂林：广西师范大学出版社，2007：202，225.

Eymery)合著的《新媒体》一书认为"新媒体"问世于20世纪70年代之后；日本东京信息大学教授桂敬一(カツラ ケイイチ)在《多媒体时代与大众传播》中提出"80年代初出现新媒体热"的说法；美国哥伦比亚大学新媒体中心主任约翰·帕夫利克(John Pavlik)的《新媒体技术》一书在"回顾历史"的章节里加上了一个副标题——"千年之交的媒体"。这个时段虽有较大伸缩性……尽管各家说法很不一致，但与多数学者将新媒体崛起看作数字化网络技术普遍应用的结果大体一致。

至于"新媒体"概念的提出，学界虽然已有不少相对具体的说法，但存在明显的矛盾之处。例如，有一种观点认为美国CES(哥伦比亚广播电视网)技术研究所所长，即NTSC电视制式的发明者P.戈尔德马克(P. Goldmark)是"新媒体"概念的首创者。他在1967年发表的一份关于开发EVRC电子录像(Electronic Video Recording)商品的计划中第一次提出了"新媒体"(new media)一词。1969年，美国传播政策总统特委会主席E.罗斯托(E. Rostow)在提交尼克松总统的报告(著名的"罗斯托报告")中更是多处使用了"新媒体"概念。由此，"新媒体"一词风行美国并很快蔓延欧洲，不久后便成了一个全球化的新名词。①

我们发现，这种颇为流行的说法其实并不确切，"新媒体"概念至少可以追溯到20世纪50年代。例如，1959年3月3日，马歇尔·麦克卢汉(Marshall Mcluhan)应邀赴芝加哥，参加全美高等教育学会举办的会议。会议的主题是"与时间赛跑：高等教育新视野与要务"。麦克卢汉讲演的题目是"电子革命：新媒体的革命影响"。在这次听众逾千人的大会上，麦克卢汉宣称：

> 从长远的观点来看问题，媒介即是讯息。所以社会靠集体行动开发出一种新媒介(比如印刷术、电报、照片和广播)时，它就赢得了表达新讯息的权利。……印刷术把口耳相传的教育一扫而

---

① 内川美芳等编纂的《媒体用语词典》(东洋经济新报社，1982)、明安香的《信息高速公路与大众传播》(华夏出版社，1999)、陈刚等的《新媒体与广告》(中国轻工业出版社，2002)、蒋宏等的《新媒体导论》(上海交大出版社，2006)等著作都认同了这一说法。

光,这种传授方式构建于希腊—罗马世界,靠拼音文字和手稿在中世纪流传下来。几十年之内,印刷术就结束了历经2500年的教育模式。今天,印刷术的君王统治结束了,新媒介的寡头政治篡夺了印刷术长达500年的君王统治。寡头政治中,每一种新媒介都具有印刷术一样的实力,传递着一样的讯息。……电子信息模式的讯息和形式是同步的。我们的时代所得到的信息不是新旧媒介的前后相继的媒介和教育的程序,不是一连串的拳击比赛,而是新旧媒介的共存,共存的基础是了解每一种媒介独特的外形所固有的力量和讯息。①

麦克卢汉所说的"新媒体"虽明显是一个历时性概念,但他所罗列的"印刷术、电报、照片和广播"无一不是我们今天所说的"传统媒体时代的'新媒体'"。麦克卢汉敏锐地看到,凭借电子手段,各种文化和各个媒介发展阶段的并存给人类提供了解放的手段,使人们能够从媒介的感知奴役中解放出来;媒介在各个发展阶段的特定倾向对人的感知都是一种奴役。他断言,有了电子媒介之后,我们就从这种奴役状态中解放出来了。麦克卢汉的讲演给我们认识"新媒介"的本质提供了一种具有历史眼光和普遍联系的洞见。我们虽不能肯定麦克卢汉就是"新媒体"概念的"专利"拥有者,但可以肯定地说,一般教科书把戈尔德马克和罗斯托看作"新媒体"始倡者的依据,是站不住脚的。

我们认为,即使从麦克卢汉关于"新媒介的革命影响"的讲话算起,"新媒体"研究至少也有近半个世纪的历史了。当然,麦克卢汉的概念,与我们今天所说的"新媒体"存在着巨大的差别。毕竟,他生活在一个以报纸、广播、电视为主导媒体的时代。相对于现代新媒体而言,麦克卢汉以前的所有"新媒体"之"新",与其说是对媒体脱胎换骨后之"新质"的界定,毋宁说是出于概念表述上的修辞学需要。当今时代的"新媒体"之"新"则不只是

---

① 麦克卢汉.麦克卢汉如是说[M].何道宽,译.北京:中国人民大学出版社,2006:3.

一个泛泛定性的形容词，它所包含的媒体革命性内涵已使"新媒体"这个堪称三代陈典的旧名词真正焕发出了数字时代的生机与活力。

二、当今时代的"新媒体"

就学术研究而言，学界并不缺乏"新媒体"的相关定义，反倒是定义的泛滥使得相关研究无所适从。当然，在纷繁芜杂的定义中也不乏见地深刻的说法。例如，曾任上海文广新闻传媒集团总裁的黎瑞刚说："所谓新媒体，是一个相对的概念，是对于我们平时见到的报刊、广播、电视等传统媒体以后发展起来的新的媒体形态，最常见的就是数字媒体。"上海东方宽频总经理张大钟对新媒体的定义是："利用数字技术、网络技术，通过互联网、宽带局域网、无线通信网、卫星等渠道，以及电脑、手机、数字电视机等终端，向用户提供信息和娱乐服务的传播形态。"时任阳光文化集团首席执行官的吴征说："相对于旧媒体，新媒体的第一个特点是它的消解力量——消解传统媒体（电视、广播、报纸、通信）之间的边界，消解国家与国家之间、社群之间、产业之间的边界，消解信息发送者与接收者之间的边界，等等。"美国《连线》杂志对新媒体的定义是："所有人对所有人的传播。"[①]

值得注意的是，一提到新媒体就让人想到雨后春笋般涌现的通信与传播的"新武器"：数字电视、移动电视、IPTV（交互式网络电视）、博客、播客、手机电视、短信、彩信、手机报、楼宇视频、报刊展架、户外广告等，各种传播新形式都想说自己是新媒体，相关业界都想成为新媒体的代言人。与此同时，学界对新媒体的定义明显出现了越来越宽、越来越泛的趋势，几乎所有与数字技术有关的媒体都被列入了新媒体，结果，大多数关于新媒体的描述和评介文章在逻辑上存在着分类混乱的常识性错误，根本无法理清楚和其他媒体形式的区别，无法界定其中的内涵和外延。更有甚者，学界与业内的某些人为了这样或那样的目的批量制造信息烟尘，竭力起哄于"概念圈地运

---

① 通过"谷歌"等搜索引擎的帮助，可以轻松收集到数以万计有关"新媒体定义"的信息。

动",以致某些颇有创意的新媒体学术研讨会和产品博览会,非但没有在学理上作出应有的建设性贡献,反倒使人们对新媒体的认识越来越含糊、越来越混乱。显而易见,究竟应该如何理解"新媒体"的问题还远远没有得到解决。

巴尔和埃梅里在其《新媒体》一书的开篇就试图解答这样一个问题:"新媒体新在哪里?""是指某一种酒是新的,还是像安德列·舍尼埃(André Chénier)谈论一种'新思想'那种意义上的新,因而是在为某种最近才第一次出现的事物定性呢?"还是"像人们说某一种艺术、某一种风格、某一种语言是新的那样呢?就是说一种未见过的、新颖的、创新的东西,与传统的、固有的相反。""是否更应该认为'新'这个形容词仅仅指状况的变化;各种媒体只是在它有不同的作用或追求不同目的时才成为新的呢?……电视文字广播和星状结构的有线网络这样一些通信系统,从更完全的意义上来说是新的:它们实际上允许人与人之间或人与机器之间实现前所未有的通信,与迄今已知的和试验过的通信是根本不同的。"①

对巴尔和埃梅里提出的"新媒体新在哪里"的问题,中国学者也颇为关注。例如,刘吉认为"新媒体"新就新在"快准全易"四个字上。② 这四个字的意思十分明确:"快",即传播的信息要快,时时,及时,准时。"准",或直击源头,或多方比照,可最大限度保证信息的可靠性。"全",即信息全面、系统、完整,有问必答,有答必中。"易",随时随地,无时空限制,查询检索,如探囊取物。这种中国式的大而化之的说法大体上不会有错,但这种基于价值判断的定性思维对于技术科学研究的定量思维并无助益,因为含糊的定性并未触及新媒体的本质。

我们认为,"新媒体"具有鲜明的时代特征。就当下及其发展趋势而言,还是要从最能体现新媒体本质特征的新兴数字媒体和传统媒体的数字化融合及其相关过程中发掘其深藏的奥秘。新媒体的本质特征,应该从媒体互动的

---

① 巴尔,埃梅里.新媒体[M].张学信,译.北京:商务印书馆,2005:7.
② 刘吉:新媒体的定义以及新老媒体的关系[EB/OL].(2007-07-06)[2008-01-23].http://finance.sina.com.cn/hy/20070706/12263760711.shtml.

新方式、媒体技术的新融合、媒体产品的互相依赖与交叠等众多因素中去寻找。在当今时代，我们倾向于将"新媒体"理解为以"数字媒体为核心的新媒体"，它是通过数字化交互性的固定或即时移动的多媒体终端向用户提供信息和服务的传播形态。毋庸讳言，目前也有学者明确反对使用"数字媒体"这一概念，认为"数字媒体"可以被人理解为制作过程的数字化，"照这样的理解，几乎所有的媒体都可以列入数字媒体的范畴"①。但在我看来，趋近于无限的包容性正是新媒体不同于传统媒体的最重要特征之一。

如前所述，新媒体与传统媒体之间的依存度和扩增性越来越强，这是当代媒体适应网络社会发展需求的必然趋势。传统媒体为了获得生存与发展，纷纷搭乘数字媒体快车，希望在新媒体世界里抢占一席之地。电影和电视开始挪用电子游戏资源，音频和视频在网站空间肆意跑马圈地，各种媒体之间的协同关系成为新媒体市场范型和日益扩大化的全球化生产和营销生态的必要特征。尼古拉·尼葛洛庞帝（Nicholas Negroponte）在1995年出版的《数字化生存》一书中，在"被动的旧媒体"和"互动的新媒体"之间划出了一道明显的界线。他预测说，广播电视网将要衰落，取而代之的是"窄播"和按需定制的分众媒体。大众媒体铁板一块的帝国将会被拆分成许多家庭手工作坊，今天的媒体帝王将看到他们的中央帝国的坍塌。于是，旧媒体会被完全彻底地吸纳进新媒体的轨道。然而，历史告诉我们，旧媒体从来不会死亡，真正死去的是我们用来获取媒体内容的工具。② 我们已经清晰地看到，新媒体借助于数字技术的亲和力，甚至可以在全新的传播平台上，像古罗马的祭师那样召唤那些"老媒体"的亡灵，让其隐含的"力量和讯息"以非物质的形式为新崛起的"网络社会"提供智力资源。

不难看出，传统媒体时代的"新媒体"之"义"随"时移世易"而流变无定，如果不深入媒体相对稳定的核心层面看问题，任何表浅化的所谓定义都不可能切中研究对象的本质特征。可是，当今时代的新媒体已经宽泛到无

---

① 匡文波．"新媒体"概念辨析［J］．国际新闻界，2008（6）：66-69．
② 胡泳．新媒体"新"在何处？［J］．21世纪商业评论，2007（11）：126．

所不在的程度，只要有特定人群活动的平台皆可以新媒体自命。互联网上新媒体形式的急剧扩散，使人很难单纯从传播介质上去定义新媒体。曹增辉断言，互联网平台上的新媒体形式必将在其他传播介质平台上得以复制，包括数字电视和IPTV推进下的电视平台、移动无线网络推进下的手机等终端平台、传统报纸杂志向数字平台的演进（不只是互联网，比如kindle）等。新媒体将属于所有新旧介质，包括电视、广播、手机，甚至包括家乐福里的一块购物显示屏。

这种"新旧相对"的言论颇有影响，其合理性与局限性也都显而易见。我们认为，当新媒体的内涵发生了根本变化之后，传统媒体时代的"新媒体"概念，无论其当初具有什么样的远见卓识，在数字媒体崛起之后，这个概念的历史使命就算已经完成了。但在传统思维习惯和语言约定俗成等因素的综合作用下，风起云涌的强势数字媒体，被一向顺从大众的传统媒体顺手贴上了一个"新媒体"的标签，因此，来自"比特之城"的数字媒体不得不"将错就错"地沿用广播电视等模拟信号家族"户口"。必须明确的是，我们姑且认可"新媒体"这一"习非成是"的"俗名"，但决不听任传统思维和言论麻木不仁地淹没其数字媒体的杰出品性和卓越才能。我们有责任赋予"新媒体"以符合其本质特征的时代内涵和真实意义。

出版过《新媒体与创新思维》一书的清华大学新媒体传播研究中心主任熊澄宇广为人知的"新媒体定义"可以说是这种"相对论"的代表。发表于"人民网"的《清华大学熊澄宇：新媒体与文化产业》的文章指出：

> 所谓新媒体是一个相对的概念，"新"相对"旧"而言。从媒体发生和发展的过程当中，我们可以看到新媒体是伴随着媒体发生和发展在不断变化。广播相对报纸是新媒体，电视相对广播是新媒体，网络相对电视是新媒体。今天我们所说的新媒体通常是指在计算机信息处理技术基础之上出现和影响的媒体形态。这里有两个概念，一个是出现，是指以前没有出现的；一个是影响，所谓影响就是受计算机信息技术影响而产生变化的，这两种媒体形态是我们现在说

的新媒体。①

不难看出，新媒体是一个快速滚动和随时推进的概念。行业条块分割和学科各自为战，使得见木不见林的狭隘观念在各自的圈子里盛行一时，其具体表现为：第一，只顾把眼前一轮多变的媒体归入新媒体范畴，对即将出现的新一轮媒体则得过且过地装聋作哑，如此命名新媒体，显然缺乏负责任的科学态度。第二，单以时间为刻度或以出现顺序为分类标准来定义媒体形式显然会陷入难以为继的尴尬。不言而喻，"新"与"旧"的说法并不能指认被定义对象的本质特征，而且缺乏可持续的操作性。例如，即便我们可以将"新媒体"之后的媒体命名为"新新媒体"，那么之后的之后又该如何命名呢？

目前，我们已欣喜地看到，从内涵和外延两个方面界定新媒体的尝试已经取得了一些新的进展。我们倾向于认同这样一种看法：就新媒体的内涵而言，它可以被看作20世纪后期在世界科学技术发生巨大进步的背景下，在社会信息传播领域出现的建立在数字技术基础上的，能使传播信息大大扩展、传播速度大大加快、传播方式大大丰富的、与传统媒体迥然相异的新型媒体。就其外延来说，新媒体主要包括光纤电缆通信网、都市型双向传播有线电视网、图文电视、电子计算机通信网、大型电脑数据库通信系统、通信卫星和卫星直播电视系统、高清晰度电视、互联网、手机短信和多媒体信息的互动平台、多媒体技术以及利用数字技术播放的广播网等。这种开放的、发展的观点是《新媒体导论》的作者们最新提出的。我们不能肯定这个"新媒体"定义是否就是体现当下学界对"新媒体"学术研究和理性探索之前沿水平的精辟之论，但可以肯定的是，对"新媒体"的新探索必将产生新认识。

---

① 熊澄宇. 新媒体与文化产业［EB/OL］.（2005-02-01）［2008-01-23］. http://media.people.com.cn/GB/35928/36353/3160168.html.

三、走向无限融合的新媒体

新媒体把我们带进了一个伟大的时代，一个数字文明的时代。"传播学大师韦伯指出：假若把人类出现在地球上的 100 万年假定为一天，那么这一天的前 23 个小时，人类的交往与合作的发展都是空白的，一切重大的发展都集中在这一天的'最后 7 分钟'。我们有幸邂逅了这颗文明之果，它在人类艰难的发展史上显得光辉灿烂。"[①] 毫无疑问，在人类文明的星空中，新媒体是最为明亮的星座之一。

按照法国学者新近出版的《新媒体》的说法，无论是"独立媒体"（包括录像带、影碟、计算机软件和教学软件）、"广电媒体"（广播电视）还是"电信媒体"（如借助信号数字化、光纤和星状结构提供图像等互动服务的网络），公众对媒体的支配程度都已出现革命性的跃迁。新出现的技术和工艺，极大地延长或"倍减"[②]了传统手段揭示或传输文字、资料、图像或声音的能力，如有线电视、卫星以及两者的并用极大地加强了新媒体的亲和力。新近出现的通过简单操作即可为我所用的所有"傻瓜型"设备，极大地兼容了人类从远古时代发展至今的人脑的智力水平和肢体的灵活性。这些设备所延长的不仅是人的手和脚，而且更多的是同视听功能结合在一起的人脑的智能。

今天我们已不能再把获得数字化技术的深度支持和广泛应用的"新媒体"简单地看作传播工具了。它们甚至不只是广泛地吸收和融合古今一切媒体优点的新技术、新工艺和易于操作的"延长人脑"的设备，事实上，新媒体已越来越成为人类自身不可或缺的重要组成部分。更为重要的是，给我们带来如此惊人变化的动力，还只是其乍起于青萍之末的新媒体微风，快速发展的数字媒体终有一天会形成天落狂飙之势，在没有亲眼看到那种辉煌灿烂的景

---

① 周寰.点击网络文明［M］.北京：中国城市出版社，2001：2.
② "倍减"法文原词是"démultipliquer"，一般把指某物减去若干倍。《新媒体》里的这一概念指的是要把电视只对真观众的主动单向传输，改变为电视同观众之间的互动双向传输，以改变当前法国不少观众对电视的疏远态度。这种改变从电视的传输量来说，就被称为"倍减"。

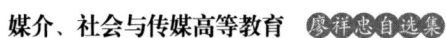

象之前谁也无法预料未来的新媒体世界还将创造出什么样的人间奇迹。

美国网络新闻学创始人、博客报道形式首创者丹·吉尔默（Dan Gilmore）早在 2001 年 9 月 28 日的一篇博客文章中就提出了一个颇有影响力的"媒体 3.0"的说法：1.0 是指报纸、杂志、电视、广播等传统媒体或说旧媒体；2.0 就是人们通常所说的以网络为基础的新媒体或者叫跨媒体，但新闻传播方式并没有实质改变，仍是集中控制式的传播模式。例如，数字电视、IPTV 这类传统媒体向新媒体的过渡形态，本质上仍属于旧媒体。媒体 3.0 就是以博客为趋势的 we media（还没有一个非常贴切的中文译名，可译为"个人媒体""自媒体""我们媒体"或"共享媒体"）。在这一分类中，"新媒体"的意义比较明确地定位在以数字媒体为核心的网络媒体的范畴内，而以博客为趋势的"媒体 3.0"说到底也不过是在突出媒体自主性的同时使"数字媒体"这个"核心"变得更加突出而已。在我看来，当下学界存在着一种热衷于将数字媒体某种表现形式（如"博客"）单独列入新媒体的趋向，这种"只见树木不见森林"的狭隘观点，通常只能给乱云飞渡的天空增添更多的迷雾，使我们对新媒体的研究工作更难取得拨云见日式的突破。

如前所述，当下学界和大众媒体对"新媒体"的说法花样百出，但某些以事实为依据的核心内容是不容随意涂抹的。因此，即便在不同场合"新媒体"具有许多不同的名称，但其以数字技术为核心的媒体本质是难以改变的。例如，有些人习惯于把新媒体理解为网络媒体，而网络有时又被定义为"第四媒体"。按照相同的逻辑，人们似乎顺理成章地把如日中天的手机定义为"第五媒体"，并有意无意地视其为新媒体的发展方向。值得注意的是，无论第四媒体还是第五媒体，都无一例外地被人理所当然地称为"新媒体"，如此命名，实际上隐含着一套是否以数字媒体为核心或以数字技术为依托的逻辑规则与选择标准。

说起"第四媒体"，这个业已广为人知的概念不仅有一个比较体面的来源，而且不乏学术上的依据。资料表明，"第四媒体"概念在 1998 年 5 月联合国新闻委员会年会上由联合国秘书长安南提出。他呼吁在加强传统的文字和声像传播手段的同时，利用最先进的第四媒体——因特网，以加强新闻传播工作。1999年4月14日在北京召开的第二届亚太地区报刊与科技和社会发展研讨会,首次确定了"第四媒体"的概念,同时在新华社播发的通稿中有这样的表述:"中外专家提出,以因特网和信息高速公路为主体的'第四媒体'的影响力在10到20年之内将可能超过报刊、广播和电视。"这种基于传播方式的媒体分类法按照媒体的发展将媒体划分为"纸媒介的传统报纸""电波为媒介的广播""基于电视图像传播的电视"和"基于互联网传输的网络"四个不同的阶段。因特网并非仅有传播信息的媒体功能,还具有电子邮件、电子商务等重要功能。因此,从狭义上说,"第四媒体"是指基于网络这个传输平台来传播新闻和信息的网站。

有意思的是,以前我们经常看到"第四媒体"还有"新媒体""网络媒体""数字媒体""新兴媒体"等不同叫法。[①] 根据"史坦国际论坛"(www.stanchina.com)提供的资料,联合国教科文组织关于新媒体有过一个相当简洁的定义——新媒体就是网络媒体。这种观点至今仍然颇有影响,如美国新媒体艺术家列维·曼诺维奇(Lev Manovich)认为,"新媒体将不再是任何一种特殊意义的媒体,而不过是一种与传统媒体形式没有相关性的一组数字信息,但这些信息可以根据需要以相应的媒体形式展示出来。从一定意义上说,这个"与传统媒体形式没有相关性的一组数字信息"正是我们所理解的"新媒体"。

当"第四媒体"概念产生一定影响时,"第五媒体"概念似乎顺理成章地"跟随出场"了,2005年出版的《第五媒体》[②] 一书堪称这方面的代表作。作者朱海松重点对第五媒体的定义、以第五媒体为基础的无线广告的发布形式、应用标准和广告效果等问题进行了全面的探讨。其中对第五媒体的分众性、定向性和互动性特点的描述颇为精彩,但读者和同行对作者关于"手机增值业务SP开发的所有产品都是媒体"等观点有许多不同看法。一般认为,第五媒体是以手机为视听终端、手机上网为平台的个性化即时信息传播载体,它是以大众为传播目标、以定向为传播目的、以及时为传播效果、以互动为传

[①] 许行明,杜桦,张菁,等.网络艺术[M].北京:北京广播学院出版社,2001:22.
[②] 朱海松.第五媒体:无线营销下的分众传媒与定向传播[M].广州:广东经济出版社,2005.

播应用的大众传媒平台。它同网络媒体的对接融合只是时间问题，本质上与所谓的"第四媒体"没有区别，因此我们认为，现在讨论"第五媒体"还为时过早。

不过，在我看来，新媒体走向融合、走向体验已成不可阻挡之势。当有线无线完美融合之时，"第四媒体"必将获取立于不败之地的存身法宝，"三网合一"被广泛地应用于通信实践之后，一个成熟的新媒体时代就会真正到来。尽管我们对"第五媒体"的提法有不同意见，但一个不容忽视的事实仍然会让我们对一切真正关注手机媒体的研究刮目相看，这个事实就是：中国目前有5亿人拥有手机，未来几年内中国会有8亿人拥有手机！手机被说成是"超级媒体、万能终端"也许有些夸张，但它的确代表着新媒体的发展方向。

有"数字时代的麦克卢汉"之美誉的保罗·莱文森（Paul Levinson）在《手机》一书的结尾充满乐观地说：

> 独立于手机的互联网开发了海量、多样且易于检索的信息。有了手机之后我们不但能够获取这些信息而且能够与任何人交谈——在阳光下、大海边、山顶上或城市中心的繁华街道边想和谁交谈都行。有了手机之后我们就不再二者必选其一：信息或现实、交谈或自然。那真是……鱼和熊掌两者皆得……①

无须更多的历史考察就可以断定未来的新媒体将是"以数字媒体为核心"的"融合、融合再融合"，即传统媒体与新媒体融合、三网融合、有线网与无线宽带网融合。无论是政治、经济、技术还是艺术、业界、市场，未来媒体的新主宰已经无可争辩地出现了趋向于"移动多媒体"的强劲态势。我们有理由相信，以"数字媒体"为核心、以网络手机为代表的"新媒体"在激烈的媒体竞争过程中必将脱颖而出，成为无与争锋的万能媒体终端，并引领时代潮流奔涌向前。

---

① 莱文森.手机［M］.何道宽，译.北京：中国人民大学出版社，2004：151.

数字媒介与艺术创新*

自人猿揖别以后,人类交往与对话的方式得到不断的突破和创新。仅就媒介而言,人类在与自然、社会和内心世界的沟通过程中逐渐学会了结绳刻骨、染墨成字、竹木纬编、活字印刷、铅版复制、激光照排、无纸传输……随着语言、文字、笔、纸、印刷、报纸、杂志、书籍以及电脑的发明,人类逐渐进入了一个数字媒介引领潮流的信息社会。

自尼古拉·尼葛洛庞帝(Nicholas Negroponte)出版《数字化生存》一书以后,"数字地球""数字城市""数字身体""数字艺术"等概念被广泛应用。非但媒介,各国政治家们也在为数字世界的未来制定宏大的计划。例如,1999年,美国副总统戈尔曾在加利福尼亚科学中心发表"数字地球——认识我们这颗星球"的演讲。2000年6月5日,《光明日报》报道了时任中国国家主席的江泽民在接见中国科学院、工程院部分院士时的讲话,在讲话中他也使用了"数字地球"这一概念。当21世纪社会亮出曙光时,数字化已经成为人类必备的"生存宝典",而这所谓的"宝典",即无时无刻不在自身进行着新陈代谢的媒介。

从艺术发展的历程看,艺术的每一次大的变革和进步都与科学和技术的发展密切相关。艺术创新与技术进步总是如影随形,几乎每一种新艺术形式的产生都是以某种新技术的问世为基础的。例如,印刷术的发明,使士大夫

---

* 本文原载于《现代传播(中国传媒大学学报)》2006年第3期(总第140期),收入本书时略有删改。

的诗文得以大量刊印和广泛流传。在西方，由印刷术引起的第一次信息技术革命，对文艺复兴的产生起到了极大的推动作用，使知识冲破教会的束缚走向平民，文艺从王公贵族的深深庭院走向了大众。在过去的几百年间，印刷术一直影响和改变着艺术生产的内容和形式。

随着社会文明的进步和科学技术的发展，广播、电影和电视等新的媒介形式相继出现，一次又一次地强烈冲击着印刷媒体曾数百年独步天下的霸主地位。然而，对印刷媒介更强大的冲击也许来自计算机技术的诞生和应用。在日本已经有人做出"铅字消失"的大胆预测，认为以纸张为媒体的书籍未来将会消失。同样，美国人阿尔文·托夫勒（Alvin Toffler）在他的《第四次浪潮》中预言："即使目前的词在以后仍然会被使用，但我们目前所谓的书却很可能消亡。"

从 20 世纪末开始，数字出版物开始与纸质出版物争夺读者市场，数字光盘杀进书刊市场并开始争夺信息源和读者。与传统印刷出版物相比，数字出版物有其自身的特性。例如，数字出版物是立体的，它的人机交互和自动检索功能极大地解放了读者接受信息的主动性、积极性和创造性。多媒体数字出版物融文本、视频、音频、图形、图像于一体，绘声绘色，图文并茂，既增加了读者的阅读兴趣，又提高了总体信息获取量，体积小、容量大、操作简便、易于携带、查阅迅速。因此，无论从哪一个角度看，数字出版物都是出版业的一次意义深远的革命，同时必然会引发一场艺术生产的新革命。

同样，日本讲谈社出版了一本名为《电视的消失》的著作。书的腰封上印着"仅仅用于观看的电视已落后于时代，双向式电视创造新的未来"。该书认为，"今后将是'电视电脑'的时代。光缆把全世界的电脑连接起来。与电视的单向式传输不同，它能够像电话一样进行双向式的传输。如同在语言的传送中电话胜过了电报一样，在图像的传送中电视电脑也将完全超过电视"[①]。该书作者富原照夫预言，21 世纪全世界的信息无论何时何地都能在电视电脑上被获取。

---

① 讲谈社，官原照夫，陈旻. 多媒体商业成功的关键 [J]. 中国电子出版，1998（2）：34-36.

如今，互联网正在影响我们的生活，信息高速公路带给我们的不仅是技术，而且是一种以信息为标识的崭新的思维方式和生存方式。"闭门不出，穷识天下"已不再是神话。

马歇尔·麦克卢汉（Marshall Mcluhan）说："言语是人最早的技术，借此技术人可以用欲擒故纵的办法来把握环境。语词是一种信息检索系统，它可以用高速度覆盖整个环境和经验。语词是复杂的比喻系统和符号系统，它们把经验转化成言语说明的、外在的感觉。它们是一种明白显豁的技术。借助语词把直接的感觉经验转换成有声的语言符号，我们可以在任何时刻召唤和找回整个的世界。"① 在麦克卢汉看来，"过去的技术是不完整的、支离破碎的，而电力技术却是完整的、无所不包的。现在，一种外在的交感（consensus）和良心，和个人的意识一样，是必不可少的。但是，有了新的媒介之后，人们又可以贮存和转换这一切。至于速度的贮存和转换，根本不存在问题。在没有超越光障（light barrier）之前再没有比电速更高的加速度了"②。

当年玄奘（602—664）去"西天"取经，途经16国，历时17年，费尽千辛万苦也无非带回"故纸一堆"。今天这类事情，只需开关一按，电脑一开，鼠标一点，万卷经书就会出现在屏幕前。1993年12月，法新社1993年年终专稿指出，21世纪，美国人将不再使用电视、电脑、传真机或电话。一种尚未被命名的多功能数字设备，将通过数万公里的光缆把家家户户和企业联结在一起。文章引用时任美国信息高速公路计划政策顾问、北卡罗莱州州长吉姆·亨特的话说，现在两地间传输33卷的《不列颠百科全书》需13个小时，那时只需要4.7秒。并且这个速度还在发展，据最新资料表明，现在只需1秒钟就可完成。③

当电脑网络环球相连时，整个人类的文化价值观念都发生了深刻的变化。在数字化地球上，"海内存知己，天涯若比邻"已不再是美丽的梦想。在网络

---

① 麦克卢汉.理解媒介［M］.何道宽，译.北京：商务印书馆，2000：92-93.
② 麦克卢汉.理解媒介［M］.何道宽，译.北京：商务印书馆，2000：92-93.
③ 袁正光.数字革命：一场新的经济战——世界数字技术发展的趋势及我们的对策［J］.自然辩证法研究，1994（4）：1-7.

 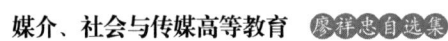

可视电话里,人们可以跨洲际"当面"交流思想、沟通感情。"网上相逢无纸笔,发 email 报平安",这早已是远渡重洋的莘莘学子习以为常的事情。正如尼葛洛庞帝所说:"20 年后,当你从视窗中向外眺望时,你也许可以看到距离 5000 英里和 6 个时区以外的景象,你观看的电视节目长达 1 小时,但把它传送到你家中所需的时间也许不到 1 秒钟。阅读有关巴塔哥尼亚高原(Patogonia)的材料时,你会体验到身临其境的感觉,你一边欣赏威廉·巴克利(William Buckley)的作品,一边可能和作者直接对话。"①

对于文学艺术而言,它与数字技术的结合,无疑会带来一场全新的变革。这场变革的深入性、广泛性和彻底性必定是前所未有的。以"文艺接受"为例,由于网络艺术的传播是数字化的、多媒体的、互动式的,因此,网络艺术的接受者不仅可以自由地选择艺术对象,还可以随意地表达自己的观点,甚至可以把艺术作品下载到电脑上,并对网络艺术作品进行主观的修改,从这个角度上讲,接受者对艺术的鉴赏已是"二度创作"。同时,任何网民都可以通过网络传播自己的"作品";而数字化光缆通信和卫星通信技术更使网络艺术作品插上了光速传播的"翅膀"。

马克思曾经在《〈政治经济学〉导言》中说过,希腊神话和它对自然的观点以及对社会关系的观点,是无法同自动纺机、铁道、机车和电报并存的。我们过去一直把这些话理解为艺术生产与社会的一般发展的"不平衡",这无疑是正确的。但是马克思的论述分明也包含着一种惋惜。他感慨地说,随着印刷机的出现,歌谣、传说和诗神缪斯岂不是必然要绝迹,因而史诗的必要条件岂不是要消失吗?数字媒体确实极大地改变了传统艺术的"必要条件",改变了艺术存在的基础。

今天,数字技术迅猛渗透到生活的每一个角落,"声音、图像、文字、音乐、动画、影像",几乎没有一种媒介形态还能够独立于数码技术而获得新的发展。如果说口语传播是人类听觉的延伸,印刷媒介是人类视觉的延伸,电子媒介是人类中枢神经的延伸,那么,今天的数字媒介时代,则是以互联

---

① 尼葛洛庞帝.数字化生存[M].胡泳,范海燕,译.海口:海南出版社,1997:16.

网为中心媒介的网络时代。新兴的网络媒介从实时互动、非线性、超链接等多个方面补足了传统媒介传播方式的缺失。这种全面的更新与改造过程,用"革命"二字来表达其强烈程度似乎也并不为过。

目前,许多家庭都安装了电话线、有线电视电缆和宽带网。通过电话上网或有线电视网上网,实现信息的交互式查询,或是采用"数据广播"的形式,电视台不断地向外传送大量信息,使用户能从接收的信息中获取所需的资料……不论采用哪种技术路线,对普通百姓而言,最终的收获就是,电视不仅可以观看电视节目,而且可以查看股票、金融信息,还可以阅读主页,查找新闻,随心所欲地观看自己喜爱的影视节目。

从技术上来说,互联网的普及已经混淆了通信、媒体和文化的行业界限。未来发展的前景,是多种媒体的信息制作、传输、接收和显示一体化。除了电话、有线电视、互联网和卫星的结合,还有通信、计算机、信息内容的结合,数字艺术的创作与接受是否如某些人所预言的"必将从网络发展中获得益处",新兴数字艺术是否真的会在网络通信的综合发展过程中迅速发展壮大起来,这些说法还有待时间来检验。

从媒体发展的角度来看,传统媒体与新兴媒体必将互相渗透,互相影响,在一定程度上实现融合。在不久的将来,电视和新兴媒介也许会在一个平台上运行,新闻媒体与文化产业也将实现集中。如今在美国,一场方兴未艾的媒体、电讯、电子和文化企业的跨行、跨地区的兼并大潮正在形成。

自从数字媒介被引入艺术生产领域以后,各种艺术生产形态都发生了深刻的变化。例如,艺术作品所凭依的不再只是传统的书刊和报纸,还有精美的光盘或网页。音乐、美术、摄影、戏剧、电影乃至广播电视艺术都逐渐将自己的安身立命之地乔迁到网上。在传统艺术受到强烈冲击的同时,人类历史上前所未有的"数字艺术"正展现其风采和魅力。处在这样的转折期,艺术理论工作者不能不关注网络时代文艺所面临的变革与挑战,他们不仅将电脑用作自己的工具,而且在研究方法、思想观念等方面不得不根据时代前进的步伐做出相应的调整。数字媒介的入侵,使艺术家和理论工作者都遇到了前所未有的机遇和挑战。

就艺术研究者而言，他们与艺术主体、艺术对象、艺术伴侣、艺术手段、艺术内容、艺术本体、艺术方式、艺术环境、艺术机制等一系列的既定关系无不发生着深刻的变化。数字时代的工具和理念的突变所带来的革命性挑战，已经并正在直接或间接地改变着每一个现代人的生活方式和审美习惯。对于一个数字时代的公民而言，"角色飘移"与社会分工、流动自我与定型自我、个人定向与公众定向等有关主体身份认同的危机不断加剧，人们在获得社会定位的多种选择的同时，常常会被一种茫然失措的感觉所笼罩；广度文化与深度文化之间、无师自通与学有常师之间以及游戏与教化之间的矛盾似乎日益加深，并使传统的文化教育和艺术教育模式日益捉襟见肘；网络视野与传统视野的差异、高科技与人文精神的对立以及信息自由与社会约束的不平衡现象一时难以得到控制，并已经使得传统文化和艺术观念中的人文色彩越来越淡薄……

除此之外，数字技术带来的"比特对缪斯的挑战"还表现在许多相关方面。例如，动态艺术与静态艺术、虚拟现实与传统艺术、超文本与传统文本、数据库艺术与叙事艺术、空间文化与时间文化、全球化与民族化、远程文化与近程文化、通俗文化与高雅文化、形而下与形而上的关系等。①

当然，最显而易见的变化还是在与日常生活密切相关的大众文化方面，如模拟电视与数字电视的变化。有研究者将传统的模拟电视流程（以磁带为介质）和全面数字网络化的电视流程进行了比较，认为数字电视与模拟电视的差别在未来的5—10年内将改变人们的电视观念（例如，电视是什么？电视能干什么？）。

据资料介绍，传统的"模拟电视流程"和"全面数字网络化的电视流程"具有十分明显的差异。这两者的差异所带来的深层变革还有待进一步研究，但仅仅从表面上看，二者的区别就已经部分地反映出数字化技术对艺术载体的变革是具有革命意义的。

模拟电视流程：前期拍摄（磁带）—后期制作合成（磁带）—节目审看

---

① 黄鸣奋. 比特挑战缪斯：网络与艺术 [M]. 厦门：厦门大学出版社，2000：1.

（磁带）—节目播出（磁带）—节目入库（磁带）

全面数字网络化的电视流程：前期拍摄（磁盘）—后期制作合成（磁盘）—节目审看（磁盘）—节目播出（磁／光盘）—节目入库（磁盘阵列／光盘／数字磁带机）

从以上流程不难看出，模拟电视流程以磁带为介质，尽管中间有部分环节采用非线性编辑系统，但是需要花费大量的时间和精力进行磁带和磁盘之间的转换，并且节目最终还是要落实到磁带上。而在数字网络化的电视流程中，电视节目从一开始就以磁盘为介质，继而在网络上流通，最终节目以磁盘阵列、光盘、数字磁带机进行存储。以上述介质进行存储的节目，将会更加便于检索，并且为节目素材的再利用提供了更多有利的条件。

也许有人注意到，早在世纪之交，文艺理论界在讨论当代学术热点问题时就已经有人把"数字艺术"称为时代的"显学"了。有文章指出，"数字网络正在世纪之交的舞台上崭露头角，使先于自己而出现的种种媒体都相形失色"。作为新一代媒体的数字网络，在广义上包括电信网、广播网和电视网等，而狭义上的"数字网络"则专指数字计算机网络，尤其是作为国际广域网之代表的因特网。从某种意义上说，在人类发展过程中，还没有比因特网更大的机器，没有比因特网上更大的图书馆，没有比因特网引擎更为便利的检索工具。但是，在人类历史上似乎同样没有比掌上终端更小巧的智能工具，没有比因特网上虚拟社区规模更小的现实社区，没有比因特网上数量更多的信息垃圾，也没有比因特网更令人眼花缭乱的虚拟世界。

对于艺术来说，一方面，历史上的出版"门槛"从来没有像网络时代这样低，世界范围内"竖子成名"从来没有像今天这样方便。与此相应，"人人都可成为艺术家"的前景从来没有像网络时代这样具备实现的可能性。另一方面，兼通科艺的人才从来没有像网络时代这么紧俏，对于艺术工作者数字化技能的要求从来没有像今天这么普遍、这么严格，与此相应，成为一个文理兼通的艺术家的难度从来没有像今天这么大。但是，不管怎么说，数字技术在网络化的支持下为实现艺术生产力的大解放提供了可能，艺术家随意创作艺术景观已不再是梦想，观众与作者的艺术交流将会变得更加自由，即使

是一个没有受到过正规训练的艺术爱好者也会有机会充分展示艺术潜能。我们有理由相信,随着数字技术对艺术生产力的不断解放,传统艺术世界必将发生改朝换代式的历史巨变。

数字媒介的发展已经极大地改变了艺术活动的生产、传播与消费方式,教育体制和内容,有力地促进了社会的进步和发展。展望未来,数字媒介与艺术将互相促进、丰富与创新。

"超越逻辑":数字人文的时代特征*

当代著名学者南帆在其《双重视域》①一书中提出了一个颇有深意的"热带鱼的饲养"问题,他在这本代表中国学者反思数字文化的最早学术成果之一的著作中写道:

> 一面硕大的玻璃嵌在墙上,十余只斑斓的热带鱼游弋在玻璃背后,赏心悦目。在许多人的心目中,"赏心悦目"就是热带鱼饲养的意义——这还能有什么疑义?可是,不久之后,一个面积相当的电子屏幕代替了镶嵌在墙上的玻璃,屏幕之中显现的热带鱼、水草和一串串水泡均是电子影像;在某种程度上,电子影像甚至比真实的热带鱼还要生动。对于现今的数码成像技术,这不过是一个微不足道的游戏。这时,人们突然意识到一个问题:如果仅仅企求赏心悦目,插上电源就够了,一切烦琐的事务均可以彻底免除。然而,如果电子影像不会生病或者突然死亡,也不会惹人怜爱或者伤心悲恸,这是否预示了另一个怪异的前景:电子影像是否正在篡改生命与生命之间的自然对话?自然是否正在迅速地退后甚至消失?如果生存于愈来愈密集的人工符号之中,人类的命运是什么?这些问题的压力甚至会迫使人们重新想一想:热带鱼的饲养是否还存在另外一些意义?

---

* 本文原载于《现代传播(中国传媒大学学报)》2005年第6期(总第137期),收入本书时略有删改。

① 南帆.双重视域:当代电子文化分析[M].南京:江苏人民出版社,2001:1.

通过一个小小的例子，南帆向我们喻示了这样一个重要事实，那就是数字技术成为一系列新型大众传播媒介的催生婆，这些传播媒介形成的冲击波正在打破生活的种种传统界限，重新书写一批著名范畴的含义，如自然与文化、虚构与现实、私人空间与公共空间、科学与神话、生与死、远与近、进步与落后、权力与民主、财富与贫穷等。一批传统界限的消失产生了一系列亦真亦幻的恍惚之感。对于目睹电子传播媒介历史演变的人来说，技术与自然之间的分界依然清晰可辨。可是，如果下一代人心目中的电话机或者电视机如同窗外的树木一样"自然"、与生俱来，那么，两者不都是他们所谓置身的"现实"吗？

仔细想一想，南帆这一看似漫不经心的提问，却包含着丰富的哲理和多方面的意义，其中一个明显的意义在于，他以一个当代中国学人的身份，向我们提出了技术可能造成的"人的异化"问题，为新世界的"数字化人文忧思"的全球化大合唱加入了一个充满激情却又严肃庄重的中国音符。

尼古拉·尼葛洛庞帝（Nicholas Negroponte）在《数字化生存》一书中曾经断言，"数字化"是步入新世纪的人类生存的"福祉"，并宣称"没有比特（bit），就没有人类的前途"。但不少学者对"生存的数字化"提出了反思性的意见，他们认为，数字化是一柄双刃剑。一方面，数字化以虚拟的方式突破了现实生存的局限和制约，拓展张扬了人性的表现空间，激活了人的想象力和创造力，"并为人类普遍尊崇的人文操守向数字化的虚拟世界延伸及发展提供了基础与可能；但另一方面，数字化生存也给人类造成了新的异化，它充斥着许多非人性、非人道的思想意识，它的负面效应也引发了人文精神的失落，从而导致人的生命意识的颓萎。因此，在人类进入数字化时代，非常有必要强调人文操守对数字化生存的价值建设与意义支持"①。我们在为数字化带来的生存便利和生活方式的变化而欢欣鼓舞的同时，必须对人类由此而进入一个可能被抽象为一堆数字、数据、符号或图形的异化现实，保持高度的警惕。

---

① 黄健，王东莉.数字化生存与人文操守［J］.自然辩证法研究，2001（10）：47-50，70.

为此,有学者提出在适应"数字化生存"的同时,要高度警惕"生存的数字化"。所谓"生存的数字化",是指数字化时代人类技术(工具)理性无限膨胀而价值理性失落、人文精神的迷失和终极关怀匮乏的异化现象。"由于人们沉溺于数字化的环境,脱离'在场'的社会关系太久,将自己视为纯粹意义的'符号'……步入纯粹的数字化过程,从而使自己成为片面的人。"[①]这时的"人"已不再是现实生活中的有血有肉、有滋有味、有人文精神的人,而是被抽象化为一堆信息(数字)的人,虚假的人。

事实上,正如一位学者所说的,生存的数字化已成为数字化生存时代诸多社会问题产生的一个重要根源[②],例如:

第一,人们对数字化高科技的神奇功能产生某种莫名的崇拜与敬畏,加上传播手段、方式的隐蔽性,人们往往会由此而产生偏执心理和迷恋心理,深陷其中而无法自拔,沦为异化的、迷失方向的"电子人",从而使人在高科技的工具理性世界里,丧失对价值世界和人文精神的向往与追求。

第二,由于网络交往的虚拟性和非真实性,人们可以在网络空间中任意宣泄自己,人的行为可以不受任何外界限制,道德的星空不再闪烁。网络本来是人类心灵相通、自由发展的美好空间,是人性之善展现的理想之地,却因此成为难以制裁的各种人性丑恶栖身的角落。

第三,人的行为的数字化,人性的面具化。在网络上"假面舞会"的狂欢中,人是以符号为代码而活动的,人的身份、形象、特性等都被数字化,每一个人就像穿着隐身衣,戴着假面具。网络使人与人如此接近,同时使人与人如此疏远——那种接近是心灵上的,那种疏远则更甚于任何时空的距离。

第四,无孔不入且防不胜防的黑客侵入或病毒攻击,破坏了经济和社会生活的正常秩序,造成了巨大的损失,个人隐私得不到有效保护,个人生活成为"通盘为文件所记录的生活"……而这一切,也许只是黑客们和病毒制造者借以证明和炫耀自己技术水平的一连串注脚。生存的数字化使他们丧失

---

① 李伦. 鼠标下的德性[M]. 南昌:江西人民出版社,2002:222.
② 鲍宗豪. 数字化与人文精神[M]. 上海:上海三联书店,2003:255,258.

了正义与良知，蜕变成了疯狂的"网络杀手"。

第五，人们过度沉溺于幻象编织的虚拟世界，导致患上互联网狂躁症、过度漫游和网络综合征等，由电脑网络引发的心理障碍、情感冲突、安全焦虑和心理误导等，开始困扰人的身心健康。

第六，随着货币被电子化、信息被数字化、国家指挥系统被网络化时代的到来，国家安全的概念被刷新，战争的理念也发生了重大改变。一个鼠标可能瞬间让某个国家甚至整个世界陷入危机与恐慌，其威力猛于核武器！

所有这一切都说明，数字化给人类带来了"阿拉丁的神灯"的同时，也为人类打开了"潘多拉的魔盒"。因此，我们在看到数字化带来高速度、高效率和奇迹般的新成果的同时，不能把数字化的跨时空性和超现实性夸大到不适当的程度。我们应该看到数字技术在促进人的全面发展的同时，有可能使某些过分沉迷"比特"神话的人误入"数字丛林"而迷失生活方向。事实上，数字技术已经在一定程度上造成了某些群体的主体丧失、人性异化、人性扭曲，甚至有可能产生某些被称为"网络植物人"的可怕的恶性"数字化"后果。

也许正是因为如此，在中国学术界，有人旗帜鲜明地喊出了"拒绝生存数字化"的口号。他们认为"在数字化生存成为人类一种新的生存方式、生活方式的时候，必须对生存的数字化及其负面影响保持足够的警惕，应高扬人文精神的旗帜，拒绝生存的数字化。在数字化的时代坚持用人文情怀、人文理想和人文精神守护人的精神家园，遏制人性的异化"①。

1856年4月14日，马克思在《人民报》创刊纪念会上发表了一个富有激情的演说。他在演说中把蒸汽机、电力和自动纺机等代表时代科技水平的新技术说成比巴尔贝斯等公民更危险万分的革命家。他认为可以作为19世纪特征的伟大事实是，"一方面产生了以往人类历史上任何一个时代都不能想象的工业和科学的力量，而另一方面却显露出衰颓的征象，这种衰颓远远超过罗马帝国末期那一切载诸史册的可怕景象"。他紧接着说：

---

① 鲍宗豪.数字化与人文精神［M］.上海：上海三联书店，2003：255，258.

在我们这个时代，每一种事物好像都包含有自己的反面。我们看到机器具有减少人类劳动和使劳动更有效的神奇力量，然而却引起了饥饿和过度的疲劳。新发现的财富的源泉，由于某种奇怪的、不可思议的魔力而变成贫困的根源。技术的胜利，似乎是以道德的败坏为代价换来的。随着人类愈益控制自然，个人却似乎愈益成为别人的或自身的卑劣行为的奴隶。甚至科学的纯洁光辉仿佛也只能在愚昧无知的黑暗背景上闪耀。我们的一切发现和进步，似乎结果是使物质力量具有理性生命，而人的生命则化为愚钝的物质力量。现代工业、科学与现代贫困、衰颓之间的这种对抗是显而易见的、不可避免的和毋庸争辩的事实。①

令人惊奇的是，马克思在将近一个半世纪以前所说的这一令人困惑的矛盾现象，竟然与今天有如此相近的地方。如果我们把马克思所说的机器看成计算机，他的论述和结论在这个所谓的数字化时代居然没有一条因时过境迁而显得不合时宜！在惊叹之余，我们是否可以据此得出这样一个结论——数字技术对这个世界并没有什么改变？答案当然是否定的。

数字化时代的另一个常常被人忽视的事实是，众多"逍遥网上"的"上网逍遥"客，未必能够真正获得"网上逍遥"的快乐与自由。一篇描述"数字先锋"人物的文章说：

> 心理学专家最近认为发现了一种新的病人，他们具有以下症状：放弃一些最基本的卫生需要：如洗澡；不再有规律地吃饭；不再与家人及朋友来往。他们受到了一种神秘的诱惑，虽然身处晦暗的斗室，却在幻想中隐姓埋名，在异乡旅行，与一些素不相识的人邂逅于此，交谈于此。这是一种新的人群，他们的创造者不是上帝，而是Internet……这种新的病症据说已经被收入了官方的医学词典，被

---

① 恩格斯，马克思. 马克思恩格斯选集（第 2 卷）[M]. 北京：人民出版社，1972：78-79.

称为"Internet 狂嗜症"。

如果这只是一种个别病例或者只是一种普通病症,"官方的医学词典"是不必理会的,人文学者也不会如此警觉。问题是这种"Internet 狂嗜症"比"非典"(Sars)具有更强的传染性,比塞壬(Siren)①具有更大的诱惑力,而更为严重的是,患有"Internet 狂嗜症"的"病人"常常是那些精力四射的年轻人,他们往往看上去比"健康人"还要"健康"。他们在斗室里享受着"囚禁的自由",在屏幕前沉浸于"孤独的狂欢","病人"之所以乐此不疲,是因为在这个虚拟的数字世界里,人们可以在意念中象征性地满足自己的所有愿望:无论是醉心于画饼充饥的饕餮盛宴,还是痴情于望梅止渴的网络之恋,美妙的景象顷刻之间就会一幕一幕地出现在你眼前。然而这美好的一切都不过是"水月镜花",正如《金刚经》所说:"如露亦如电,如梦幻泡影!"

目前,包括"网络写作"在内的数字艺术活动的主体性丧失问题已经得到了中外学界的高度关注。马克·波斯特(Mark Poster)说:"笛卡尔的主体是站在客观世界之外的,那个位置能使主体获得相关的客观世界的某些知识;康德的主体,则既作为知识的本源立于世界之外,又作为那种知识的先驱对象而站在世界之内;黑格尔的主体,处身民办之内,又改变着世界自身,但因此而实现了世界存在的终极目的。我认为电子写作分散了主体,因此不再是电子写作出现以前那样起着中心作用了。"②

著名笑星姜昆曾经在中央电视台讲了一则自己漫游因特网的经历。他说,自己在聊天室"登陆"之后,对曾经是其热心观众的网友们热情友好地打招呼说:"嗨,朋友们好!我是姜昆!"但他很快得到了一个令他大感意外的回答:"呸!我还是马季呐!"

有学者在讲述了姜昆的网上"遭遇"后分析说,在网上"没有人知道你是魔鬼还是恺撒",自然也没有人知道你是姜昆还是马季。"人人都可以成为

---

① 塞壬(Siren),希腊神话中半人半鸟的海妖,她美妙的歌声常常使往来的水手沉醉其中而难以自拔,以致忘记一切而最终船毁人亡。
② 王逢振.网络幽灵[M].天津:天津社会科学出版社,2000:65.

艺术家"，人人都可以成为姜昆，人人都可以成为马季，其结果就是网上没有"真正的姜昆和马季"，换句话来说，就是"网上没有真正的自己"。除了那个被标上数码的"IP"以外，就只剩下暂求恣情快意放肆挥洒个性的戴假面的"舞者"。我们无法知道这些"个性化"的"舞者"到底是谁，也没有必要揭开他们的假面。既然这类舒张个性的"主体"在虚拟的世界中已经变得模糊不清，那么，无论他们如何"狂歌痛骂"或"飞扬跋扈"，他们所有的个性化"网事"岂不都成了虚张声势的表演了吗？网络就是这样一个复杂的矛盾体：一方面是"个性"的极度张扬，一方面是"主体"的悄然分散。①

"个性张扬"与"主体分散"，既是"数字人文"所面临的矛盾，也是数字艺术所包含的"悖论"。关于数字人文所存在的种种矛盾，有学者以"论逻辑说"进行了深刻的概括：悖论是社会存在与人性存在的事实，而数字化时代是"悖论逻辑"充分孕育和彰显的时代，它将实物社会原来的悖论集中起来，形成特有的"悖论群"。人们在实物与虚拟、理性与感觉、玄思与视像、集中与分散、整合与断裂、规则与自由、共谋与逃离的悖论群中生存和成长，"悖论性"成为数字时代人文精神的重要特征。②

早在1995年，比尔·盖茨就曾宣称，人类正在迈入一个激动人心、充满遐思的"数字化时代""网络时代"。"这是一个绝妙的生存时代"，然而他也坦率地承认，"Internet是一场赌注"，"信息高速公路将会通往许多不同的目的地"。③ 数字技术作为一种"解放的力量"如果应用不当，就有可能转而成为"解放的桎梏"。一些呼唤"数字人文"的哲学与社会科学的研究人员一方面满怀信心地为"数字化生存"摇旗呐喊"人类文化发展的前景面临着前所未有的历史机遇"④，另一方面又毫不犹豫地为"生存的数字化"敲响了警钟：

---

① 欧阳友权.网络文学论纲[M].北京：人民文学出版社，2003：367.
② 李振，吴建武.信息化进程的前沿探索："数字化与21世纪人文精神"研讨会综述[J].探索与争鸣，2003（2）：3.
③ 盖茨.未来之路[M].北京：北京大学出版社，1996：342.
④ 孙伟平.网络文化的人文忧思[M]//鲍宗豪.数字化与人文精神.上海：上海三联书店，2003：401.

从宏观的角度看，数字人文建设还面临着许多严峻挑战。例如，"文化贫富差距"正在拉大、文化的消费与生产失衡、不良文化大肆泛滥、文化心理严重失衡、文化冲突日益凸显、文化管理面临困窘等，这些从一定意义上讲是数字人文"悖论性"在不同方面的表现、折射或反映。

关注数字人文的当代知识分子，一直在对数字化与人文精神的具体内涵进行专业性探索和学理性的思考。有研究者认为，自我认同是数字化人文精神的核心领域，"我之为我"是人文精神认同的原点。"数字自我"实现自我与数字化的联结，有两种基本形式：一种是在现有载体上植入新的自我意识，即植入芯片，延伸视觉、听觉和触觉等；另一种是将原有自我意识移出、转移、更换载体。这样就导致半数字化自我、非数字化自我与数字化自我相混杂，造成自我与本我、超我的迷失。"数字自我"应该是肉身之外的自我，本质上不是没有"自我"的数字构成体，而是真实自我的数字展现，是"人之为人"的精神的数字化，既远离肉身又与肉身具有千丝万缕的联系。自我的迷失、混乱和异化会引发自我认同的"数字化危机"，也就是人文精神的危机。①

总之，数字化时代人文精神的根本性问题，说到底还是人与机器、人与技术的关系问题，是在此基础上延伸人与自然、人与社会的各种现实和未来关系的问题。爱因斯坦说过："科学是一种强有力的工具。怎样用它，究竟是给人带来幸福还是带来灾难，全取决于人自己，而不取决于工具。"② 因此，只要我们抓住"数字化生存"带来的历史机遇，警惕"生存数字化"造成的人的异化，我们就有充足的理由相信，随着科学技术的迅猛发展与人类的觉醒，不久的将来"数字艺术"这块几年前的"无何有之乡"必定能变成审美艺术王国中的"何无有之乡"！

---

① 李振，向昆.数字化时代的人文建构［M］.上海：上海三联书店，2003：475.
② 爱因斯坦.爱因斯坦文集（第3卷）［M］.许良英，李宝恒，赵中立，译.北京：商务印书馆，1979：56.

走向未来的网络文学*

网络文学常常被称为新媒体文学。所谓新媒体，通常是相对于目前已经存在的报刊、广播、电视这些传统媒体而言的；从广义上说，新媒体通常就是指因特网（因特网是正在兴建的信息高速公路的主要组成部分）。不过，因特网并非仅有传播信息的媒体功能，还具有电子邮件、电子商务等重要功能。因此，从狭义上说，新媒体是指基于因特网这个传输平台来传播数字信息的网站。毫无疑问，网络文学的创作与欣赏、理论与批评等主要都是以数字化信息的方式出现在网站/页面上的。

按理说，离开了网络这一媒体就不应该有什么网络文学存在了，但现在的事实是，网络文学要想得到传统文学界的承认和尊重，首先必须让它走下网络。网络文学在文坛的"合法身份"，正是那些走出了网络的网络文学在出版社把"网上"活生生的"海鱼"拿到集市上当"咸鱼"出售时，才兴许有机会让惯于守着文房四宝"吟诗作赋北窗里"的时代文豪们勉强点头认可。网络文学是否一定要传统文学家承认其存在才有存在的意义呢？当然不是。不过，文学作为一门具有数千年历史的语言艺术，所拥有的许多规则、范式和标准对网络文学的发展无疑是具有重要借鉴意义的。事实上，没有传统文学的存在，就根本不可能有网络文学的存在。到目前为止，所有网络文学的品格和特征都是以传统文学为基础发展起来的，即便是网络文学的超文本与超媒体特征，也与传统文学有着"剪不断，理还乱"的内在联系。

---

* 本文原载于《河南大学学报（社会科学版）》2005年第6期，收入本书时略有删改。

一、传统文本与超文本

本文所谓的超文本，是指在一定数据库中可以任意互相连接的文本。在电子信息及网络世界，超文本的基本含义是指一种存储文本信息页的系统，在这种系统中，每页信息包含内嵌的其他信息页的链接，它们共同组成了一个可以互相参阅的巨型文本网络。互联网上最流行的文件形式即所谓的"超文本格式"（hypertext markup language，HTML）是蒂姆·伯纳斯—李（Tim Berners-Lee）等人在1989年发布的一种超文本标识语言。读者在网络上下载文章时，下载的文件格式窗口常常贮存着许多可供选择的格式，其中文本（text）和超文本（hypertext）就是两种比较常见的格式。

众所周知，文本之所以被称为文本，一个主要的原因就在于它具有相对的稳固性。相对于文本的这种稳固性而言，超文本首先体现为一种打破界限和结构的冲动，表现为一种冲决完整意义结构的创新意志和开拓精神。超文本的发展是一部迷人的历史。像许多科学领域一样，超文本也是一些科学家的梦想，是经过若干努力与失败之后结出的硕果。意味深长的是，超文本的本质特征就是要把那些看似毫不相关的事物联系起来，但它又会在必要的时候果断地将事物之间那些拖泥带水、藕断丝连的牵挂一刀割断。从这个意义上讲，超文本的本质就是打破相继性、平面性，从而获得一种非相继性和立体感，让文本的存在依靠一种广泛的联系，并且时时强调这种联系的偶然性和丰富性。

按照马克·波斯特（Mark Poster）的说法，"句子的线性排列，页面上的文字的稳定性，白纸黑字系统有序的间隔，出版物的这种空间物质性使读者能够远离作者。在文学创作中，作者和读者之间的这种距离，在没有高度的互动性进行弥补的时候，作者和读者的思想意识中就有了强烈的纪律色彩和线性意识。不管是在写作过程中还是在阅读的过程中，满怀激情的作家和充满期待的读者所面对的都是没有厚度的一维平面和文字线条。文学的读解过程必然是理性的、规矩森严的"①。在传统文本中,说书人常说的"花开两朵,各表一枝"是一种无法违背的法则,稳定的文本,常常只能听任事物发展的一种可能性压抑或掩盖千千万万种其他的可能性。在超文本体系中,任何可能性都可能在适当的时机得到展现。以小说为例,故事的基本要素虽然是相对固定的,但是情节的发展及人物的命运却如同现实生活一样掌握在作者的手中。

其实,文本之间的连接并不是网络的专利。传统文本也有不同形式的连接,如注释文本,文本通过加注连接到具体的注释内容。如字典、词典、百科全书、四库全书等,它们的内部连接方式大都相当精巧,内部相互之间的连接标以"参见"字样即可。从一般的连接意义上来说,所有的文本都具有潜藏的超文本性,因为不存在没有连接的文本。文本前的目录,文本的注释(包括夹注、脚注、尾注等)、索引等都是比较成熟的连接。但是,与电子超文本的链接相比,传统印刷文本连接的原始性和局限性是令人无法容忍的。

仅就连接而言,传统印刷文本的连接是一种"固定连接,片段连接,矢向连接"。超文本的连接是一种"任意连接,全方位连接,放射连接",它直接指向目标文本,只要我们点击链接按钮,目标文本就会出现,从理论上说,它可以链接任何一项文本。"因为这些的不同,文本的叙事方法也发生了根本性的变化,传统的线性叙事崩裂,新的叙事方法因文本结构的不同得以产生。"②传统文本与超文本的这些最基本的差别,只是在一种静态的比较中浮现出的表象,更深层的差异将会在网络文学的创作和阅读过程中得到更加多样化的呈现。超文本将传统文本从一个无声的线形世界变成了一个色彩缤纷、仙乐环绕的数字艺术世界,它甚至使写作和阅读本身也变成了一种富有时代气息的艺术行为。

---

① 波斯特.德里达与电子写作[M]//王逢振.网络译丛:网络幽灵.天津:天津社会科学出版社,2000.
② 聂庆璞.网络叙事学[M].北京:中国文联出版社,2004.

二、交互指涉的快乐游戏

超文本突破了纸质媒体的限制，把原本一维的平面文本和线性的叙事逻辑，变成了一种在想象空间中自由翱翔的诗性文本。如果一个人站在一个想象的制高点来观照网络文学的种种超平面文本，他看到的将是一个巨大的有无穷深度的"文本之阵"。

法国哲学家吉尔·德勒兹（Gilles Deleuze）和费力克斯·伽塔里（Félix Guattar）在《千高原》的序言中，用根茎比喻超文本，十分生动形象。在德勒兹看来，与树或树根不同，根茎把任何节点与任何其他节点联系在一起，根茎"不是由单位构成的，而是由维度或运动方向构成的。它没有起始和结尾，而总是有一个中间，并从这个中间生长和流溢出来。它构成 n 维度的线性繁殖。……与图表艺术、画画或照相不同，与踪迹不同，根茎必须与生产、必须与建构的一幅地图有关。一幅地图总是可分离的，可连接的，可颠倒的，可修改的，有无数的进口和出口……与等级制交流模式和既定路线的中心（或多中心）系统相对比，根茎是无中心的，无等级的，无意指的系统，没有将军，没有组织记忆或中央自动控制系统，仅仅只是由流通状态所界定"①。

德勒兹等人的"根茎之喻"的确与超文本有许多相似之处，但超文本除具有根茎的所有性状外，还有根须间的无穷横向连接，而根茎之间的这种横向连接是由水土来完成的。从这个意义上说，根茎之有序和基本不相交接的反射性特征与网络之波纹式"圈状结构"叠合起来才能算作一个比较完备的超文本。对于在线读写而言，一个尚未成文的准文本就已被"网入"一个巨型的超文本之中，那些破网而出走向纸介出版的文本，并不会因为走进了书商的货架或者学人的书斋就从网络超文本上消失了，相反，超文本体系还会因此多一个或若干个与其纸介出版物相关的节点。

超文本如同一曲多声部的交响乐，更像巴赫金所说的多声部小说。超文

---

① 王逢振. 2001 年度新译西方文论选［M］.桂林：漓江出版社，2002.

本的确与现代小说的多主题、多线索结构有异曲同工之妙，也正因为如此，有人将巴赫金的小说对话理论说成网络超文本的理论先声是有一定道理的。值得注意的是，巴赫金提出的狂欢化理论同样与网络超文本有许多暗合之处。大体说来，狂欢节就像网络写作一样具有许多假面舞会的特点。例如，狂欢节的无等级性、宣泄性、颠覆性、大众性等特点，在网络超文本中都有惊人相似的表现。

关于超文本写作与传统作家在纸质媒介上写作的不同是多方面的。其中最基本的差异是，超文本改变了传统写作和阅读"一条道走到黑"的单调和枯燥。超文本使写作和"阅读不再是一种不可逆的线性历史过程，而变成了交互指涉的快乐游戏"①。当然，书写文本也可以具有许多不同形式的转换和变化，仅就诗歌这样一种对形式具有严格要求的文学式样来说，其文本上奇异的变化就如同万花筒一样令人目不暇接。

例如，在古代诗人的文本游戏中比较流行的就有"婉转雅致的集字诗""点铁成金的借句诗""争奇斗艳的地名诗""峰回路转的叠翠诗""晴空展翅的飞雁文""缭绕升腾的火眼诗""旋乾转坤的盘中诗""颠倒成文的回文诗""珠联璧合的连珠诗"……诗神在"狂欢"和"苦吟"的过程中，留下了形形色色、别出心裁的文本，"连接着一串串难以计数的奇珍异宝，闪烁着耀眼的五光十色，真是斑斓纷呈，妙处难与君说！"②可见传统文本也蕴含着不容忽视的丰富多彩性。

古老而神奇的汉语言文本，常常在几行极为简单的诗句中包含着许多结合率惊人的词语。如果将一首诗的内部结构完全捣碎，然后按照一定的规则重新组合，人们会惊奇地发现，诗歌的内部隐含着许多重新组合的可能性。关于这方面的探索，著名作家王蒙对李商隐的"无题诗"的解构和戏仿就是一个颇有意味的例子。1991年，王蒙曾把李商隐的《锦瑟》诗的字句彻底打乱，然后将其重新组合，他将这种文字游戏戏称为"颠倒锦瑟"。他的"游戏

---

① 严锋，卜卫. 生活在网络中[M]. 北京：中国人民大学出版社，1997.
② 林戈. 诗趣趣诗：奇妙的中国诗林之旅[M]. 北京：中国文联出版社，1999.

 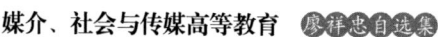

成果"主要有如下三种：

（1）另一首"锦瑟诗"：

锦瑟蝴蝶已惘然，无端珠玉成华弦，庄生追忆春心泪，望帝迷托晓梦烟。日有一弦生一柱，当时沧海五十年。月明可待蓝田暖，只是此情思杜鹃。

（2）根据《锦瑟》诗改编的词：

杜鹃、明月、蝴蝶，成无端惘然追忆。日暖蓝田晓梦，春心迷。沧海生烟玉。托此情，思锦瑟。可待庄生望帝。此时一弦一柱，只是有珠泪，华年已。

（3）依据《锦瑟》诗编撰的对联：

此情无端，只是晓梦庄生望帝。月明日暖，生成玉烟珠泪，思一弦一柱已。

春心惘然，追忆当时蝴蝶锦瑟。沧海蓝田，可待有五十弦，托华年杜鹃迷。

王蒙的这些将微型文本改头换面的小把戏，显然只能局限于篇幅较小的文本中，也许我们还想象不出，像《红楼梦》这样的文本，人们如何能进行类似的"颠覆"游戏。但是，在西方现代派的创作中早就有类似的小说，某些别出心裁的作家，将小说如同扑克牌一样装入一个盒子中，而不是像传统小说那样按一种顺序装订成册。读者在阅读作品时，可以随意按照不同的顺序重新建构作品，如同玩扑克的游戏者取牌时每次都会得到不同的牌形组合一样，作者阅读这一无序的文本也会因人而异，因地而变，因时而改，每一页故事就如同超文本的一个页面，"链接"的方式发生变化以后，故事的开头、发展和结局就会相应变化。有人干脆把小说写在扑克牌上，当一家人在一起玩扑克游戏时，每人手中有 N 张牌，他/她就会读出数倍于 N（N 的排列组合数）篇的微型小说。

这与王蒙"颠倒锦瑟"的游戏十分相似，不同的是王蒙的"游戏元素"是单个的"词"，而"扑克小说家"们的"游戏元素"是文本。"扑克文本"终归是一种游戏，当美国人以"扑克牌通缉令"的形式对崩溃的萨达姆政权实施清剿时,"扑克文本"是否进入了保罗·莱文森(Paul Levinson)所说的"镜子阶段"似乎还有待确认,但是,当"扑克文本"被应用于变幻无穷的超文本结构之中时,这种自由组合的文本模式本身就进入了它的"艺术阶段",这一点似乎已在网络文学的蓬勃发展中得到了证实。

我们知道,传统文本无论有多少精巧的变化(所谓的"扑克文本"也一样),只要将其与超文本相比,其局限性就立刻显现出来。"在网络文学中,超文本的链接让读者可以在无穷尽的阅读可能性之中肆意游荡,开始的文本或许会出现一条主线,但是在数次点击之后,这条主线可能已经成为一条毫不足道的发展线索;开始的主角可能在接下来的文本之中已经成为一个匆匆过客;原本一部深情凝重的悲剧可能到后来已经成为让人轻松一笑的闹剧。文本已经没有界限和标志,'完整'的含义在超文本之中已经被鼠标的点击永远击碎。线性的逻辑已经不存在了,文本获得了无穷的厚度,成为立体的文本。众多先锋作家久未成功的冲破平面媒体的冲动在网络世界到来之际,终于得到了实现,而且非常轻松容易。"①

同传统文本一样,超文本文学作品也是由读者和作者共同创造出来的。读者对于文本内部链接的持续选择是作品真正得以实现其自身的过程。在这样的过程中,读者与超文本文学作品相互融合,相互实现,达到"人文合一"的审美境界。这和中国传统的"天人合一"的思维方式不谋而合。每一部超文本文学作品在整体上说就是一个丰富多彩的大千世界。②

法国作家莫泊桑说过:"公众是由许多人构成的,这些人朝我们叫道:安慰安慰我吧,娱乐娱乐我吧,使我忧愁忧愁吧,感动感动吧,让我做做梦吧,让我欢笑吧,让我恐惧吧,让我流泪吧,使我思想吧。"莫泊桑的感慨代表了书面写作时代作家们共同的焦虑和无奈,且不说作家不过只有几张纸一支笔而已,即便真有三头六臂,恐怕也难以用一部文学作品来满足读者千差万别的要求。但是,数字时代的超文本写作情况就不同了。超文本文学作品自其

---

① 于洋.解构的文本:简析网络文学的超文本性[J].天津社会科学,2003(5):5.
② 罗香妹.超文本文学与中国传统思维方式[J].中南大学学报(社会科学版),2004,10(2):239–242.

诞生之日起，就能将读者所需要的安慰、娱乐、忧愁等各种各样的审美体验分门别类，如同超市货物分区一样，听任读者各取所需。网络超文本将隐藏在人们心灵深处的形形色色的冲动和欲望"贴上标签"，使其秩序井然地等待读者"消费"。

三、走向未来的网络文学

"随网而舞"的网络文学早已"破网而出"，在纸介文学世界里，网络文学的地盘已越来越大，如今在大大小小的出版社和形形色色的报刊编辑部都能看到网络文学的身影。更令人惊讶的是，网络文学居然堂而皇之地走进了神圣的大学讲坛。要知道许多非难甚至责骂网络文学的声音依然充斥于各种媒介，如台湾的李敖就一直在说网络文学是"厕所文学"、上海作家陈村说网络文学是文学的"卡拉OK"、北京的作家说网络文学是文字泡沫、莫言甚至公然宣称——"人一上网，马上就变得厚颜无耻"。莫言曾经受某网站邀请担任网络文学大奖赛的评委，一些痴迷于网络文学的网虫对此愤愤不平："既不上网又不在网上发表文章的人如何能有资格当网络文学的评委？"

面对这样的质问，莫言谈了三点看法：①"网上文学跟网下的文学其实也没有什么根本的区别"，都是供人阅读的文本。②"大多数的网上文学，都是在网下写了然后贴上去的"，都是写好以后再发表出去。③"人一上网，马上就变得厚颜无耻，马上就变得胆大包天"，由于网上写作是"假面舞会上的话语狂欢"，所以人人都可以肆无忌惮地发表看法。①应该说，莫言的话的确说到了网络文学的痛处，但是，莫言的以偏概全是令人难以苟同的，从本质上讲，一个人是否厚颜无耻，与其上不上网没有直接联系。

说网络文学与传统文学没有区别也是不对的。例如，莫言自己所说的"胆大包天"和"厚颜无耻"与那些把网络文学说成"厕所文学"或"卡拉

---

① 莫言. 莫言：人一上网就变得厚颜无耻 [EB/OL]. (2016-09-01) [2024-04-20]. https://www.sohu.com/a/113145123_170212.

OK"的人其实都承认了两者的差异。"由于网络这个自由的赛博空间犹如马路边的一块心情留言板，谁都可以在上面信手涂鸦，它给网络写手提供了发表作品的圆梦阵地，也给恣意灌水的文字垃圾提供了抛洒的乐园。随心所欲的杜撰，漫不经心的表达，即兴式的发挥，情绪化的宣泄，装腔作势的做作，抖机灵儿的调侃，无病呻吟的抒情，乃至粗鄙的谩骂，肉麻的吹捧，词不达意、文不对题的言说，不负责任的讥讽，乃至错别字、生造字、符号代码字等在网络作品中可谓比比皆是。写手们多是感怀而遣笔，心仪而诉求，自娱以娱人，文笔随意，纵横无忌，结果是宣泄多于艺术，粗疏多于精致。"①

事实上，网络文学与传统文学的差异是多方面的，从某种意义上讲，本文所论述的几乎所有关于网络文学的文字都是建立在二者的差异之上的。仅就两者的写作风格而言，网络文学与传统文学的差异就极为明显。网民龙原曾将这种差异概括为"网络文学的七种武器"：①爆发力强，表达直接的短句。②BBS与MUD上的互动。从"故事接龙"到"小说接龙"再到"互动小说"，网络的交互特色越来越渗透到网络文学的操作中。③点铁成金的"戏仿"。④后现代主义的"拼贴"，即"剪刀加糨糊"（copy & paste）。⑤RPG（角色扮演）。⑥超文本。⑦乱弹。说到底，所谓网络文学最重要的不是形式，而是网络思维对文字的影响，是那种天马行空的想象。②

按照作者的说法，网络的阅读习惯更近于"扫描"，少有人能耐心品味结构繁复的句子。所以短句适应了这种需要。传统文本的那种需要耐心品味的充满诗意或哲理的句式，常常被富有冲击力的短句挤到了屏幕的深处，网络文学作为一种交互艺术，关注的是读者与写作者的互动、文字与文字的冲撞。尽管传统文本中那些令人回味无穷的文外之意得不到应有的眷顾，但激情互动的超文本写作犹如在迷雾中穿行，充满未知和诱惑。特别是那些由RPG游戏衍生出的新型文学操作方式，在某个规定的语境和话语框架中，人

---

① 欧阳友权. 互联网上的文学风景［J］. 三峡大学学报, 2001（6）: 5-9.
② 龙原. 网络文学的七种武器［EB/OL］.（2013-05-09）［2024-04-20］. http://www.web-culsudies.com.

物的身份已经被事先设定，人物的成长却依赖于作者的叙述，而且参与写作的人常常是一群心心相印的陌生人，这种写作本身就已把传统意义上的作者与读者之间的界限完全取消了。作者就是读者，读者也参与了文本的创作。

不但如此，网络写作将复制与创作之间的界限也取消了。例如，作者为白开水的"东邪西毒之上海宝贝版"巧妙地把两个文本拼贴在一起，用"东邪西毒"的叙述方式来重述"上海宝贝"，两套话语相互借用，相互拆解，组合出一种扑朔迷离的反讽效果。这种蔑视一切清规戒律的自由写作，的确具有"乱弹"的意味，网易文化频道所开辟的"乱弹"栏目就是写作向网络思维的一种靠近，用龙原的话来说，"乱弹""以极其开放和自由的姿态与缪斯相遇"，里面的文字也许比较粗糙，但已显出鲜活的生命力，成为网上一道亮丽的风景。

无论人们对网络文学有什么样的评价，我们都不应该对其未来悲观失望。因为，至少有这样一个事实让我们对网络文学的明天保持着足够的信心。那就是，网络文学没有因为有人怀疑、有人责难、有人咒骂就退缩到网络的某一角落，相反却大步登上大学的讲坛！我们欣喜地看到，网络文学一走上大学的讲坛就得到了认可。网络文学作为文学与数字化革命交融的一种最主要的形式，正在改写文学这一古老艺术的历史。在短短的几年间，网络文学已被列入部分"大学人文学院汉语言文学专业的教学计划"。

从众多大学开设的网络文学研究专题和网络文学传播等课程所罗列的基本纲目看，网络文学研究已成为一种体系比较完备的科学科目。尤为值得注意的是，在短短的几年时间内，网络文学在其萌芽状态就已成为深受大学生欢迎的相关课程，在中外文学史上，这是一种极为少见的现象。近年来，网络文学的学术研究也涌现出了一批令人瞩目的成果。

当然，"网络文学究竟能走多远？应该说网络文学的前景取决于'网民'的参与程度和水平，也取决于文学网站是否真能活出个样儿来。可时下的一些文学网站，特别是那些学生社团办的校园文学网站和文学发烧友办的个人网站，多是靠列入各类搜索引擎和专'贴'他人作品撑的门面，它们中有的是自得其乐地活着，有的是不死不活地活着，有的是一盘散沙地活着，有的甚至靠美女图片加'网恋'故事而低三下四地活着"[①]。此外，懂文字的不一定懂技术，懂技术的不一定懂文学，商业性与文学性矛盾重重、技术与艺术摩擦不断，再加上资金和管理的限制等，所有这些都是制约网络文学发展的难题。走向未来的网络文学可以用一句中国人熟知的名言来概括——前途光明，道路曲折。

---

① 欧阳友权.互联网上的文学风景［J］.三峡大学学报，2001（6）：5-9.

网络游戏*
——带刺的玫瑰

近年来，随着网络多媒体技术、虚拟现实技术和智能人机交互技术的飞速发展，网络游戏一夜之间闯入了我们的生活，并逐渐形成了声势浩大、生机勃勃并且影响深远的一项新的文化产业。就当前的发展态势而言，网络游戏已经开始产生巨大的经济效应和广泛的社会影响，并引发了不同群体从不同角度的关注。

作为一个非常复杂的文化现象，网络游戏正在冲击我们头脑中的传统文化观念，其迅猛的发展势头也正在试图动摇当代文化的根基。在新的世纪里，网络游戏的超强冲击波已由美、日、韩辐射到了整个世界，其超强影响力已遍及政治、经济和文化等诸多领域，并大有愈演愈烈之势。因此，网络游戏理应引起人类社会的高度重视。

网络游戏究竟是造福人类的"阿拉丁神灯"还是遗祸万年的"潘多拉魔盒"？人们对于网络游戏的认识，自开始就有两种倾向：神圣化和妖魔化。这两方面的论战由来已久，至今仍可谓"硝烟正浓"。但是，关于对网络游戏的正确定位、对其社会效应以及应对策略的全面认识，还有待我们进行更为深入细致的研究与探索。为什么网络游戏能够以如此令人难以置信的速度和态势发展？以下三方面因素是其中的主要缘由。

第一，网络游戏蕴藏着巨大的商机与价值。

---

* 本文原载于《现代传播（中国传媒大学学报）》2005年第5期（总第136期），收入本书时略有删改。

网络游戏作为后工业资本与现代媒体精诚合作的产物，已被公认为潜力巨大、前景光明的新型文化产业。其巨大的商业价值，使这一产业呈现出"万马奔腾无阻挡，势如潮来天地青"之势。

国家新闻出版总署音像电子和网络出版管理司进行的"2004年度中国游戏产业调查"表明：仅就中国而言，2004年网络游戏用户已达2025万，比2003年增长近50%，网络游戏玩家占网民总数的五分之一。预计到2009年，中国网络游戏用户将达到5683万，占互联网用户的30%以上。2004年中国网络游戏市场比上年增长47.9%，达到24.7亿元人民币。因此，经济评论家认为，网络游戏是人类在21世纪发现的一座采之不尽、用之不竭的"魔力金矿"，而网络游戏曾经蒙受的种种"恶名"也被奔涌的资金流冲刷得干干净净。这一点从一张宣传韩国网络游戏名作《天堂》的中文招贴中可以得到充分印证，商家以一种傲视群雄的口吻说："一个玩家梦中的游戏；一段不同寻常的王者之路；一种治国平天下的王者霸气；一款真正风靡全球的大型网络RPG游戏；全世界会员人数已经接近1亿，同时在线人数超过100万；《天堂》——创造无限奇迹，缔造万世传奇！""无限奇迹""万世传奇"如今就在你我眼前，触手可及。

预测显示，2005年全球网络游戏市场的收入将增至499亿美元。中国的网络游戏业虽说还处于起步阶段，但市场前景看好。截至2004年1月的统计，中国网络用户已经达到7950万人，其中有超过200万的用户在玩付费网络游戏。随着国内各大城市宽带的普及，网络游戏的市场容量和产业规模将实现快速增长，网络游戏产业经济效益由此可见一斑。

从2000年的《石器时代》创造的第一个网络神话开始，到上海盛大在2002年缔造出的《传奇》及2003年盛大自主研发的《传奇世界》，再到后来的《奇迹》等，这些游戏显示的不仅仅是中国网络游戏业的发展速度大有赶超世界先进水平的态势，同时说明中国人的网络游戏观念也在迅速"升级换代"。可以毫不夸张地说，正是网络游戏打造和支撑着近年来资本市场上最耀眼的神话。盛大网络靠《传奇》富得流油，网易凭借短信与游戏《大话西游》业绩翻身，股价狂涨几十倍。利润的"井喷效应"使各路资本趋之若鹜。有专家预测，今后几年，网络科技股将随着网络游戏的崛起而一路飘红。

第二，网络游戏作为新兴的文化现象，具有独特的人性化和个性化的审美特征，使人的本性能得到极致的舒展与张扬。

网络游戏能够轻松自然地跨越不同文化的疆界，弥合与沟通不同种族的思想感情，如同春风化雨一般洞开玩家重门紧锁的心扉，使举目无亲、语言不通的异乡游子，随时随地从"陌生而熟悉的朋友"那里获得一种同声相应、同气相求的心灵默契。以《天堂》为例，自其问世之日起，各种媒体就众口一词地宣称这款网络游戏具有划时代意义。它那精美绝伦的画面、令人震撼的音乐，以及惊心动魄的故事情节，无不具有匪夷所思的魔力，这种魔力可以说是任何玩家都难以拒绝的。

事实上，以《天堂》和《魔兽》为代表的众多网络游戏的魅力正在于，在网络这一虚拟环境下给人们创造了一种张扬个性而又富于人文关怀的互动化美感。一位"玩家"在谈论参与网络游戏的感受时说："一个人、一把剑、一个风云时代，一个悲喜、宏伟、传奇的故事，有人情、有友情、有亲情，也有爱情。进入了网络游戏的世界，就像是读一本曲折的小说，看一部火爆的电影，听一个动人的故事，看一部感人的电视剧。一幅幅美景、一首首乐曲、一段段诗文不断刺激着视听……网络游戏的魅力还不止如此，主动地参与，全身心地投入，体验另一种生活，谱写属于自己的故事……"[1]这分明是一种在欣赏高雅艺术作品时才拥有的愉悦感受和审美体验。因此，优秀的网络游戏实际上可以说是一种磨砺意志、启迪智慧、激发创造的新兴艺术，是一种具有强大生命力的审美风暴！

第三，网络技术的开放性和难以控制性，为网络游戏的传播和发展创造了极大程度的便利。

当前已经深入渗透我们社会生活各个层面的互联网，是以信息的便捷传播为基本目标的。以网络游戏为代表的各类互联网应用，在其发展的早期阶段，并未从技术上充分考虑对其传播模式的控制。反之，为了最大限度扩大

---

[1] 齐轶丹. 网络游戏的文化意义[J]. 福建艺术，2003（2）：3.

自己的客户群，绝大多数网络游戏产品不支持实名制注册和严格的身份认证，其所设计的业务逻辑策略，在很大程度上也是为鼓励玩家的更多参与。同时，网络游戏业界至今缺乏统一的业务逻辑规则标准体系，使得基于不同引擎开发的网络游戏产品，不能有效地实现数据和信息的互联互通，缺乏行业层面和业务逻辑层面的控制机制。

因此，网络游戏的发展长期处于一种可以被称为"弱规则、无束缚"的状态，对于网络游戏这一领域内的技术创新，多数集中于"在更为强大的技术框架下实现更多可能"这一方面，而对于其反制技术和约束策略，则没有引起研发力量足够的重视。网络游戏这一技术支撑模式，使得网络游戏从根本上获得了令人难以置信的发展速度和规模。

尽管人们对网络游戏的批评日趋尖锐与激烈，沉迷网络游戏的青少年却越来越多，网瘾也越来越大。因此，有为数众多的人认为网络游戏是"魔盒"。一些沉迷网络游戏的学生，在网吧一泡就是十几个甚至几十个小时，学业荒废自不必说，因游戏引诱而走上犯罪道路也不再是奇闻。对此，家长和教育工作者深感痛心却又无可奈何，纷纷向社会发出"救救孩子"的呼吁。

值得注意的是，这种"网游恐惧症"还不只是流行于中国，世界上许多人都有类似的看法。在网络游戏的发源地美国就有一个参议员将其称为"圣诞前的梦魇"。直到今天，对于网络游戏，大多数人仍然有着一种无以名状的抵制情绪。

所以我们说，网络游戏是带刺的玫瑰！人类在享受着它的芬芳，欣赏着它的美丽的同时，随时可能受其伤害，挥之不去，割舍不下。然而，一旦真正接触到一款优秀的网络游戏，人们就会惊讶地发现，网络游戏并非全是令人玩物丧志的低级娱乐。

如今，无论你把网络游戏看作"神灯"还是"魔盒"，一个不争的事实是：网络游戏已被公认为当今世界含金量最高的朝阳产业。随着网络游戏产业的迅速发展，网络游戏以排山倒海之势，迅雷般席卷整个世界。中国自然不可能置身事外。面对网络游戏的巨大浪头，我们应该如何应对呢？

首先，我们从分析网络游戏自身的审美特质与艺术特征入手，探寻其发展的策略。

毫无疑问，网络游戏最大的特点是虚拟性。在网络游戏中，玩家是以数据化的虚拟身份来展示或想象主体身份的。网络游戏的游戏者在电脑屏幕上的"窗口"环境中进行着多重身份的生活。他可以在同一时间穿梭于多个世界，扮演多个角色。此外，游戏还能提供"玩家"所希望的自由度，同时提供自由的主题和完整的故事情节。但由于目前的条件所限，尽管当代网络游戏可以让我们感受到紧张刺激，让我们开怀大笑，但还未能完全解决情感传达等问题，这在很大程度上拉大了玩家与游戏人物之间的距离。网络游戏的另一大特点是交互性，玩家在网络游戏里能体验到许多极限感受，如可以目击血雨腥风的杀戮场景，发泄不快心理；可以过关斩将，感受崇拜者的眼光；可以和上千人同时边打边聊，交上一些天南地北的朋友。专家对不同年龄阶段的学生进行过一次调查："你认为游戏中的成功与现实中的成功哪个更重要？"结果，70%—80%的学生认为一样重要。由于青少年对网络游戏的操作、探索做得比成年人还好，因此很容易在网络游戏中寻找现实生活中失落的自信和后来居上舍我其谁的满足感、成就感。

提高网络游戏的文化品位和艺术品位，把网络游戏做成艺术品，如今已成为业界的共识。网络游戏的这一发展走向，已经为理论研究者准备了空前繁复的话语资源，新兴的网络游戏艺术正迫切地需要公正的理论支持和健康的文化批评。如同当时人们质疑电影的商业动机和技术由来一样，那些指责好莱坞对暴力和色情太过偏好的人，曾经也以强硬的态度否定电影造就永恒艺术的可能性。但随着电影的普及和广受欢迎，不久便有一些开明人士发出了重新评估电影审美价值的呼吁。我们是不是正在重蹈历史的覆辙？什么时候人们才能相信这样一个事实：网络游戏代表了一种新的鲜活艺术，如同机器时代的电影，是数字时代的艺术！

其次，政府应成立相应的管理部门，做到责任明确，而不该出现"多家齐管，谁都不管"的混乱局面。同时，相关管理者应做到及时学习，与时俱进，以科学理性的态度进行决策。

再次，应大力提高网络游戏产品开发商的社会责任感，同时，政府部门要对其进行正确的引导。以正确引导为目标的约束规则体系的建立，将是网络游戏产业健康发展所依赖的必要基础。当前许多游戏存在的主要症结表面上是色情和暴力，但深层的原因却是陈腐、俗套和庸常化。游戏开发者在充分发掘游戏潜力时，固然要追求流行与"轰动"，但也要规避负面影响，要将市场价值与审美价值作为一个不可分割的整体看待。从全球网络游戏的成功范例可以看出，只有那些高雅、有品位的网络游戏艺术作品才有生命力。遗憾的是现实情况却并非如此。我们痛心地看到，市场的恶性竞争和无序开发使网络游戏的审美诉求长期处在备受冷遇的状况中。就目前大众视野中的网络游戏而言，当务之急，是要从低级趣味的单纯娱乐和血腥场面的阴暗丛林中彻底解放出来。

令人欣慰的是，目前国家已经着手建设网络游戏行业规则体系。2005年8月23日，国家新闻出版总署发布了国内首个《网络游戏防沉迷系统》开发标准，该标准对玩家累计在线时间做了严格的限定：3小时以内为健康游戏时间，连续游戏时间超过5小时后，玩家的收益将降为零。这一系统计划于2005年9月底开发完成，并随后在目前市场上最活跃的十大网络游戏上试运行。这个系统是否能有效解决青少年沉迷网络游戏的问题还有待时间检验，但这个系统的问世表明，中国政府和相关部门在推动网络游戏健康发展的道路上迈出了可喜的一步。

此外，"网络游戏通用引擎研究及示范产品开发"和"智能化人机交互网络示范应用"两个项目，于2004年被正式纳入国家"863"科技发展计划，这一事件代表着国家为构建面向网络游戏的统一核心技术平台和知识产权框架而付诸实际的努力，标志着政府对网络产业的引导所迈出的坚实一步。更令人振奋的是：2003年国务院政府工作报告首次将网络游戏产业确定为国家经济发展的新的增长点；同年11月，国家体育总局正式批准电子竞技为中国开展的第99个体育项目。令人欣喜的是，国内一些高校正在积极开设与网络游戏相关的专业，以培养适合我国的高级网络游戏人才。中国传媒大学动画学院已于2004年开始招收我国首批游戏设计专业本科生。

业内人士普遍认为，网络游戏遭遇人才瓶颈，已成为影响民族网络游戏产业纵深发展的重要因素。有人断言,这个行业真正懂技术的人才大约只有3000人,缺口在10万人以上。现在关键是要培养游戏人才的责任感,让他们通过虚拟世界的人物,弘扬理想精神,宣传真善美。

最后,对网络游戏消费者的正确引导和启发,特别是对非良性网络游戏者行为的矫正和援助,将在很大程度上推动网络游戏产业的正常发展。广大网络游戏爱好者,是支撑网络游戏产业发展的基石。目前网络游戏发展的一些不良态势,也更多在游戏玩家特别是年轻的游戏玩家身上得以体现。对于正在成长着的网络游戏玩家这一社会群体的正确引导,因此具有突出的重要性。

对于青少年网络游戏消费者的引导工作,将是一项艰巨而长期的任务。目前的形势是,家庭、学校和社会的通力合作未能使青少年上网成瘾的局面得到根本性改善。各类防范和救治措施,在各类新款游戏面前成效亦不明显。因此,整个社会面对青少年网瘾将要付出更多的不懈努力,使网络游戏这一朝阳产业健康前行。

网络游戏是一种具有超强诱惑力的新生事物,尽管承受着来自各方的压力,但网络游戏业在枪林弹雨中依然保持着强劲的发展势头。相关评论不尽一致甚至出现了激烈争议,可以说是情理之中的事情。试想,在人类文化的发展过程中,有哪一样新生事物不是在争议声中发展起来的?印刷机、电影、照相机、录音机、电视、流行音乐等,在其问世之初,哪一样没有受到过批判和攻击,甚至蔑视和仇视?但是,新生事物所代表的文化包括一切被思考和议论的东西,不会因为某些人的反对和责骂就停止前进的步伐,人类许多重要的发明创造尽管在新生阶段几乎被口水淹没,但凭借其强大的内在生命力和对大众娱乐心理的把握与塑造,最终都会得到主流文化的吸纳和认可,并在新的文化体系中占据越来越重要的位置,直到被更新的事物取代。未来的网络游戏到底会给人类文化带来什么样的冲击?对此,我们虽然备感迷茫却不甘心也不应该听天由命。

网络游戏既需要审美的天空和艺术的阳光,也需要学界和大众的支持和理解。网络游戏作为新兴艺术门类,把握好自由表达与社会责任之间的平衡是十分必要的。我们热切地期望,更成熟的网络游戏评论队伍早日走到媒体前台,网络游戏业和公众都需要健康到位的评论来引导和规范参与者的言行。无论从哪一方面讲,网络游戏这一稚嫩的艺术形式走向成熟的道路必定是曲折而漫长的。

中国网络游戏事业的发展还有待多方面的共同努力:需要政府相关部门制定具有前瞻性的文化政策和约束机制;需要具有责任心的媒体的广泛参与和正面引导;需要科学家和人文学者更深层次的沟通与交流;需要游戏研发者的诚心、毅力、原创精神和社会良知;还需要公众的热情、信心以及评论家的真知与灼见……

我们相信,在不远的将来,随着网络游戏开发商的社会责任感的不断增强,人类终将能静心欣赏网络游戏这朵带刺的玫瑰。

信息社会与数字艺术*

今天,由四通八达的信息网络为人们构筑一个如此丰富多彩的"虚拟现实"世界,是史无前例的。可以说,当前发生的这场数字化信息革命,不仅完全超出了前人的想象范围,就其发展的广阔前景而言,即使当代人也很难对其做出恰当的估量。整个世界都在发生前人无法想象的"裂变",在令人眼花缭乱的"内爆"式的巨变过程中,艺术生产领域的变化表现得极为突出。在这个数字化生存的时代,艺术生产的最大变化似乎可以说是形式对内容的"颠覆",套用一句麦克卢汉的话来说就是"数字就是艺术",抑或"艺术就是数字"。

有学者宣称,数字技术带来人类活动的全球化,廉价易用的通信技术把世界各地的人们联系在一起,将逐步形成一种"环球文化"。届时,地域文化将萎缩,几百种语言将消失,取而代之的是一种更具包容性的文化和更有亲和力的语言,人们可以为了共同的目的组织团体。原有的价值体系、信仰体系和道德评判体系将被彻底打破,而相应的新体系将明显地打上数字化时代的烙印。"脑力劳动者的许多活动,由于较少时空的依赖性,将能更快地超越地理的限制。"[①] 在这个数字化时代,个人的人身依赖关系、等级制度和国家权力作为传统社会政治统治的社会控制基础不再赤裸裸地存在。许多法律变得不合时宜,新的宗教可能会出现,网络礼仪将要改写传统的伦理观念,整个

---

* 本文原载于《社会科学辑刊》2003年第3期,收入本书时略有删改。
① 尼葛洛庞帝.数字化生存[M].胡泳,范海燕,译.海口:海南出版社,1991:194.

艺术领域，从观念形态到创作实践都将远远超越传统的局限，艺术的表现形式和涉及的内容注定要发生革命性的突变。

伴随信息社会的发展应运而生的数字艺术是科学技术与艺术的联姻或结合的宁馨儿，体现了科技文化与审美文化的互动和交融，是科学技术向艺术渗透的一种具体表现。其实，科学与艺术的交流和融合在各种艺术形态的发展历程中都是不乏先例的。例如，几何学等科学原理一直制约着油画的发展，科学题材成为科幻文艺的直接内容，科技手段造就了影视艺术，并为各种艺术的传播提供了前所未有的条件等。总之，科学技术为整个艺术生存和发展提供了新的视角、新的媒介和新的方法。更为重要的是，科学技术把艺术带到了我们的日常生活之中。信息社会中数字艺术的诞生和发展情况也正是如此。

一则推销电子音乐制品的广告宣称，拥有××，就可以使沉闷的生活充满"数字阳光"。在这个所谓的数字化信息社会，"数字阳光"已不仅仅是一个充满诗意的比喻。在世纪之交，朱镕基提出，要让我们的城市亮起来。为了实施这一照明工程，大多数城市的照明系统实行了联网管理，这种电脑控制的光电系统所提供的数字化的"五光十色"，是否可以说是另一种意义上的"数字阳光"？自1998年"数字地球"概念被提出以后，继"数字华盛顿"和"虚拟东京"之后，1999年"数字北京"行动了起来，"数字西城""数字中关村""数字望京"等构成了"数字北京"进程中的亮丽风景。目前，那些迁入"数字家园"中的小区居民，已享受到防盗报警、可视对讲、城区IC卡管理等数字化智能技术带来的快捷和安全。实际上，一旦进入这个数字智能化的世界，人们就很难离开这虚拟的"数字阳光"。享受"数字阳光"的人"诗意地栖居在大地之上"，这正是"生活艺术化"和"艺术生活化"的殊途同归的大趋势在信息社会的一个重要表现。

随着数码产品日趋广泛的应用，各种各样的"数字阳光"如此真切地把艺术和美带进了我们生活的方方面面。高清晰度的数码照片可以被批量灌入数字化光盘，高保真度的音乐可以被转换成比特，流淌于岁月河流中的老照片可以被修复和编辑成"光阴的故事"，保存在旧磁带中的"同一首老歌"，经数字复制以后再也不会随着时间的流逝而变调。对于 PC 音响"发烧友"来说，比特世界简直就是一个令人陶醉和眩晕的数字化天堂！他们不仅可以在电脑上轻松享受到数码音乐的魅力，而且可以安装一套称心如意的音乐制作软件，随心所欲地沉浸在"电脑音乐创作"的绵绵快感之中，真正让音乐在数字化生活中如诗如画般流淌起来。

人生在世，有多少美妙的瞬间稍纵即逝，然而在今天，那些曾令人无可奈何的美好时刻都可以经比特的魔法永久保留下来。数码摄像机（DVC）已可以轻而易举地满足浮士德博士那个为之付出生命的请求："你真美呀，请停留一下！"轻松愉快地创造美，并真真切切地把美保留下来，是否可以让人窥见"数字阳光"照耀下的幸福生活之一斑？无论如何，有一点是毋庸置疑的，那就是"数字化生存"为我们提供了更加丰富多彩、更加鲜活多变的视觉和听觉体验。一句话，数字化技术给我们带来了更高的生活质量和更持久的艺术享受，尽管它也许会造成一些麻烦甚至恐慌。

作为一种必然的关联，与社会生活血肉相连的艺术领域也必然受到信息化的冲击。信息社会的艺术家，可以坐享科技进步带来的各种便利，突破空间和时间距离对人的生理上的限制，可迅速通过视觉和听觉获知当今世界的热点、新闻、发明创造、战事、赛况、时尚等图像信息。数字化摄影和绘画可以把宏观天体的壮丽景象生动形象地展现在荧屏和纸面之上，可以把微观生物世界的恩恩怨怨放大千百万倍而不至于失真，甚至还能像孙悟空一样潜入人体窥探生命内部活动的秘密。从克林顿的"绝对隐私"，到哥伦比亚号的"惊天悲剧"，从中国新疆南部地震，到美国操纵的一触即发的中东战争……当今艺术家的视界比以往任何时代的艺术家都要开阔和广博，可以说，今天的艺术家已经离不开使"千里眼"和"顺风耳"为之失色的数字化技术。不但如此，实际上我们完全有理由相信，数字化技术本身就是我们这个时代最伟大的艺术作品，它把神话与史诗变成现实，把诗人的浪漫气质和哲人的求真精神完美地融为一体，把艺术家的种种超越时空的奇幻想象转化为科学家丝丝入扣的严谨探索，在真理与真情之间展现了人类无穷的智慧和无尽的情思，以及对美的不懈追求。

数字化技术不仅给艺术家带来了创作工具和手法上的革命，在表现内容、思维方式和艺术题材等方面也为艺术家提供了前所未有的机遇。就创作题材而言，数字化技术本身为艺术家展现自己的才华提供了新的领域。例如，简尼·萨维尔1999年画的《母体》，画中肥硕的女人体却长着男人的头颅，布满画布的肥大的身体正向着观众。奇特的构图，矛盾的性征，带出强烈的令人震骇的视觉效果，暗示一个美好的意念可能会变成一个丑陋的结果；马丢·曼切的作品《无题》，照片中的女模特额上突出来一只类似手臂的不可名状物。从构思、手法甚至技巧的角度来说，这些作品似乎并没有新鲜之处，但其生动逼真的艺术效果，往往超出了传统艺术家的想象范围。

像《母体》这样直接采用前沿技术成果为题材的做法在西方艺术界相当流行，如费德里克·盖达1999年展出的作品《无题》，女人体背部隐约的"浮世绘"文身状的肌肤上被涂上介乎于云彩和奶牛的花纹之间的大块斑迹，似乎借此斑迹重叠某种隐喻，意象甚为晦涩；又如帕特里西亚·皮克西尼尼的蛋白质晶体·C型照片、录像以及数码印刷品等皆是在当代先锋艺术中常见的类似的例子。艺术家和科学家一样，都在有意无意地为这个时代制造不是神话的神话。

有人宣称，这是一个不断创造神话的时代，也是一个神话纷纷破灭的时代。这让我们想起了马克思在《〈政治经济学批判〉导言》中所提出的一个意味深长的话题。马克思说："在罗伯茨公司面前，武尔坎又在哪里？在避雷针面前，丘比特又在哪里？在动产信用公司面前，海尔梅斯又在哪里？……阿基里斯能够同火药和弹丸并存吗？或者，《伊利亚特》能够同活字盘甚至印刷机并存吗？随着印刷机的出现，歌谣、传说和诗神缪斯岂不是必然要绝迹，因而史诗的必要条件岂不是要消失吗？"[①] 现代机器制造公司的出现，使罗马神话中的武器制造神黯然失色，避雷针的发明使至高无上的雷神法术失灵，动产信用公司的崛起使商业之神相形见绌，印刷机的出现使"歌谣、传说和

[①] 马克思，恩格斯.马克思恩格斯选集（第2卷）[M].北京：人民出版社，1972：79，113-114.

诗神缪斯"丧失赖以产生的"必要条件"。可见，马克思在强调艺术产生与物质生产的不平衡发展的同时，仍然坚持了文艺属于上层建筑并为经济基础所决定的基本原理。同样的道理，在计算机面前，新时代的神话如雨后春笋般悄然诞生，旧时代的神话像风中的落叶般纷纷飘散。在网络艺术世界里，狄更斯和巴尔扎克式的描述方式渐渐失去了往日的魅力，曹雪芹"字字看来皆是血"的《红楼梦》也被"天上掉下个林妹妹"的影视表演遮住了光彩。但是，作为技术对唐突古典作品的补偿，数字化文本及由此衍生或改造的影视作品，又对突出经典文本历史性的典范意义具有重要的衬托作用。有关这方面的情况十分复杂，有待于我们做进一步的探索和研究。

值得注意的是，技术在推动艺术发展的同时也对艺术的发展造成了严重的阻碍："一方面，人的视野被各种新奇的图像拓宽；另一方面，人的想象又被太真实的图像消解。太空都看到了，月球如此荒凉，润泽人类的想象被真相亵渎。虽然所有关于信息的东西对于艺术来说并不像对于一个企业一样具有生死攸关的意义，而就艺术必然是一个时代现实的反映而言，现代信息无疑是僭越旧日畛域的一个契机。当艺术家展开艺术创作的时候，其思维路向可能不知不觉间围绕着信息提供的原料转动，从视角、题材、落点、喻体等选择中不同程度地被信息左右，想象顺着信息延宕，形成当今视觉思维的一大特点。"[①] 凡此种种，固然还不足以使我们相信艺术终结论者的偏激言论，但是，日甚一日的信息崇拜很有可能造成艺术审美维度的逐渐丧失，这种倾向似乎是数字艺术发展过程中最大的隐患。

如前所述，以数字技术为代表的现代科技不仅改变了艺术生产和传播方式，也改变了整个艺术生产和艺术消费的观念。例如，就文学艺术而言，经典文本的数字化和影视化使得艺术生产者与艺术消费者之间，人与文本之间的关系发生了一系列的变化。就主客的交互性、形象的可视性、检索的快捷性、视听的趣味性、资料的丰富性、艺术形式的多样性、艺术门类的融合性等而言，数字艺术使得传统文艺形式无法望其项背，但是，它也在一定程度

---

① 引自新媒体艺术。

上造成了艺术韵味的淡化和飘逝。在促使艺术生产欲望化和游戏化、艺术消费商品化和快餐化的过程中，数字艺术在不知不觉中褫夺了读者理性鉴别的雅意和耐心，传统艺术如果不能将数字媒介开辟的新领域变成一片新的绿洲，那么就有可能如同沙漠上的水流慢慢消逝于无形。麦克卢汉曾经指出："自摄影技术诞生以来的世界，犹如是一座没有围墙的妓院。"① 对于"暴力旋风肆虐，色情洪水泛滥"的互联网来说，这句话似乎更为恰当。

总之，艺术的数字化是一柄双刃剑，它为文艺的生产和传播开辟了一个前所未有的广阔空间，但也布下了形形色色的文化陷阱。马克思曾经警告说："技术的胜利，似乎是以道德的败坏为代价换来的。……我们的一切发现和进步，似乎结果是使物质力量具有理智生命，而人的生命则化为愚钝的物质力量。"② 因此，对于数字技术的胜利，我们应该保持清醒的头脑，在利用科学技术带来的各种便利和好处的同时，要始终保持人文主义的警惕性和理性文化的批判精神。

---

① 麦克卢汉.论人的延伸[M].何道宽,译.成都：四川人民出版社,1992.
② 马克思,恩格斯.马克思恩格斯选集（第2卷）[M].北京：人民出版社,1972：79,113-114.